ALTERNATIV HEILEN

Herausgegeben von Gerhard Riemann

Als Ärztin für Naturheilkunde und angesehene Aromatherapeutin hat Nelly Grosjean in der Provence ein Zentrum für Aromen und Parfüms aufgebaut. Hier praktiziert sie Aromatherapie seit fünfzehn Jahren mit großem Erfolg.

Dieses Buch wurde auf chlor- und säurefreiem Papier gedruckt.

Deutsche Erstausgabe August 1995

Titel der Originalausgabe »L'Aromathérapie«

Originalverlag Albin Michel, Paris
Umschlagillustration Susannah zu Knyphausen
Umbruch Ventura Publisher br
Druck und Bindung Ebner Ulm
Printed in Germany
ISBN 3-426-76091-6

5 4 3 2 1

Nelly Grosjean

Aromatherapie

Gesundheit und Wohlbefinden
durch Aromaöle

Aus dem Französischen von Hans-Joachim Grimm

Knaur®

Inhalt

Geleitwort

Seit langem schon warten die Anhänger natürlicher Heilweisen auf einen richtungweisenden Gesamtüberblick über die Aromatherapie – diese aus der klassischen Naturheilkunde hervorgegangene Wissenschaft, die zugleich eine große Kunst ist.
Nelly Grosjean, Doktor der Naturheilkunde*, kann man mit vollem Recht als eine der größten zeitgenössischen Spezialistinnen der Aromatherapie bezeichnen. Ihr hervorragender Ruf und ihre hohe Sachkenntnis sind bereits auf der anderen Seite des Atlantiks bekannt. Dieses Buch ist ein echtes Nachschlagewerk für die Aromatherapie und ein unentbehrliches Werkzeug für jeden, der auf eine zuverlässige, präzise und praktische Arbeit zurückgreifen möchte, um diese wunderbare natürliche Heilweise kennenzulernen und anzuwenden.
Augenblicklich gibt es zahlreiche mehr oder weniger seriöse natürliche Verfahren, die sich im Bereich der anerkannten Naturheilkunde etablieren wollen. Klarheit und Überblick gehen da oft verloren … Erst mußte eine Naturheilkundige von hohem Rang, ausgebildet an den besten Schulen, dieses von Präzision und großer Redlichkeit geprägte Werk herausbringen, um die Kunst der Aromatherapie aus den Sümpfen der Improvisation und der Verworrenheit zu ziehen. Das ist nun geschehen! Man wird von jetzt ab mit Nelly Grosjeans beeindruckendem Buch rechnen müssen.
Ich wünsche dieser sachkundigen, dynamischen und begeisterungsfähigen Frau eine gebührende Stellung bei der Weiterentwicklung der Naturheilkunde, die ebenso weltumspannend wie grundlegend ist.
Im Namen unserer Kollegen aus Nordamerika, Europa und der gan-

* Nelly Grosjean, N. D., Doktor der Naturheilkunde, S. B. Anthony University, Missouri, USA.

zen Welt sowie in meinem eigenen Namen beglückwünsche ich Nelly Grosjean zu diesem Werk. Es ist ein Meilenstein in der Entwicklung der Fachrichtung, die sie vertritt, sowie der Gesundheit der Menschen im allgemeinen.

Doktor Jean-Marc Brunet
N. D., D. Sc., Ph. D.
Rektor der Universität
Susan B. Anthony (USA)

Vorwort

Wir kennen Parfüm, das ein Zeichen für Luxus und Raffinesse ist, in Fläschchen eingesperrt, aber eigentlich sind Aromen und Düfte durch nichts gebunden. Wir können sie jederzeit und überall riechen. Auf der Straße oder im Freien. Wenn man einen ganz besonderen Geruch wahrnimmt, dem man beispielsweise in der Kindheit begegnet ist (den Geruch des Morgenkaffees bei den Großeltern oder den Duft des Herbstes), dann geht der Geruchssinn als einziger Sinn nicht über das Gehirn, wenn er die Gefühlswelt einer bestimmten Situation wieder in uns aufleben läßt. All unsere anderen Sinne – der Geschmacks-, der Seh-, der Tast- und der Hörsinn – müssen erst unser Erinnerungsvermögen bemühen, um uns wieder in die Vergangenheit eintauchen zu lassen, während ein Duft die Eigentümlichkeit hat, uns unverzüglich zu einer Reise durch Raum und Zeit einzuladen. Durch diese einzigartige Eigenschaft, dieses Immer-aktuell-Sein, bewahrt sich die Welt der Düfte ihre Herrlichkeit.

Übrigens hat die Wissenschaft dieses Erleben des Geruchssinns mit seinen so seltsamen Auswirkungen bis heute noch nicht ausreichend erklären können. Zu seiner Beschreibung ist die Sprache nicht imstande. Da man keine speziellen Fachausdrücke hat, um es zu definieren, muß man mehr oder weniger willkürliche Bilder benutzen, die meist aus dem Bereich der anderen Sinne stammen. Doch obwohl der Geruchssinn eigentlich nicht greifbar ist, berührt er uns um so mehr – schneller und eindringlicher als jeder andere Sinn –, und dadurch wird er fast magisch.

Jeder von uns hat seinen Geruch (sagt man nicht zuweilen über jemanden, von dem man nicht viel hält, daß man ihn nicht »riechen« kann?), und das ist – wenn auch abstrakt – eine wesentliche Art und Weise des Zugangs zueinander. Im Beziehungsgeflecht ist ein unangenehmer Geruch zweifellos etwas, was man am wenigsten ertragen kann. So manche andere körperliche Besonderheit wird man immer noch akzeptieren können und sie schließlich liebgewinnen, aber für unangenehmen Geruch hat man einfach kein Verständnis. Sei Geruch nun anziehend oder abstoßend – er wirkt auf einem Gebiet, das man zwar nicht definieren kann, das aber dadurch nicht minder bedeutsam ist. Bei jemandem »in gutem Geruch stehen« bedeutet ja wohl, daß man trotz möglicher Verfehlungen nie sein Ansehen verliert. Worauf könnte dieses Mysterium wohl zurückgehen? Ich kannte einen alten Mann, Herrn Poujade, der sagen konnte, wie lange zwei Menschen harmonisch zusammenbleiben, und zwar aufgrund der Düfte, die jeder von ihnen bevorzugte. Er hatte genau eingeteilt, welche Düfte einander entgegenwirken oder sich ergänzen, und davon ausgehend konnte er dann voraussehen, wie lange ein Paar miteinander harmonierte. Herr Poujade irrte sich nie: Die Vermählung der Düfte spiegelt mit ihrer Magie und ihrem Mysterium in angemessener Weise wider, wie sich zwei Wesen vermählen.

In allen Religionen benutzte man vor Beschwörungen oder Gebeten besondere Düfte – Weihrauch, Ysop, Myrrhe oder Salbei –, um Andacht und Konzentration zu unterstützen. Wo liegt also das Geheimnis dieser Macht? Wie kann ein einfacher Duft Zeugnis von Spiritualität sein, uns für die Welt öffnen oder unser Inneres zum Schwingen bringen?

Positive Wirkungen bestimmter Düfte erkennt man weniger, dafür nimmt man das Schädliche an anderen besser wahr. Wenn man einen Duft in sich aufnimmt, wird man schließlich von ihm erfüllt. Ebenso hängt unser Körpergeruch davon ab, was wir essen. Und die Gerüche der Speisen wirken sich auf unseren Gesundheitszustand aus. Es gab Zeiten, da konnten Ärzte schon aufgrund des bloßen Geruchs eines Kranken Diagnosen stellen.

Auf einer Ebene, die nicht so ins Physiologische geht, ist der ätherische Aspekt der Düfte für uns von Interesse. In den Vereinigten Staaten habe ich mit der Professorin Valérie Hunt gearbeitet, die an der Universität von Los Angeles Aura-Untersuchungen durchführte. Sie wollte nämlich nach dem Modell des Kirlian-Apparats, der diese schwarz-weiß fotografiert, einen Apparat entwickeln, der Energieschwingungen messen, farbig filmen und Veränderungen der Aura

darstellen kann. Aufgrund ihrer Untersuchungen hatte sie herausgefunden, daß sich nur zwei Elemente als besonders wirksam erweisen: die Essenzen der Pflanzen und die Spurenelemente. Diese Elemente nimmt der Organismus direkt auf, unabhängig davon, wie sie verwendet werden (ob man sie einatmet, einreibt, berührt o. ä.).
Vielleicht kann man eines Tages nachweisen, daß es ausreicht, ein Fläschchen mit ätherischem Öl einfach nur in der Hand zu halten, um dessen Eigenschaften zu nutzen, da seine Energie die Wände des Fläschchens und den Schutzschild der Haut durchdringt. Mit Pflanzenpulvern, Pflanzensäften, Aufgüssen oder Alkoholauszügen schafft man das nicht. Nur ätherische Öle haben die energetische Macht, Materie zu durchdringen.
Das Aroma der Pflanze bildet deren Identität, und das ätherische Öl ist ihre Quintessenz, ihr Ich, ihre kostbare Seele. Bevor es seine Wirkungen auf den stofflichen Körper ausübt, wirkt es auf der feinstofflichen Ebene. Es handelt sich um mysteriöse Wechselwirkungen zwischen der Alchimie der Auren, die die Wissenschaft bislang nicht zu erklären vermag. Die ätherischen Öle enthalten dieses Wunderbare, Faszinierende und Eigenartige.
Die Arbeiten der Professoren Gattefossé und Sévelinge zeigen parallel dazu die physikalisch-chemischen Eigenschaften sowie die erstaunlichen und raschen Wirkungen ätherischer Öle auf Kranke und ... Gesunde. Ihre rasche Wirkungsweise und ihre Leistungsfähigkeit hat man nachgewiesen. Besonders effizient sind ätherische Öle bei Therapien, in der Pflege, der Behandlung und Vorbeugung von Krankheiten und natürlich bei der Aufrechterhaltung der Gesundheit.
Ich hatte das Glück, in einer Region der Welt geboren worden zu sein, zu leben und arbeiten zu können, die mit am meisten Wohlgerüche aufweist – in der Provence. Hier sind wir im Reich der Pflanzen: Zitrusfrüchte, Zitronen, Apfelsinen, Mandarinen und Pampelmusen, Eukalyptus, Kiefer, Zeder, Tanne, Thymian, Rosmarin, Lavendel, Bohnenkraut, Dost, Ysop, Majoran, Kamille, Minze, Eisenkraut usw. – insgesamt über zwanzig Pflanzenarten mit so charakteristischen Gerüchen!
Meine große Liebe dazu möchte dieses Buch vermitteln. Bevor wir uns mit ätherischen Ölen pflegen und kräftigen, verändert sich un-

ser Verhalten schon dadurch, daß wir sie einatmen, denn das entwickelt unser Sehnen nach Wahrhaftigkeit, und wir öffnen uns anderen gegenüber.

Im vertrauten Umgang mit Pflanzenessenzen zu leben, heißt, eine neue Harmonie zu entdecken, die so einfach und wunderbar ist wie das Leben selber.

> Gießt nicht eine Frau, deren Namen
> das Evangelium verschweigt, vor dem
> Osterfest ein Glas mit »unverfälschtem
> und köstlichem Nardenöl« auf das
> Haupt Christi?
>
> *Markus 14,3*

1. Einführung

Definitionen

Der Mensch ist der Baumeister seines Körpers und damit einzig und allein für seine Gesundheit verantwortlich!

Allopathie

In Frankreich ist sie die einzige »offizielle« Medizin. Die Ärzte behandeln mit Medikamenten. Es ist eine Medizin der Symptome.

Homöopathie

Sie benutzt nach Hahnemanns Prinzipien winzig kleine Dosen der Mittel, die in größerer Menge bei Gesunden ähnliche Erscheinungen hervorrufen würden wie die Krankheiten, gegen die sie eingesetzt werden.

Naturheilkunde

Auch Naturmedizin, ganzheitliche, alternative, sanfte oder natürliche Medizin genannt, umfaßt sie u. a. folgende Techniken und Gebiete: Ernährung (als Grundlage), Atmung, Bäder- und Wassertherapie, Phytotherapie und Aromatherapie, Erholung, Yoga, Entspannung und Meditation, Rebirthing, Psychotherapie, Rückengymnastik, Chiropraktik, Rolfing, Akupunktur, Gleichgewicht der Energien, Massagen bis hin zu energetischen Heilweisen.
Diese Liste ist nicht vollständig. Nur einige der bekanntesten Methoden und Gebiete sind genannt worden.

Heilpraktiker, Heiler und Chirurgen, die mit bloßen Händen arbeiten, sind Menschen, die meist die Gabe haben, zu heilen, wiederherzustellen, Schmerzen zu lindern … Sie praktizieren in allen Ländern, von ihnen gab und gibt es viele. War nicht Jesus der größte aller Heiler?
Diagnosetechniken wie Irisdiagnose, Radiästhesie, chinesische Pulsdiagnostik und medizinische Astrologie kommen zu den obengenannten Behandlungsmethoden hinzu.
Die Aromatherapie wirkt physisch, mental und spirituell. Sie geht mit einer gesunden Lebensweise (Ernährung, Atmung, körperliche Bewegung, positives Denken usw.) Hand in Hand und ist ein integraler Bestandteil der Naturheilkunde.

Aromatherapie

Die Mikrobe ist nichts, ihr Wirkungsfeld ist alles.
Claude Bernard

Unter Aromatherapie versteht man die Behandlung von Krankheiten mit Aromen (Essenzen oder ätherischen Ölen von aromatischen Pflanzen). Aromatherapie ist ein Bereich der natürlichen, alternativen bzw. ganzheitlichen Medizin. Sie wirkt vorbeugend und heilend. Vor allem pflegt die Aromatherapie das Wirkungsfeld, bringt es wieder in Ordnung und ins Gleichgewicht.

Hydrolattherapie

Hydrolattherapie ist die Verwendung von Hydrolaten (siehe Seite 42) zur Gesundheitspflege. Sie ist die Homöopathie der Aromatherapie.

Ätherisches Öl

Ätherisches Öl ist das Produkt, das man durch Wasserdampfdestillation aromatischer Pflanzen (dies ist die häufigste Methode der Gewinnung) erhält.

Zehn goldene Regeln für das Wohlergehen

Ehrfurcht ist die höchste Form der Selbstverwirklichung.
Sie wird nur durch Selbsterkenntnis erlangt.

Ich befolge stets die »Zehn goldenen Regeln für das Wohlergehen« und will sie auch hier noch einmal anführen. Sie ändern sich nicht. Wenn man sie anwendet, kann man ihre wohltuenden Wirkungen auf physischer, mentaler und natürlich auf spiritueller Ebene erfahren.

Ziel der Aromatherapie, wie übrigens aller natürlichen Heilweisen, ist es, das natürliche Immunsystem zu stärken, wieder Energie zuzuführen und den Arzt, der in jedem von uns steckt, zu wecken. Sie ist also zunächst eine Medizin für Menschen, die wohlauf sind und es bleiben wollen. Denn sie ist erst einmal eine vorbeugende Medizin und dann eine heilende. Dem Organismus muß die Möglichkeit gegeben werden, sich selber zu heilen – vorausgesetzt, man ernährt sich gut, atmet richtig und hat positive Gedanken. Man weiß heutzutage um die Bedeutung der Gedanken in allem (die Konzentrationsübungen der Sportler auf Sieg veranschaulichen das in eindrucksvoller Weise), und auf dem Gebiet der Gesundheit sind sie ausgesprochen vorrangig. Gute Laune und Fröhlichkeit besiegen Krankheiten zuverlässiger als Heilmittel. Hinzu muß eine nicht allzu strenge Lebensweise kommen (wozu sich schöne Dinge versagen, wenn man dadurch nur unglücklich wird?), die gute Laune und Fröhlichkeit anregt und fördert. Der Lebensrhythmus unserer Zeit entfernt uns jeden Tag mehr von der Natur und deren Wohltaten, und wir müssen wieder lernen, gesund zu leben, d. h. uns richtig zu ernähren, richtig zu atmen, ausreichend zu schlafen und uns körperlich zu betätigen. Das klingt sehr einfach, aber nur auf solchen ausgewogenen Grundlagen kann die Aromatherapie zeigen, was sie alles zu leisten vermag.

Ich halte es daher für nützlich, bestimmte Regeln aufzustellen und zu zeigen, wie sie funktionieren. Ich will dabei keineswegs schulmeistern. Diese Regeln für das Wohlergehen fußen mehr auf dem gesunden Menschenverstand als auf Theorien von Fachgelehrten. Es geht um unsere Gesundheit, unseren Optimismus und um die Qualität unseres Austauschs mit der Umwelt, beruflich wie familiär. Wären wir nicht ziemlich weltfremd, wenn wir dieses Stelldichein mit uns und unseren Angehörigen versäumen würden?

In Form goldener Regeln haben wir also hier in einfacher, klarer und präziser Weise allgemeine Gebote, verbunden mit wichtigen Grundsätzen der Gesundheitspflege. Man muß sie tagtäglich anwenden, um sich das Kapital Gesundheit zu erhalten, nicht krank zu werden und mehr Lebensenergie als Quelle für Tatkraft und Lebensfreude zu gewinnen. Diese goldenen Regeln für alle – Kinder, Eltern, Erwachsene, Gesunde, Kranke, Männer und Frauen – bringen neue, vernünftige Gewohnheiten ins Haus. Die Ergebnisse: Wir bleiben gesund, stärken den Arzt in uns, werden nicht krank und vermeiden Störungen des natürlichen Gleichgewichts. Mit Einfachheit, Leistungsfähigkeit und in Übereinstimmung mit den Gesetzen der Natur schaffen wir uns jeden Tag unsere Gesundheit.

Gesundheit ist das Gleichgewicht zwischen dem, was aufgenommen, und dem, was ausgeschieden wird:

Luft – Atem
Wasser – Urin
Nahrungsmittel – Kot
Gedanken – Entspannung

Zehn goldene Regeln für das Wohlergehen

Die Ernährung
Die Atmung
Die körperliche Bewegung
Die Entspannung
Der Schlaf
Die Bedeutung des Wassers
Die Macht des positiven Denkens
Die Ausgewogenheit von Gefühls- und Geschlechtsleben
Die Sonne
Die Aromatherapie

Die Ernährung

Sage mir, was du ißt, und ich sage dir, wer du bist.
Hippokrates

Ihre Grundlagen sind frisches Obst und Gemüse von guter Qualität. Man findet beides als Ergebnis von kontrolliert-biologischem oder biologisch-dynamischem Anbau, sollte aber immer daran denken, daß durch die Lagerung in kalten Räumen, in Kellern oder Läden der größte Teil lebenswichtiger Schwingungen bei diesen wertvollen Nahrungsmitteln verlorengeht.

Rohes und Gekochtes: Alles Rohe ist lebendig und schafft Leben; alles Gekochte ist tot. Übrigens sagt die französische Umgangssprache zu Fehlschlägen »abgekocht«. Bei gekochtem Korn kommt es zu einer Entmineralisierung und zu hohem Energieverlust (vor allem bei »weißem« Korn, dem die Nährsubstanzen entzogen wurden).

Gekochte Nahrungsmittel kann man insofern tolerieren, als ermüdete oder kranke Organismen sie in gewissen Fällen brauchen. Mit rohen Nahrungsmitteln erlangt man nach und nach wieder Kraft und Gesundheit. Sie nehmen einen erstrangigen Platz in der Ernährung ein, sobald der Organismus seine Energien nach einer Genesung wiedergefunden hat. Von Gekochtem ernähren sich Feinschmecker und Schlemmer, und in diesem Sinne kann man es auch tolerieren und akzeptieren: Es befriedigt den Geschmackssinn, man ist nicht frustriert, und vor allem muß man nicht an Schonkost denken.

Proteine sind für jede Mahlzeit notwendig. Sie dürfen nicht vermischt werden. Es ist klug, verschiedene Proteine – jeden Tag ein anderes – über einen Zeitraum von einer Woche oder länger zu sich zu nehmen: Fische, Eier, Käse, Milchprodukte, Geflügel, Fleisch oder Getreidearten.

Die Kalorientheorie hat für eine gesunde Ernährungsweise keinen Wert. Ein Beispiel: Eine rohe, eine gekochte, eine frische und eine drei Monate alte Mohrrübe haben dieselbe Kalorienzahl. Unterschiedlich sind jedoch die Vitamine und die Schwingungsenergie. Ernährungsweisen mit zu wenig Kalorien sind nicht ausgewogen genug und können zu großer Schwäche führen, was auch allgemein der Fall ist. Es gibt ausgezeichnete Ernährungsmethoden, die keine übertriebenen Diäten sind bzw. nicht mühelos Schlankheit versprechen und dabei doch den Bedürfnissen und Funktionen Ihres Organismus gerecht werden, indem sie für die Ausscheidung von Giftstoffen sorgen, ohne daß Lebenskraft und gute Laune verlorengehen. Übertriebene Diäten bzw. solche, die leicht Schlankheit verheißen, sollten verboten werden. Allein die Werbung läßt sie weiterbestehen, indem sie die Gutgläubigkeit und Naivität zahlreicher Menschen ausnützt.

Qualitätserzeugnisse bei den Grundbestandteilen der Ernährung: Meersalz, ungehärtetes Pflanzenfett, kaltgepreßte Öle aus erster Pressung, Vollkornbrot und Vollkornmehl – diese Nahrungsmittel, seit der Kindheit zu jeder Mahlzeit benutzt, müssen unbedingt vollständig und natürlich sein.

Denaturierte Erzeugnisse wie geschälte Getreidearten, Weißbrot, geschälter Reis und Teigwaren, die mit Auszugsmehl hergestellt sind, weißer Zucker und gebleichtes Salz, handelsübliche Öle, hergestellt auf der Basis von Baumwollabfällen, entfärbt, desodoriert, neu eingefärbt und chemisch wieder mit einem Geruch versehen, verarbeitet unser Organismus nur sehr schwer.

Er paßt sich zwar eine Zeitlang an schwierige Situationen an, aber den Mißbrauch lebensfeindlicher, denaturierter Erzeugnisse kann er nicht ertragen, ohne sein Unwohlsein zu bekunden (das sind erst die täglichen kleinen Wehwehchen und dann die Krankheiten).

Die Grundregeln sind:

- Lieber rohes als gekochtes Gemüse.
- Rohes Obst immer außerhalb der Mahlzeiten.
- Nur ein Protein pro Mahlzeit.
- Hochwertige Erzeugnisse.
- Keine Mischungen. Lieber Einheitsgerichte.
- Sich Zeit zum Essen nehmen.
- Ans Kauen denken.
- Auf eine gute Darmentleerung achten.
- Außerhalb der Mahlzeiten trinken.
- Zucker und Süßigkeiten (Bonbons, Kuchen und Schokolade) weglassen. Tierische Fette, Fleisch- und Wurstwaren, Konserven, Fertiggerichte, Wildbret und Krustentiere einschränken, ja möglicherweise weglassen.

> ***Goldene Regel***
> Auf eine gesunde und ausgewogene Ernährung achten. Denken Sie an Rohes, Einheitsgerichte und Ruhe. Gute Verdauung. Trinken Sie, um auszuscheiden. Streichen Sie das Wort »Diät«.

Die Atmung

Wir können drei Wochen lang ohne Nahrung leben, drei Tage, ohne zu trinken, aber nur drei Minuten, ohne zu atmen. Daher ist das Atmen so wichtig.
Die Tiefatmung vergrößert das Lungenvolumen, entwickelt den Brustkorb, versorgt die Zellen besser mit Sauerstoff, zieht Giftstoffe heraus, reinigt das Blut und die Lymphe, regt die Nervenzellen an und stärkt das Herz. Durch Tiefatmung können sich Yogis heilen.
Tun Sie morgens und abends am offenen Fenster folgendes: Atmen Sie langsam durch die Nase ein, wobei sich erst der Bauch wölbt, dann der Brustkorb, und lassen Sie dann die Luft in die Lungenspitzen steigen (vier Takte). Halten Sie die Luft an (zwei Takte). Atmen Sie langsam durch die Nase aus, ziehen Sie dabei den Bauch wieder ein, danach den Brustkorb, und holen Sie die Luft aus der oberen Lungenpartie (vier Takte). Denken Sie nur an Ihre Atmung. Wählen sie den Rhythmus, der Ihnen paßt, ohne sich Gewalt anzutun. Atmen Sie bewußt.
Morgens: Drei Minuten Tiefatmung, in denen Sie sich speziell auf das Einatmen konzentrieren sollten. Die als Prana bezeichnete Energie von Sonne und Kosmos wird durch die Tiefatmung aufgenommen. Diese Milliarden kleiner kosmischer Schwingungspartikel sind »Leben«.
Abends: Drei Minuten Tiefatmung, in denen Sie sich speziell auf das Ausatmen konzentrieren sollten. Beim Ausatmen, durch das die verbrauchte Luft aus den Lungen geholt wird, werden alle Teilchen statischer Elektrizität, negativen Wellen und ungünstigen Einflüsse, die sich im Laufe des Tages angesammelt haben, mit herausgebracht. Mental bedeutet Ausatmen Ausscheidung all dessen, was das gute Funktionieren der »Maschine« stört.

Bewußtes Atmen morgens und abends am offenen Fenster ist eine neue Gewohnheit, die sich Ihrem Unterbewußtsein einprägt.
Die neue Gewohnheit der bewußten und unterbewußten Tiefatmung wirkt sich unter den unterschiedlichsten Umständen des täglichen Lebens aus. Der Automatismus der bewußten Atmung stellt sich vor körperlichen oder geistigen Anstrengungen, vor wichtigen Begegnungen und nach starken Emotionen von selber ein. Denken Sie daran, möglichst oft am Tage tief zu atmen – in Wartesälen, bei Rot an der Kreuzung, wenn Sie unterwegs sind …

> ***Goldene Regel***
> Drei Minuten Tiefatmung morgens und abends sowie möglichst oft am Tage.

Die körperliche Bewegung

Die körperliche Bewegung an der frischen Luft entwickelt die Muskulatur, hält die Gelenke in Gang, formt den Körper, schafft Voraussetzungen für gesunde Knochen, fördert die Sauerstoffversorgung der Lungen, erhöht die Spannkraft von Herz und Arterien und gibt den Venen ihre Elastizität wieder …
In der Halle, zu Hause oder im Freien, ob Golfspiel, Spazierengehen, Muskeltraining, Stretching, Aerobic, Yoga, Wandern oder Schwimmen – wählen Sie die Bewegungsart aus, die am besten zu Ihrem Geschmack, zu Ihrer Statur und zu Ihren Möglichkeiten paßt.

> ***Goldene Regel***
> Täglich ein paar Gymnastikübungen oder zumindest nach und nach immer öfter in der Woche – üben Sie eine Sportart Ihrer Wahl aus und gönnen Sie sich danach eine kurze Zeit entspannender Erholung.

Körperliche Bewegung muß durchdacht erfolgen und sich allmählich steigern. Ihr folgt stets ein entspannendes Atmen.

Wenn man sich nach körperlicher Bewegung wohl fühlt, war sie sinnvoll. Körperliche bzw. nervliche Erschöpfung zeigt, daß sie schlecht durchgeführt wurde und daher für die Gesundheit nachteilig war. Nach einer körperlichen Anstrengung, die Ihrer Konstitution angemessen ist, müssen Sie sich rasch wieder erholen. Überprüfen Sie daher regelmäßig Ihren Puls. Er ist der Taktmesser Ihrer Übungen, und einige Minuten sollten ausreichen, bis er sich wieder normalisiert.

Die Entspannung

Suchen Sie sich einen ruhigen und hellen Raum und legen Sie eine Musik zur Entspannung auf, wenn Ihnen das hilft. Legen Sie sich auf eine Decke oder ein Handtuch. Atmen Sie tief durch und entspannen Sie dabei durch die Atmung Ihre gesamte Muskulatur. Lassen Sie Ihre Gedanken schweifen, beißen Sie sich aber nicht an ihnen fest, so lange, bis Sie sich frei von Gedanken fühlen. Bei einer anderen Art von Entspannung müssen Sie einen positiven Gedanken, einen Gegenstand oder einen Lichtpunkt anvisieren und sich auf den Gedanken bzw. den Gegenstand oder Lichtpunkt konzentrieren. Die Sie bedrängenden negativen Gedanken verschwinden von selbst. Atmen Sie dann fünf bis zehn Minuten tief und langsam durch, je nachdem, wieviel Zeit Sie für Ihre tägliche Entspannung vorgesehen haben. Kommen Sie zum Schluß der Entspannung wieder zu sich, rekeln Sie sich und stehen Sie langsam auf, bereit, zu einem neuen Leben aufzubrechen, munter, gut aufgelegt, entspannt und Herr Ihrer wieder in Gang gebrachten Energien.

> ***Goldene Regel***
> Durch fünf bis zehn Minuten Entspannung werden Ihre Energien wieder aufgefrischt.

Der Schlaf

Zusätzliche Stunden Schlaf liefern eine Energie, die zur Selbstheilung unumgänglich ist.

> ***Goldene Regel***
> Die Stunden, die Sie vor Mitternacht schlafen, zählen doppelt.

Die Bedeutung des Wassers

Wasser reinigt Leib und Seele. Jeden Morgen nach Ihren drei Minuten Tiefatmung am offenen Fenster sollten Sie duschen, zum Abschluß kalt. Dies regt all Ihre noch verschlafenen Organfunktionen an.

> ***Goldene Regel***
> Morgens kalt duschen. Abends warm duschen oder baden.

Duschen oder baden Sie jeden Abend warm. Wärme entspannt, und Sie können besser schlafen. Denken Sie an Ihre drei Minuten bewußtes gesundheitsförderndes Atmen, das Ihnen geistiges Abschalten, Entspannung und einen erquickenden Schlaf ermöglicht.

Die Macht des positiven Denkens

Mens sana in corpore sano.

Jeder in Ihrem Bewußtsein hervorgebrachte Gedanke prägt sich dem Computer Ihres Unterbewußtseins ein und wird je nach dem von Ihnen benutzten Programm mit oder ohne Ihr Dazutun wieder aus dem Unterbewußtsein hervortreten.
Ein Beispiel: »Was ich mir vornehme, erreiche ich.« Ihr Gehirn als Computer des Unterbewußtseins »weiß«, daß Sie alles erreichen, was Sie sich vornehmen, denn das hat es registriert. Während Sie schlafen und umherschweifen, werden Ihre Träume von Ihrer Leitidee durchsetzt. Letztere ist die Summe aller programmierten Ideen, d. h. dessen, was Sie tagsüber denken. Ihren Zellen wird dieser Gedanke des Alles-erreichen-Könnens eingeprägt, und die bewußten Verbindungen, die Sie tagsüber im Verlaufe Ihrer Unterhaltungen oder Ihrer Handlungen knüpfen, nehmen dieses Erfolgsdenken im-

mer wieder auf. Würden Sie negative Gedanken programmieren, geschähe das auch.

Die Tatsache, daß dem Unterbewußtsein Leitideen eingeprägt werden, war Gegenstand zahlreicher Untersuchungen, besonders in den Vereinigten Staaten. Es gibt eine Vielzahl von Büchern und Studien, die zeigen, wie positives Denken den Ablauf des Lebens beeinflußt.

Man muß betonen, daß positive Gedanken sämtliche Zellen, die gut funktionieren, beeinflussen können. Verstopfte Zellen können keine positiven Botschaften befördern, sondern werden dazu neigen, sie nicht anzunehmen oder sie entweichen zu lassen. Daher hat ein Organismus, der sich in guter körperlicher Form befindet, die Fähigkeit, positive Gedanken hervorzubringen. Sie kennen das Gesetz der positiven oder negativen Kettenreaktion. Positive Gedanken bewirken, verursachen und schaffen positive Haltungen, Tatsachen und Geschehnisse. Das gilt genauso für negative Gedanken.

Wünschen Sie sich jeden Morgen einen guten Tagesverlauf. Lächeln Sie sich zu. Nehmen Sie sich ein Tagesprogramm vor, das machbar ist, und halten Sie sich daran. Lassen Sie sich Spielraum, um etwas Zweckfreies zu tun, um zu lächeln, jemandem eine besondere Aufmerksamkeit zu erweisen oder jemanden anzuhören, der in Schwierigkeiten geraten ist. Rüsten Sie sich gut gelaunt zu Ihrer Arbeit, summen oder singen Sie dabei eine heitere Melodie, die Ihnen gefällt (Ihr Morgenlied), oder legen Sie eine Kassette mit Musik auf, die Sie besonders mögen …

Ziehen Sie jeden Abend Bilanz, sehen Sie sich an, was Sie tagsüber an Positivem bewerkstelligt haben, und beglückwünschen Sie sich dazu. Zweifellos hat mindestens eine Sache Sie befriedigt, morgen kommt noch eine dazu, und am Ende der Woche haben Sie es auf mindestens sieben positive Handlungen, Tatsachen oder Ergebnisse gebracht. Beglückwünschen Sie sich dazu, daß Sie ruhig geblieben sind, daß Sie sich unter Kontrolle hatten, einen Fehler zugegeben und daraus Lehren gezogen haben … Entspannen Sie sich und freuen Sie sich über Ihre Fortschritte. Daß Sie sich von positiven Gedanken haben leiten lassen, wird rasch positive Früchte tragen, über deren Geschmack Sie sich freuen können. Es ist der Geschmack Ihrer neuen positiven Haltung im Leben.

Goldene Regel
Lächeln Sie sich am Morgen zu, führen Sie pro Tag mindestens eine positive Handlung aus und bringen Sie jeden Tag mindestens einen positiven Gedanken hervor.

Die Ausgewogenheit von Gefühls- und Geschlechtsleben

Durch Harmonie erlebt ein Paar positive Schwingungen, die für den Weg des Glücks unerläßlich sind. Die Orientalen behaupten, daß unsere Lebensenergie der Harmonie und der Vergeistigung sexueller Energie entstammt.
Die sexuelle Ausgewogenheit ist abhängig von Ihrem inneren Gleichgewicht, Ihrer physischen Lebenskraft (gesunde Ernährung, Sauerstoffzufuhr, körperliche Bewegung, gute Ausscheidung der Giftstoffe, die Ernährung begleitende vitalisierende Mittel) und Ihrem geistigen Gleichgewicht (positive Gedanken, geistig bereichernde Taten, Selbstvertrauen, Verständnis für andere …).

Goldene Regel
Tun Sie jeden Tag mit einer kleinen Aufmerksamkeit etwas für die Harmonie in Ihrer Beziehung.

Die Sonne

Sie regeneriert. Licht und Wärme der Sonne fördern das Leben und die Wiedererweckung der Lebensenergie. Ein Luftbad, sogar ohne Sonne, wirkt auch so. Die ersten Sonnenbäder des Jahres führen bei Menschen, die das nicht gewöhnt sind, zu kleinen Unpäßlichkeiten (Erkältung, Grippe, Angina, Kreislaufprobleme).

Goldene Regel
Nehmen Sie Luft- und Sonnenbäder, wann immer Ihnen das möglich ist.

Die Aromatherapie

Sie verschafft jeden Tag neue Energien. Alle ätherischen Öle erzeugen Wellen positiver Schwingungen und laden Ihre Zellbatterien wieder auf.
Reiben Sie sich jeden Morgen nach der kalten Dusche mit spannkrafterhöhenden, dynamisierenden ätherischen Ölen ein (Rosmarin, Orange, Zitrone, Eisenkraut ...).
Reiben Sie sich jeden Abend, nachdem Sie warm geduscht bzw. gebadet haben, mit entspannenden ätherischen Ölen ein (Lavendel, Majoran, Orange, Petit Grain ...).

> ***Goldene Regel***
> Atmen Sie jeden Tag mit Hilfe eines Aromazerstäubers aromatisierte Luft ein. Nehmen Sie morgens und abends Einreibungen mit ätherischen Ölen vor.

Zusammenfassung und weitere Ratschläge

Ernährung

1. Essen Sie möglichst gesunde Speisen, die frei von chemischen Substanzen sind; lieber rohes als gekochtes Gemüse; trinken Sie reichlich frische Gemüsesäfte vor den Mahlzeiten; verzehren Sie frisches und rohes Obst stets außerhalb der Mahlzeiten. Bei Fastenkuren sind 10 bzw. 16 Uhr die idealen Zeiten, um rohes Obst zu essen. Gekochtes Obst (Apfelkompott oder ungezuckerte Bratäpfel) ist ein ausgezeichneter Nachtisch, Trockenobst ebenfalls.
   Nur ein Protein pro Mahlzeit: Ei, Fisch, Geflügel, Fleisch, Milchprodukte oder Getreide.
   Verwenden Sie hochwertige Erzeugnisse zum Anrichten: kaltgepreßte Öle aus erster Pressung, Meersalz, Zitrone oder Apfelessig, natürlicher Joghurt, Quark.
2. Nehmen Sie sich Zeit und Ruhe zum Essen.
3. Denken Sie ans Kauen, oder kauen Sie zumindest vor. Speicheln Sie ein!

4. Achten Sie auf eine gute Darmentleerung.
5. Trinken Sie pro Tag außerhalb der Mahlzeiten mindestens anderthalb Liter Wasser oder warmen bzw. kalten Kräutertee.
6. Fehler und zu meidende Nahrungsmittel:
   Feind Nr. 1 für Ihre Gesundheit sind Zucker und seine Nebenprodukte: Bonbons, Schokolade, Gebäck, Süßwaren, Sirup, Eis ... Der Zucker aus dem Obst, das wir jeden Tag essen, reicht vollauf zur Befriedigung unserer täglichen Bedürfnisse.
   Weißbrot, geschälter Reis und Teigwaren aus Auszugsmehl enthalten überhaupt keine Nährstoffe. Tapetenkleister könnte man aus deren Stärke machen! Stellen Sie sich vor, welche Folgen das für Ihren Organismus hat!
   Industriell hergestellte Konserven, Fleisch- und Wurstwaren, schwerverdauliche Fertiggerichte werden zu oft mit »chemischer« Soße schmackhaft gemacht.
   Wein, überhaupt Alkohol, schwarzer Tee und Kaffee sind Reizmittel, die zu Drogen werden und die man sich abgewöhnen sollte.
   Essen Sie nicht zuviel Fleisch. Zweimal pro Woche ist in Ordnung, zweimal am Tag ist viel zuviel! Essen Sie nicht zuviel Käse, denn durch ihn bekommen Sie Rheuma.

Atmung, Entspannung, Schlaf

– Wenn eine ausgewogene Ernährung wichtig ist, ist das Atmen lebenswichtig. Daher die Notwendigkeit, das Atmen wieder zu erlernen. Tun Sie morgens und abends am offenen Fenster folgendes: Atmen Sie langsam durch die Nase ein. Halten Sie den Atmen an (zwei Takte). Atmen Sie langsam durch die Nase aus. Denken Sie einzig und allein an Ihre Atmung; atmen Sie in einem Rhythmus, der Ihnen paßt, ohne sich zu verkrampfen. Verwenden Sie dort, wo Sie sich gewöhnlich aufhalten, eine Aromalampe, sorgen Sie für negative Ionisierung und nutzen Sie die spezifischen Eigenschaften ätherischer Öle.
  Legen Sie morgens den Schwerpunkt aufs Einatmen und stellen Sie sich dabei vor, daß Sie die positiven Energien des Kosmos einatmen. Der taufrische Morgen ist ein Neubeginn für Ihren Or-

ganismus und steckt voll neuer Energien! Atmen Sie das Positive ein. Laden Sie sich wieder auf.
Legen Sie abends den Schwerpunkt aufs Ausatmen und stellen Sie sich dabei vor, daß Sie mit jedem Ausatmen all das eliminieren können, was im Tagesverlauf negativ war (Umweltverschmutzung, statische Elektrizität, Sorgen, Streit, Streß usw.).

- Erholung, Entspannung, Meditation und Konzentration brauchen Sie jeden Tag. Ideal ist das Baden, wo Sie fünf bis zehn Minuten entspannt ruhen. Entspannung erleichtert die Meditation, bereitet auf die Konzentration vor und erhöht das Arbeitsvermögen.
- Der Schlaf muß erquickend sein. Denken wir daran, daß die Stunden vor Mitternacht doppelt zählen.

Entlastung der Wirbelsäule

Achten Sie auf Ihre Wirbelsäule. Suchen Sie einmal im Jahr einen Heilpraktiker auf. Das ist mindestens genauso wichtig wie der Routinebesuch beim Zahnarzt. Mit Hilfe von Akupunktur beispielsweise können die Energien ungehindert durch Meridiane und Chakren* zirkulieren.
Lernen Sie, Ihre Energien im Gleichgewicht zu halten, oder wenden Sie sich an einen Fachmann.

Körperlich und geistig in Form bleiben

Yoga, Gymnastik, Spazierengehen, Entspannungsbäder, kalte Duschen am Morgen, Einreibungen mit ätherischen Ölen, die morgens dynamisieren und abends entspannen, sind ebenfalls Praktiken, durch die man körperlich und geistig in Form bleibt und sich gesund hält. Der Weg zum Glück beginnt damit, daß man seinen Körper pfleglich behandelt.
Lächeln, gute Laune und eine positive Einstellung tragen zur Lebensfreude bei. Sie sind unverzichtbar für eine harmonisches Gleichgewicht, das die Naturgesetze einhält.
Wenn man weiß, daß Krankheit nur dort auftritt, wo die natürlichen

* Wichtige Punkte und Bahnen für den Durchgang feinstofflicher Energie.

Abwehrkräfte beeinträchtigt sind, ist es von erstrangiger Wichtigkeit, die Physis zu stärken.
Kann die Psyche krank machen? Körperliche Störungen können erst auftreten, wenn ein Organ oder eine Funktion einer geschwächten, also empfänglichen Nervenzelle ein destruktives Signal erteilt. Die gesunde, starke Nervenzelle, im Vollbesitz ihrer physiologischen Abwehrreaktionen gegen äußere Aggressionen, läßt sich nicht stören. Sie fängt das Signal ab und macht es wirkungslos, indem sie es umwandelt. Um gesund zu sein und zu bleiben, braucht die Nervenzelle gesunde Nahrungsmittel; dann kann sie normal arbeiten (spezifische Aktionen der verschiedenen Nervenzellen, Abwehr, Mobilisieren der Schutzkräfte und Aufrechterhaltung der Ordnung als Faktor für Harmonie). Die gesunden Nahrungsmittel der Nervenzelle sind ganz oder zumindest zum Teil Ergebnis der Absorption der Lebenselemente durch den stofflichen Körper: Nahrungsmittel, Nahrungsmittelergänzungen, Vitamine, Spurenelemente und Mineralsalze. Rohkost ist Leben … körperliche Bewegung und Ruhe sind es ebenfalls.

Geschichte der Aromatherapie

Die Kraft, die uns erschuf und uns am Leben hält, kann heilen.
Sinnspruch der brasilianischen Heiler

1984 gelang der Wissenschaft weltweit folgendes:

- Die Synthese der DNS.
- Die Entdeckung, daß Zellen auf elektromagnetische Wellen ansprechen.
- Die Entdeckung zahlreicher synthetischer Medikamente, deren Grundlage ein aus einer Pflanze isolierter aktiver Wirkstoff ist.
- Entdeckung der negativen sekundären Folgen gewisser synthetischer »Medikamente« auf den menschlichen Organismus (DDT, Thalidomid), dreißig Jahre nach Beginn ihres intensiven Einsatzes.
- Entdeckung der eindeutigen Wirksamkeit der sehr unterschiedlichen Wirkstoffe, aus denen Pflanzen bestehen. Der isolierte Wirkstoff besitzt nicht dieselben Eigenschaften wie die Pflanze, aus der er gewonnen wird.

Die Informatik eröffnet gänzlich neue und großartige Möglichkeiten für Forschungsarbeiten in Medizin, Chemie, Biologie und Pharmakologie.
Es erübrigt sich, daran zu erinnern, daß Pflanzen zu allen Zeiten genutzt wurden. Die Weltgesundheitsorganisation (WHO) in Genf hat dazu aufgefordert, daß zahlreiche Untersuchungen und Forschungen ihre Anstrengungen auf die Kenntnisse der Heiler, Pflanzenheilkundigen und Medizinmänner der ganzen Welt richten müßten, damit wissenschaftliche Versuche deren empirisches Wissen bestätigen können (Zusammenfassung eines Beschlusses der WHO aus dem Jahre 1983).
Zu allen Zeiten, in allen Zivilisationen und Regionen des Erdballs stoßen wir auf die Geschichte der Pflanzen und der ätherischen Öle. Die älteste Beziehung zwischen Pflanze und Mensch zeigen Ausgra-

bungen in den Höhlen von Shanidar: Vor mehr als sechzigtausend Jahren bestatteten primitive Volksstämme ihre Toten, indem sie sie mit Blumen zudeckten!

Vor fünftausend Jahren

Chirurgen, Pflanzenheilkundige, Naturheilkundige und Priester der Sumerer waren erfahrene Ärzte. Sie behandelten die Seele, um den Körper zu heilen, und sie fanden, daß die »Verfinsterung« (das Wort Krankheit gab es bei ihnen nicht) eine »heilende Krise« war, welche die Wiedergeburt des Geistes vorbereitete (so ein in den Ruinen der sumerischen Stadt Nippur entdecktes Dokument).

Die heilige Medizin der Sumerer enthält, wie die berühmte französische Sumerologin Marguerite Enderlin berichtet, erstaunliche Elemente, die beweisen könnten, daß alle Naturheilkundigen und Praktizierenden sanfter Heilweisen große Vorgänger hatten: Gelehrte, die sich mit Astrologie, Pflanzenheilkunde und Anatomie befaßten, Arzneibücher schrieben, Diagnosen und Prognosen stellten, Geheimwissenschaften betrieben, die sie befähigten, Träume, Farben und Ölflecken auf Wasser zu deuten. Der Arzt und Priester war bei den Sumerern ein Wundertäter und vermochte Kranke zu begleiten, wenn sie in die Unterwelt hinabstiegen und wieder zurückkehrten. Die geheime Initiation, die jeder Arzt bei den Sumerern erhielt, ist bis heute auf den Tontafeln nicht entschlüsselt worden und wird es wohl auch nicht mehr werden.

Nach einer spirituellen Vorbereitung aus Andacht und Gebeten begann der sumerische Arzt mit einer sehr gründlichen Untersuchung ungefähr in der Art, wie wir sie kennen: Haltung des Patienten, Wuchs, Gang, Reaktionsfähigkeit, geistige Störungen, Fieber, Zustand der Augen bzw. der Pupille, Qualität des Urins, Elastizität der Muskeln, Geruch, dann Beobachtung und Schlußfolgerungen über den Zustand der Organe und Analyse der inneren Schmerzen, schließlich Untersuchung des Kopfes und der Knochen.

Die sumerischen Ärzte wußten um die Bedeutung der Rhythmen, in denen sich Symptome verschlimmern oder bessern, und je nach Fall behandelten sie zu ganz bestimmten Zeitpunkten am frühen Morgen, in der Abenddämmerung oder nachts.

Andere Tontafeln erwähnen die kritischen Zeiten von Krankheiten und ihre zyklischen bzw. aufeinanderfolgenden Phasen und nennen die mutmaßliche Zahl der Tage bis zum tödlichen Ausgang oder aber bis zur Heilung.
Auf manchen Tafeln, die über viertausend Jahre alt sind, findet man Diagnosen und Verordnungen. Einige Beispiele:
Kopfschmerzen: »Du mischst Tanne, Myrrhe, Rosen, Sesamschleim und Steckenkraut mit Kleie, die du in gewöhnlichem Bier anrührst, und bereitest dem Kranken einen Kopfumschlag.«
Hautkrankheiten: »Bei Kopfjucken zerstampfst du Rizinus und Glasschmalz. Du reinigst den Kopf mit Wasser, zerquetschst die [nicht näher bezeichnete Pflanze] und Affodill in Öl und reibst den Kopf damit mehrmals ein. Das heilt.«
Für Kopfgrind, Ekzeme und Haarausfall gab es zu den zahlreichen Verschreibungen Bäder, Waschungen, Reinigungen, Brechmittel, Fastenzeiten oder besondere Diäten und körperliche Übungen, die in den Tempelgärten zu praktizieren waren.
Verschrieben wurden hauptsächlich Hauteinreibungen mit Essenzen (vor allem mit ätherischem Zedernöl) und Räucherungen für Lungen und Atemwege. Einreibungen und Räucherungen mit Essenzen gab es also schon vor über viertausend Jahren!
Seit frühester Zeit wandten die Sumerer Aromatherapie, Oligosole und Edelsteintherapie regelmäßig bei Behandlungen an, und alle Techniken bestanden nebeneinander, die Ärzte waren in allen Fächern spezialisiert und praktizierten eine Medizin des ganzen Menschen, eine physische, spirituelle und ganzheitliche Medizin.

China

Der Überlieferung zufolge soll der chinesische Gott-Kaiser Shen Nung (2838 bis 2698 v. Chr.) den Menschen die Wissenschaft der Botanik gegeben haben.
Konfuzius (um 551 bis 479 v. Chr.), der berühmteste aller chinesischen Philosophen, preist »die Theorie der Lebensenergie und des Atems«, schreibt das *»Traktat über das Schlafzimmer«*, in dem es um Gesundheit und sexuelle Harmonie geht, erläßt Gesetze über Körperhygiene, die wohltuende Verwendung von Bädern, Duschen

und Massagen und lehrt uns, daß »Beischlaf« »Blumenschlacht« bedeutet!
Tsao-Tschuan (etwa 540 v. Chr.) und die Han-Dynastie gehören in der Medizin »über das Eiserne Zeitalter hinaus zu den Heiligen und Weisen des Goldenen Zeitalters«.
In der Zeit der Mandarine »behandelt ein großer Arzt nicht, was schon krank ist, sondern das, was es noch nicht ist« (alter chinesischer Sinnspruch).

Indien

Das erste medizinische Dokument, die *Charaka-Samhita*, entstand etwa 1000 Jahre v. Chr., und *Ayurveda*, das große Buch der Medizin, das heute noch benutzt wird, spricht von Pflanzen, Hauch (Atmung) und von Energien. Die medizinischen Behandlungsweisen wurden dort nach der Invasion der Arier gesammelt.

Ägypten

Majoran wird dem Osiris zugeschrieben, Beifuß der Isis, Andorn dem Horus und Kamille der Sonne. Die Grundsätze der ägyptischen Medizin zur Zeit der Pharaonen enthält der sogenannte Ebers-Papyrus, der 1873 in Theben aufgefunden wurde. Von jeher wurde nach dem Wundermittel gesucht. Polydamno fand »den magischen Saft, der Schmerz und Wut besänftigt und alle Leiden vergessen läßt«. Die Papyri aus dem Jahre 2800 v. Chr. bezeugen, daß Origano, Zimt, Wacholder und Minze Bestandteile der Salben und Pomaden waren, die zubereitet wurden, indem man das ätherische Öl der Heilkräuter auspreßte oder diese in fettem Öl ziehen ließ.
In den Tempeln benutzte man wertvolle Salben und duftende Essenzen. Zum Einbalsamieren der Leichname ägyptischer Würdenträger verwendete man ebenfalls wohlriechende Essenzen.
In den ersten ägyptischen Pflanzenbeschreibungen, die etwa 2800 Jahre v. Chr. zurückreichen, findet man Zubereitungen von Essenzen, Ölen und Blumen.

Griechenland

Theophrast schreibt den Traktat *»Über die Düfte«*. Ist dies Ausgangspunkt oder Fortführung der Aromatherapie durch die Jahrhunderte?
Cheiron, Weiser und Kentaur, macht den blinden Phoinix mit Heilpflanzen wieder sehend; daher der Name *Herba centaurii* für das Tausendgüldenkraut.
Asklepios, der griechische Gott der Medizin, behandelt nach den Worten von Pindar »mit dem Wort, den Heilkräutern und dem Messer«. Daher stammt der Name Asklepiaden für die Priesterärzte. Die Methoden sind nicht detailliert und beschränken sich auf einige Verfahren der traditionellen Pflanzenheilkunde, der Psychotherapie, der elementaren Physiologie und auf kleine chirurgische Eingriffe, berichtet uns die *»Geschichte der Medizin«*.
War Herakles der erste Hygieniker? Er empfahl Warmwasserbehandlung und Heilkräuter, und Melampos von Pylos, Priester und Seher, betrieb bereits Metalltherapie, indem er die Zeugungsunfähigkeit des Iphikles mit Eisenoxyd behandelte.
Asklepios, Sohn des Apoll und Gott der Medizin, konnte Tote wieder lebendig machen. Gab ihm sein Status als Göttersohn die Kräfte von Jesus Christus?
Panakeia (die »Allheilende«) war bei den Griechen die Göttin der Genesung; noch heute verwenden wir das Wort »Panazee« für Allheilmittel.
Hippokrates aus dem 5. Jahrhundert v. Chr. ist der Vater der Medizin, den wir alle kennen. Seinen berühmten Eid leisten die Ärzte noch heute zu Beginn ihrer Laufbahn. Aristoteles und Theophrast waren seine Schüler.
Dioskurides (1. Jahrhundert n. Chr.) übte den größten Einfluß auf die Botaniker der Renaissance aus. Seine Nachfolger Plinius und Galen führten sein Werk fort.

Persien

Avicenna (980 v. Chr.) berichtet in seinem *»Kanon der Medizin«*, daß er »beim Studium der Heilpflanzen das Mittel entdeckte, um durch Destillation flüchtige Essenzen aus Kräutern und Blüten zuzubereiten«. Der *»Kanon der Medizin«* war das Standardwerk der muslimischen und der gesamten östlichen Welt seiner Zeit. Avicenna erfand die Destillation in Persien!

Rom

Die aromatischen Öle gehörten zu den Verjüngungselixieren. Und die Pappel war dem Herkules geweiht.

Mittelalter

Die Ärzte waren zugleich Männer der Kirche. Papst Innozenz III. erließ ein Pontifikaledikt, dem zufolge kein Geistlicher Medizin zu Gewinnzwecken ausüben noch in irgendeiner Weise Blut vergießen durfte. Mönche, die als Ärzte tätig waren, legten Kräutergärten an. Verließen sie ihren Orden, wurden sie Apotheker oder Heiler und verkauften ihre Präparate von Dorf zu Dorf. Die im Schoße der Kirche verbliebenen Priesterärzte vertrauten medizinische Arbeiten den Barbieren an. Der Arzt begnügte sich damit, anhand von Urin und Patientenhoroskop Diagnosen zu stellen. Seine Anweisungen schickte er dem Apotheker. Bei der Behandlung von Krankheiten berücksichtigte man die Schriften des Hippokrates und ging von den vier Temperamenten – dem sanguinischen, dem phlegmatischen, dem cholerischen und dem melancholischen – sowie von den vier Körpersäften Blut (Luft), Phlegma (Wasser), Galle (Feuer) und schwarze Galle (Erde) aus.

In China ging man von Yin und Yang sowie von der Theorie der fünf Elemente aus.

Das 16. Jahrhundert brachte die Lehre vom Gesetz der Ähnlichkeit und die bei der Ursache der Krankheit ansetzende Behandlung – und schuf damit eine der Grundlagen der Homöopathie.

Die meisten Medikamente wurden aus Pflanzen gewonnen, und durch die Alchimie kam es zu großen Fortschritten in Chemie und Metallurgie. Die Suche nach dem Zaubertrank für langes Leben gab den Gelehrten stets die Möglichkeit, einander zu überbieten!

Bestimmte Behandlungsmethoden des 16. Jahrhunderts und davor kannten innerliche und äußerliche Anwendungen aromatischer

Pflanzenöle, wie sie uns heute in der Aromatherapie vertraut sind. Ätherische Öle galten damals als der reine Geist der Pflanzen und wurden innerlich wie auch äußerlich angewandt. Sie wirkten also über Denken und Fühlen auf den stofflichen Körper ein. Man benutzte auch den Tau der Kräuter (Vorläufer der Bach-Blüten) sowie spezielle Atem- und Gymnastikmethoden. Musik galt als besonders wohltuend. Alt, Tenor, Baß und Sopran verglich man mit den vier Temperamenten. Nachdruck legte man auch auf die vorbeugende Heilkunde, besonders in Hinsicht auf die Ernährung, nach dem guten alten Grundsatz des Hippokrates: »Die Ernährung sei eure Medizin.« Nach und nach entwickelten sich Medizin und Botanik. Das war eine neue Welle, möglich geworden durch die nachlassende Macht der Kirche über die Ärzte.

Das 20. Jahrhundert

Das Erwachen der modernen Medizin, die berühmten Arbeiten von Pierre und Marie Curie, von Pasteur und von Claude Bernard, von dem der erstaunliche Satz stammt: »Die Mikrobe ist nichts, ihr Wirkungsfeld ist alles«, zeigen den neuen Weg auf: Erforschung und Kenntnis des Wirkungsfeldes sind ebenso bedeutend, wenn nicht bedeutender als die Erforschung der Mikroben …

Aber bis zu den eigentlichen Anfängen der Naturheilkunde von heute, der ganzheitlichen Medizin, müssen wir sehr weit zurückgehen – bis zu den Sumerern.

Die Ärzte der Sumerer sind die Vorläufer der heutigen Naturheilkundigen, Heiler, Akupunkteure, Psychosomatiker und Magnetiseure. Noch vor wenigen Jahren wußten wir nicht, daß damals Einreibungen mit ätherischen Ölen benutzt wurden, um die Gesundheit zu stärken, den Kreislauf des »Lebensatems« (der Lebensenergie) wiederherzustellen und die »Belebung« (Heilung) zu fördern. Die Rolle des sumerischen Arztes bestand beispielsweise darin, den Patienten dabei zu unterstützen, das »Licht des Heiles« und das »Geheimnis des Herzens« (Gesundheit) wiederzufinden! Die Bewegung des Menschen zwischen den Zuständen von »Licht« (Gesundheit) und »Verfinsterung« (Krankheit) ermöglichte es ihm, sich der Unsterblichkeit (Vollkommenheit?) zu nähern.

Dieser Gleichgewichtszustand erinnert an hinduistische und tibetanische Schriften über die innere Entwicklung des Menschen durch körperliche und moralische Prüfungen. Dem Arzt bei den Sumerern, dem Lama in Tibet wie den muslimischen Priestern wurde die große und stolze Aufgabe übertragen, die geistige Fortentwicklung des Menschen durch die Betreuung von Leib und Seele zu unterstützen.

Mögen die Ärzte heutzutage ihrer Aufgabe in vollem Umfange eingedenk sein! Dann kommt uns eine umfassende Heilkunde zugute, eine Heilkunde, die den Menschen in seiner physischen und spirituellen Gesamtheit sieht, und nicht eine zersplitterte Medizin der Symptome, die den Menschen in Scheiben schneidet und bei der jeder Spezialist den Teil behandelt, für den er zuständig ist. Wir gehen mit großen Schritten auf eine Medizin des physischen, des psychischen und des spirituellen Körpers zu, die Medizin von morgen, die allen dient. Eine menschliche, ganzheitliche Medizin: die klassische Naturheilkunde!

Eine Weltreise durch die Erntegebiete

Wildwachsende oder angebaute Aromapflanzen werden auf den duftenden Hügeln des Ventoux, an der Drôme, am Var und in den Meeralpen geerntet. Man findet sie auch in den Cevennen und in den Pyrenäen.

Mit etwa fünfzehn Tagen Zeitunterschied, je nach Region und Sonneneinstrahlung an Süd- und Nordhängen, werden die Aromapflanzen der Provence im Juni und Juli (Thymian) sowie Juli und August (Lavendel) geerntet. Bohnenkraut, Salbei, Ysop, Origano und Majoran werden im Juli und August, Minze, Basilikum und Eisenkraut in zwei Etappen im Juni und im September geerntet.

Die Ernte beginnt und endet in einem Rausch von Düften und Farben. Aber auch die Mühsal der schweren Arbeit ist Teil des Festes.

Am Anfang des Jahrhunderts kamen die Schnitter zur Saison und ließen sich von Bauernhof zu Bauernhof anwerben. Heute besteht diese Tradition noch in abgelegenen Gegenden und auf einigen Landgütern.

Die Sammelmaschine schneidet die Lavendel- und Lavandinarten und beschädigt dabei die Pflanze. Wenn die Pflanzen mit der Maschine geerntet werden, halten sie nicht so lange (vier bis fünf Jahre), wohingegen sie beim Einsammeln mit der Hand acht bis zehn Jahre halten können.

Die geerntete Pflanze wird vor der Destillation zwei bis drei Tage vorgetrocknet, ausgebreitet auf großen Tüchern, die man nachts zudeckt.

Die Destillierapparate auf dem Lande, die jetzt sonnengeschützt unter großen Wetterdächern aus Metall stehen, sind in Betrieb, um von Sonnenaufgang bis Sonnenuntergang Tonnen duftender Pflanzen aufzunehmen, die notwendig sind, um ein paar kostbare Liter aromatisches Öl herzustellen. Das Öl wird dann sorgfältig in einem Öltank aufgefangen, einem Modell, das schon vor über zweihundert Jahren in Betrieb war.

Das Blüten- oder Destillationswasser gewinnt man zuweilen, je

nach der Qualität des benutzten Wassers (Quellwasser) und der Pflanzen.
Man verwertet die ersten zwanzig Liter Destillationswasser, die noch ungelöste Mikropartikel des ätherischen Öls enthalten (4 bis 6 Prozent). Der Rest des Destillationswassers enthält 1 bis 3 Prozent ungelöster Essenzen.
Das Blütenwasser, das auf natürliche Weise aromatisiertes destilliertes Wasser ist, kommt dann in die Laboratorien der Kosmetik, der Pharmazie oder der Aromatherapie.
Je nach Qualität kommen die Pflanzenessenzen in die besten französischen oder ausländischen Laboratorien zur Parfümherstellung, für die Pharmazie oder zur Herstellung von industriellen kosmetischen Produkten, Nahrungsmitteln und Medikamenten sowie in die Drogerien, Seifensiedereien und Reinigungsunternehmen.
Die exotischen Aromapflanzen Zimt, Nelke, Muskatnuß, Vetiver, Ingwer, Citronella und »exotisches« Eisenkraut werden in Indonesien, auf Ceylon, in Indien, in China mehrmals im Jahr geerntet. Die Vanille, jenes herrliche und süße Aroma unserer Kindheit, ist eine Parasitenpflanze (die auf einer anderen Pflanze wächst und sich von ihr ernährt) und kann nicht destilliert werden. Aus diesem Grunde findet man sie in natürlicher Form, in Stangen, in Pulver oder auch noch in Glukoseextrakt. Aber es gibt kein natürliches ätherisches Vanilleöl.
Die sehr milden Himmel Asiens verlassend, kommen wir zu den Geranien-Rosen aus dem Orient, aus Madagaskar oder von der Insel Réunion.
Die Zitrusfrüchte, Zitronen, Orangen, Pampelmusen, Mandarinen und Bergamotten aus Florida, Kalifornien, Spanien, Portugal, Marokko, Ägypten etc., werden auch in ihrem Herkunftsland destilliert. Die Früchte werden für Säfte und Trockenextrakte, die Zitronen- und Orangenschalen für Essenzen und ebenfalls für Trockenextrakte benutzt. Die Petit-Grain-Essenzen (aus den Blättern von Zitrusfrüchten) und die Neroli-Essenzen (aus den Knospen der Orangenbaumblüte), die wertvoller und teurer sind, werden im Gegensatz zu den Zitrusfrüchten, deren Essenz man durch mechanisches Auspressen gewinnt, traditionellerweise in einem Dampfdestillierapparat destilliert.

Die Nadeln und kleinen Zweige der Zedernbäume, der Strandkiefern und der Föhren, der Tannen und der Thujabäume sowie die Beeren der Wacholdersträuche und -bäume, die Birkenblätter und -rinden werden in Virginia (Zeder), Kanada (Birke), in den Alpen (Tanne), in Landes, in der Provence und in Sibirien (Kiefer) gesammelt. Koriander findet man in Rußland, Kümmel und Mutterkümmel in den slawischen Ländern. Karottensamen werden importiert und in Frankreich destilliert; ebenso die meisten kleinen Samenkörner, die sich vor der Destillation transportieren lassen.
Das großartige Rosenöl kommt bereits destilliert aus Bulgarien, wo man Hunderte Hektar Anbaugebiet überfliegen kann. Marokko und Ägypten beginnen Rosen zu züchten, jedoch von geringerer Qualität. Römische Kamille und Kamille blau kommen aus der Touraine oder aus Deutschland.
England produziert große Mengen und zahlreiche Arten von Minze, genauso wie die Vereinigten Staaten.
Brasilien und Uruguay liefern ätherisches Öl aus Rosenholz, aus Ingwer und bestimmten Zitrusfrüchten. Pfeffer und Piment werden an verschiedenen Produktionsstellen destilliert.

Mit dieser kleinen Weltreise durch Aromen und Gewürze könnten wir eine große Landkarte von Düften – liebliche, kräftige, nach Ambra duftende, fruchtige – anfertigen und die reiche Geographie der Wohlgerüche kostbarer Essenzen entdecken.

Kontrolliert-biologischer Anbau

Beim kontrolliert-biologischen Anbau werden keinerlei chemische Düngemittel und Insekten- bzw. Parasitenvernichtungsmittel benutzt. Erlaubt sind nur marine, pflanzliche und mineralische Mittel. Zuweilen verwendet man ätherische Öle: z. B. ätherisches Knoblauchöl als Mittel gegen Parasiten, und zwar 1 Tropfen auf 100 Liter Berieselungswasser.
Zahlreiche Organisationen arbeiten nach streng festgelegten Richtlinien, die zu dem Gütezeichen »biologische Qualität« berechtigen. Die Vorteile des kontrolliert-biologischen Anbaus sind:

- keine chemischen Rückstände bei Obst, Gemüse, Pflanzen und Bäumen;
- keine Grundwasserverseuchung;
- natürliche Aufrechterhaltung des Gleichgewichts der Böden.

Darüber hinaus berücksichtigt der biologisch-dynamische Anbau (Demeter) die Astrologie und die Mondzyklen für Anpflanzungen und Ernten nach den Grundsätzen der Rudolf-Steiner-Schule am Goetheanum (Schweiz).

Die Gewinnung der ätherischen Öle

Wußten Sie, daß vor Grasse Montpellier die Hauptstadt der Wohlgerüche war? Man parfümierte Handschuhe, bevor man Menschen parfümierte. Jeder kennt Grasse, die Provence und die obere Provence als Zentren der Herstellung aromatischer Öle.
Es gibt keinen Gewöhnungseffekt beim Gebrauch ätherischer Öle. Sie behalten immer dieselben Wirkungen, die Ergebnisse bleiben konstant, und sie verringern sich nicht mit der Zeit. Aber um all ihre Eigenschaften herzugeben, müssen die Pflanzen von gutem Grund und Boden kommen. Die aromatischen Öle der Pflanzen aus der Region Grasse besitzen einmalige Eigenschaften, die kein chemisches Erzeugnis je erreicht.
Es gibt vier Verfahren zur Behandlung der Aromarohstoffe: die Wasserdampfdestillation, das mechanische Auspressen, die Enfleurage und die Extraktion.
Lange Jahre hat man die Destillation und die Enfleurage, die nach wie vor eine Spezialität von Grasse ist, als einzige Methoden benutzt.
Für den Einsatz in der Aromatherapie entsprechen nur die durch Destillation und mechanisches Auspressen gewonnenen ätherischen Öle den Normen für ätherische Aromaöle zur therapeutischen Verwendung. Die Enfleurage und die Extraktion erbringen Essenzen für die Parfümindustrie.

Die Wasserdampfdestillation

Sie erfolgt vermittels eines Destillierapparats, der aus vier Teilen besteht: Pflanzenbehälter, Dampferzeuger, Kühlgefäß und Öltank. Blüten, Pflanzen oder Pflanzenteile kommen zu Hunderten von Kilos oder tonnenweise in den dafür vorgesehenen Kupfer- oder Nirostabehälter. Durch das Heizen mit offenem Feuer entstehen schonender Dampf und Druck, wodurch die Essenz freigesetzt wird. Wasser und Essenz gehen durch den »Schwanenhals« und kondensieren in dem Rohr, das durch das Kühlgefäß führt. Natürlich trennen sich Wasser und Essenz infolge ihrer unterschiedlichen Dichte.

Die so gewonnene abgeklärte und gefilterte Essenz wird sicher vor Wärme, Licht und Luft in hermetisch abgeschlossenen Fässern aufbewahrt und kommt dann in kleinen Fläschchen aus gefärbtem Glas zu Ihnen. Das Destillationswasser, das noch ungelöste Mikropartikel des ätherischen Öls enthält, wird behutsam in andere Fässer gebracht, die für die Parfümherstellung oder für Unternehmen der Lebensmittelindustrie bzw. für die Therapie bestimmt sind. Je nach ihrer Qualität nennt man diese Wässer Blütenwasser, Hydrolate oder – wie ich sie getauft habe – Hydrosole, womit ich betonen möchte, daß das Produkt aus den ersten zwanzig Litern Quellwasserdestillation aus wilden Pflanzen oder Pflanzen aus kontrolliert-biologischem Anbau stammt.

Mechanisches Auspressen

Diese Sonderbehandlung gilt einzig und allein für Zitrusfrüchte. Das Fruchtfleisch wird herausgenommen, und dann wird die Schale angefeuchtet und ausgepreßt. Man gewinnt das Wasser und die Essenz, die durch ihre unterschiedliche Dichte voneinander getrennt werden, am Ende einer Kaltklärung.

Enfleurage

Dieses Verfahren ist besonders zur Extraktion von Essenz aus empfindlichen Blüten bestimmt. Die Blüten werden dabei nicht allzusehr erhitzt. Sie kommen auf Rahmen, die mit geruchlosem tierischem Fett (Schwein und Rind) eingeschmiert sind, und werden alle drei oder vier Tage erneuert. Die mit Geruchssubstanzen gesättigten Fette werden mit Alkohol behandelt, der das Parfüm ohne die Fette mitnimmt.

Die Enfleurage wenden noch vier Fünftel der Häuser an, denen es um die »Herzen« bestimmter Blumen wie Jasmin, Tuberose, Orangenblüte, Narzisse, Jonquille und Veilchen geht.

Extraktion

Bei diesem in der zweiten Hälfte des 15. Jahrhunderts entwickelten Verfahren wird das Rohmaterial mit einem Lösungsmittel (Hexan oder Benzol) behandelt. Die Blüten werden mehrmals in einem Extraktionsapparat gewaschen, das gesättigte Lösungsmittel wird abgegossen, wodurch Unreinheiten beseitigt werden, und dann durch partielle Destillation vom Öl getrennt. Das erste parfümierte Produkt, das man somit erhält, wird »Concrète« genannt. Das wiedergewonnene Lösungsmittel, das etwas weniger Duftstoffe enthält, wird bei der nächsten Waschung erneut benutzt.
Dann wird das mit Alkohol gemischte Concrète umgerührt, gefiltert und abgekühlt (–12°C bis –15°C), danach erneut gefiltert, um die unlöslichen pflanzlichen Wachse zu entfernen. Durch eine letzte Konzentration unter geringerem Druck erhält man dann die als »Absolue« bezeichnete Essenz.

Außer diesen vier Verfahren gibt es noch drei weitere spezifische Behandlungsweisen für Essenzen:

1. Die Destillation der leichten Teile.
2. Die Deterpenierung – Entziehen der Terpene.
3. Die Fraktionierung – Isolierung eines Bestandteils bzw. »Isolats«.

In der Provence werden Lavendel, Lavandin, Gartensalbei und Muskatellersalbei, Sellerie, Karotte, Minze, echtes Eisenkraut, Zypresse, Zeder, Kiefer, Origano, Majoran, Kamille und Thuja noch immer wie einst mit Dampf destilliert.
Destilliert werden können alle Pflanzen, aber nicht alle geben ätherisches Öl. Nur Pflanzen, die viele Aromabestandteile enthalten, werden Essenzen ergeben, z. B. alle aromatischen Küchengewürzpflanzen und Blumen. Jedenfalls wird für jede destillierte Pflanze das Hydrolat, das Wasser also, das zur Destillation gedient hat, aufbewahrt, wenn keine Essenz hergestellt wird (Pilz-, Buchsbaum-, Mistel- und Lindenblütenhydrolate etc.).
Wußten Sie, daß, genauso wie Weintrauben aus ein und derselben Region und mit derselben Bezeichnung unterschiedliche Sorten er-

geben, ätherische Öle mit derselben Bezeichnung ebenfalls unterschiedliche Sorten ergeben, also unterschiedliche Düfte, Aromen, Zusammensetzungen der Elemente etc. aufweisen?
Ätherische Öle von ein und demselben Boden werden auch unterschiedlich aufgrund der Schnittweise des Destillateurs, seines technischen Könnens, seiner Destillierapparate (Temperatur und Druck, Destillationszeit). Ob Öle aus konventionellem oder biologischem Anbau oder aus wildwachsenden Pflanzen stammen, bringt Unterschiede mit sich, und es ist ja außerdem bekannt, daß die Pflanzen Liebe brauchen, im richtigen Augenblick geerntet werden müssen, und zwar mit der Hand, statt von einer Ausreißmaschine gequält zu werden.
Das ätherische Öl ist eines der Produkte, die aus der Extraktion des Aromas der Pflanze (Salbei), der Blüte (Rose), der Samen (Karotte), des Baumes (Sandelholz), der Frucht (Wacholderbeere) oder des Saftes eines Baumes (Terpentin) stammen. Das zweite Produkt dieser Operation ist das Hydrolat, das Blütenwasser.
Ätherische Öle setzen sich zusammen aus Terpenen, Estern, Phenolen, Aldehyden, Äthern, Oxyden und Säuren etc. Die chemische Formel einer Essenz variiert etwas, je nach Jahr, Boden, Destillationstechnik und technischem Können des Destillateurs. Die »Chemotypen« weichen etwas voneinander ab, genauso wie die Bestandteile und Gerbstoffe von Weinen derselben Sorte! Ätherisches Öl ist ein flüchtiges und wohlriechendes Produkt, das wie die Pflanze duftet, aus der es extrahiert wird. Der Duft einer Pflanze ist ihre »Identität«, ihr Schutz, ihre »Aura«.

Die Qualität der ätherischen Öle

In der Aromatherapie entscheiden wir uns für natürlich angebaute und mit Sorgfalt destillierte Essenzen. Sie allein können die erhofften Ergebnisse bringen. Ebenso bevorzugen wir ganze, nicht deterpenierte Essenzen. Die Deterpenierung – das Entziehen der Terpene – verändert ihre Synergie.

Von den Wirkungen und Wohltaten der ätherischen Öle werden wir immer unter der Voraussetzung sprechen, daß sie durch Wasserdampfdestillation oder durch mechanisches Auspressen von Pflanzen bzw. Früchten, die nicht überhitzt wurden, gewonnen wurden. Bei diesen ätherischen Ölen handelt es sich natürlich nicht um synthetische Öle.

Die Herkunft der destillierten Pflanze ist von Bedeutung, denn sie ergibt zusammen mit der Sorte die Eigenheiten. Freilich kann der Anteil der Bestandteile von Boden zu Boden empfindlich schwanken. Therapeuten, die das Aromatogramm benutzen, werden chemotypisierte ätherische Öle bevorzugen.

Welcher Teil der Pflanze benutzt wurde, ist ein weiteres Unterscheidungsmerkmal, beispielsweise bei Zimt, wo es Zimtrinden- und Zimtblätteröl gibt, oder bei der Nelke (Nelkenblätter- und Nelkenblütenöl).

Die organoleptischen Eigenschaften sind zwar nicht von solcher Wichtigkeit, fallen aber als Parameter für den Qualitätsanspruch bei ätherischen Ölen auch ins Gewicht.

Die Farbe, die am Ausgang des Destillierapparates bestimmt wird, ändert sich, wenn das Öl mit Sauerstoff in Berührung kommt und wenn es älter wird. Bohnenkraut z. B. mit seinem schönen Dunkelrot wird mit der Zeit schwärzlich und das schöne Indigoblau der Kamille bräunlich.

Geruch und Geschmack kann nur eine »Kennernase« beurteilen.

Eine Opaleszenz zeigt eindeutig Fälschungen ätherischer Öle, mit Ausnahme der normalen Opaleszenz bei Litsea cubeba, Patchouli, Amyris und Sandelholz, die durch ungelöstes Eisen hervorgerufen wird. Lavendel kann am Ende der Destillation eine Opaleszenz auf-

weisen. Die Ursache dafür sind die ungelösten Wasserpartikel. Man beseitigt die Opaleszenz, indem man mit Sodasulfat (industriell) filtert und dann noch mehrmals filtert. Eine andere Methode, um eine Opaleszenz bei Lavendel zu vermeiden, besteht darin, die halbtrockenen und nicht die frischen Pflanzen zu destillieren.
Physikalische Messungen ergänzen die Messung der organoleptischen Eigenschaften. Es handelt sich im wesentlichen um die Rotationskraft, die Dichte, den Brechungsindex und die Löslichkeit in Äthylalkohol.
Chemische Analysen, z. B. die Indexe für Ester und Säure und die Mengenangaben für Terpene, Phenole und Zenole, kommen zu den physikalischen Analysen hinzu.
Die Expansion der Parfümherstellung seit dem 19. Jahrhundert hat mit der Entwicklung der chromatographischen Analysen den Fabrikanten und Destillateuren neue Möglichkeiten eröffnet. Um sich von der Qualität ätherischer Öle zu überzeugen, ist es augenblicklich möglich, verschiedene Tests durchzuführen: die bioelektronische Analyse, die Gas- oder Flüssigkeitschromatographie, die kapillare Chromatographie, die molekulare Chromatographie, die Schichtenanalysen und Radiästhesie.
Mit diesen Analysen können Fälschungen aufgedeckt werden, genauso wie eine »Nase« das empirisch, aber zuverlässiger tun kann. Physikalisch-chemische Messungen und organoleptische Charakteristika sind ebenso wie bioelektronische Analysen, Chromatographie, Massenspektralanalyse und Radiästhesie Faktoren, die zur Bestimmung der Qualität ätherischer Öle benutzt werden.
Auf Ihre Veranlassung und mit Ihrer Kostenbeteiligung, wobei die Kosten für bestimmte Analysen hoch sind, kann Ihr Händler viele dieser Untersuchungen für Sie durchführen lassen.
Ich will hier nicht weiter auf Einzelheiten eingehen, die mehr für Spezialisten von Bedeutung sind. Es sei jedoch gesagt, daß es wichtig ist, sich um ätherische Öle von guter Qualität zu bemühen. Sie finden sie in Spezialläden, in Bioläden und in manchen Apotheken. Synthetische Öle, wie man sie in vielen Läden findet, dürfen auf keinen Fall für die Therapie eingesetzt werden. Sie sind für die Parfümherstellung bestimmt. Oft werden sie in durchsichtigen, ungefärbten Fläschchen verkauft.

Wer hochwertige ätherische Öle anbietet, wird Ihnen gerne ausführliche Informationen zu Anwendungsmöglichkeiten und Eigenschaften der Öle geben und über die Herkunftsgebiete genau Bescheid wissen. Wer synthetische ätherische Öle verkauft, wird kaum ein Interesse daran haben, Sie umfassend zu informieren.

Ätherische Öle von Pflanzen aus kontrolliert-biologischem Anbau (die nicht mit chemischen Düngemitteln behandelt wurden) bieten ein Maximum an Qualitätsgarantie. Das gilt auch für Essenzen aus wildwachsenden Pflanzen. Sie sind immer vorzuziehen.

Nützliche Adresse

Für Ihre Analysen ätherischer Öle – bioelektronisch, Chromatographie, Radiästhesie u. a. – wenden Sie sich bitte an die Verfasserin:

Laboratoire Nelly Grosjean
La Chevêche
Petite route du Grès
F–13690 Graveson
(Provence, Frankreich)

Die Wirkungen der ätherischen Öle

> Denn das ist Wissenschaft – reine, die Feinheiten erfassende Kenntnis der Natur.
>
> *Louis Leprince-Ringuet*

Alle ätherischen Öle sind:

- antiseptisch, mikrobentötend, infektionshemmend;
- entgiftend, lösend, ausscheidungsfördernd;
- revitalisierend, die Lebensenergie unterstützend;
- Regulierer des Nervensystems und der Hormondrüsen.

Die Eigenschaften eines ätherischen Öls entsprechen nicht unbedingt denjenigen der Pflanze, aus der es extrahiert wurde. Ätherische Öle bzw. Aromaessenzen sind keine fetten Öle. Mit der Zeit hinterlassen ihre Bestandteile, die im wesentlichen flüchtig sind, keine Flecken auf Papier.
Als Konzentrate aus allgemeinen und spezifischen aktiven Bestandteilen ermöglichen ätherische Öle in der Therapie rasche Wirkungen. Sie sind meist lävogyr (d. h., sie drehen die Ebene des polarisierten Lichtes nach links), im Gegensatz zu den Substanzen aus chemischer Synthese, die im allgemeinen dextrogyr sind (also die Ebene des polarisierten Lichtes nach rechts drehen).
Pflanzenkonzentrate in Säften, Alkoholauszügen und Aufgüssen wirken nicht so stark wie ätherische Öle. Die Eigenschaften einer Pflanze in Aufguß, Pulver oder Konzentrat sind nicht unbedingt die der ätherischen Öle aus derselben Pflanze. Beispielsweise hat das Robertskraut, das seit 50 Jahren nicht mehr destilliert wird, ausgesprochen antidiabetische Eigenschaften. Die ätherischen Öle der Geranie Bourbon oder Rosat besitzen diese Eigenschaft nicht. Auf diese Tatsache, die mir sehr wichtig erscheint, hat neuerdings M. Bernadet hingewiesen. Die Zitrone ist ein weiteres gutes Beispiel: Der Saft, der Alkoholauszug, das Trockenpulver und das ätherische Öl sind vier Produkte mit unterschiedlichen Eigenschaften.

Die erstaunliche Eigenschaft der Auswahlfähigkeit

Das ist einmalig auf dem Gebiet der natürlichen Therapien: Ein auf eine beliebige Körperstelle aufgetragenes ätherisches Öl wird von der Körperstelle, dem Organ oder der Funktion angezogen, die geschwächt ist! Diese außergewöhnliche Fähigkeit, sich wie magnetisch anziehen zu lassen, ist ausschließlich eine Eigenschaft ätherischer Öle. Pflanze und Pflanzensaft besitzen sie nicht.

Wirkungskraft

Ätherische Öle sind keine Allheilmittel, jedoch in 80 Prozent aller Fälle ermöglichen sie eine merkliche Verbesserung mit einer Wiedererweckung der Lebensenergie in den ersten fünf bis zehn Behandlungstagen. Die vollständige Lösung des Problems tritt allgemein nach drei Wochen bis drei Monaten ein. Normalerweise reichen drei bis sechs Wochen aus, um Erkrankungen, für die eine Aromatherapie-Behandlung in Frage kommt, zu beheben.
In allen Fällen wird – da ja nicht eine einzige Therapie der Stein der Weisen, also das Allheilmittel ist – eine gut durchgeführte aromatherapeutische Behandlung durch eine gesunde Lebensweise ergänzt (Ernährung, Atmung, Entspannung, körperliche Übungen und frische Luft, Lockerung der Wirbelsäule, Muskeltraining, positives Denken, Gleichgewicht der Energien usw.).
Trotz ihrer außerordentlichen Wirkungskraft ist die Aromatherapie letztlich doch Teil einer globalen Medizin, die alle natürlichen Therapien umspannt.

Die physikalisch-chemische Wirkung

Erstaunliche Ergebnisse werden bei allen Krankheiten erzielt, bei denen der pH-Wert des Blutes alkalisch ist, der Rh2-Faktor einer oxydierenden Lösung entspricht und der spezifische Leitungswiderstand schwach ist (Arbeiten von Louis-Claude Vincent).

Die Wirkung auf die Lebensenergie

Die Schwingungswirkung jedes ätherischen Öls bringt durch Induktion die inneren Schwingungen aller Zellen des menschlichen Körpers – sechzig Milliarden kleine Zellenmotore – wieder in Gang, unabhängig von der Aufnahmeform (Einatmung, Einreibung oder Einnahme).
Die Aromatherapie wirkt direkt, indem sie die Lebenskraft erhöht, wodurch das natürliche Immunsystem gestärkt und Selbstheilung möglich wird.

Die Wirkung auf den Energiekörper

Die ätherischen Öle als feinstoffliche und flüchtige Substanzen sind in Einklang mit den Energiekörpern bzw. den feinstofflichen Körpern. Wenn es möglich ist, eine Krankheit auf der Ebene des ätherischen Körpers bereits im Energiestadium nachzuweisen (Veränderung der Dichte, der Stärke oder der Struktur des ätherischen Körpers, Veränderung der Farbe des Aurakörpers an einer bestimmten Stelle etc.), dann sind ätherische Öle die am besten feinstofflich wirksamen Mittel, über die wir heutzutage verfügen. Sie können das Auftreten von Energiestörungen verhüten sowie ihre Entwicklung und Umwandlung in eine körperliche Krankheit stoppen. Krankheiten sind auf der Ebene der feinstofflichen Körper wahrnehmbar, bevor sie sich auf der Ebene des stofflichen Körpers kundtun. Bevor ein ätherisches Öl auf den stofflichen Körper wirkt, wirkt es auf die feinstofflichen Körper.

Schlußfolgerung

Seit Jahrtausenden sorgfältig genutzt, sichern die ätherischen Öle der Aromatherapie einen besonderen Rang. Ihre Ergebnisse versetzen uns jeden Tag mehr in Erstaunen. Die außerordentliche Zerstäubbarkeit, die Vielfalt und Komplexität, Schnelligkeit und Kraft ihrer Wirkungen, die Erweiterung des kontrollierten therapeutischen Bereichs und vor allem die energetischen, elektromagnetischen und schwingungsmäßigen Wirkungen sind erstaunlich.

Für den Naturheilkundigen sind die Aromen wertvolle Heilmittel, die die elektromagnetischen Schwingungsmängel unserer Zellen ausgleichen.

> Die Aromapflanzen sind nährende,
> ungiftige und heilende Düfte.
>
> *Prof. Brésillon*

> Das Aroma bringt Leben in Form
> von Einwirkungen auf Nerven und
> Hormone.
>
> *Prof. Pierre V. Marchesseau*

2. Aromatherapie in der Praxis

Allgemeine Hinweise zur Anwendung von ätherischen Ölen

Vorab sei hier schon gesagt, daß ätherische Öle (ein bis drei Tropfen) bei innerlicher Behandlung auf einem Löffel Honig oder in einem Glas mit warmem, nicht kochendem Wasser eingenommen werden. Ideal ist es, einen Tropfen ätherisches Öl auf den Handrücken zu träufeln und ihn aufzulecken. Das geht leicht und ist praktisch für eine fortlaufende Behandlung, im Büro oder auf Reisen. Auf keinen Fall sollte das ätherische Öl auf Zucker kommen!

Großen Wert lege ich generell bei der Behandlung mit ätherischen Ölen auf die Verwendung geringer Dosierungen, auf kurze Kuren und auf das unbedingte Wechseln der ätherischen Öle im Verlauf einer Behandlung. Ätherische Öle bekämpfen Krankheiten schnell und wandeln zugleich das Wirkungsfeld um. Das bestätigt der Plateau-Effekt, womit die physiologische Reaktion auf ein bestimmtes Heilverfahren gemeint ist.

Die verschriebenen Dosierungen bringen je nach dem benutzten ätherischen Öl bis zu einer bestimmten und veränderlichen Schwelle proportionale Ergebnisse. Wird die Dosis erhöht oder mit der Zeit häufiger eingenommen, kehren sich die bis dahin proportionalen Ergebnisse um. Die Reaktion, d. h. das erwartete therapeutische Ergebnis wird dann negativ oder kehrt sich sogar ins Gegenteil um.

Ich warne immer wieder vor dem Gebrauch ätherischer Öle nach Augenmaß und vor den schädlichen Auswirkungen zu großer Dosierungen. Ich rate daher, die angegebenen Dosierungen genau zu beachten.

Zusammengefaßt heißt das: Geringe Dosierungen, kurze Kuren, Wechsel und Anpassung der ätherischen Öle im Verlauf der Behandlung erbringen das erwartete therapeutische Ergebnis.

Besondere Beachtung wird in diesem Buch dem Synergieeffekt ätherischer Öle gegeben. Unter Synergie versteht man das Zusammenspiel mehrerer Faktoren, deren koordiniertes Wirken zu einem einmaligen Effekt führt. Sie erhöht das therapeutische Potential. Durch Synergie entstehen zusätzliche Eigenschaften, d. h. daß das Ganze mehr ist als die Summe seiner Teile. Die Synergie ätherischer Öle schafft also ein neues Produkt mit eigenen Eigenschaften, dessen therapeutische Möglichkeiten gewichtiger, gezielter und wirksamer sind. 1 + 1 = 3 und noch mehr ...

Fertigprodukte

Wenn Sie Auskünfte oder zusätzliche Informationen über ätherische Öle brauchen, schreiben Sie an:

Nelly Grosjean
La Chevêche
Petite route du Grès
F–13690 Graveson
(Provence, Frankreich)
Tel. 90 95 81 72
Fax 90 95 85 20 (Sekretariat)

Sie können hochwertige ätherische Öle von wildwachsenden Pflanzen oder von Pflanzen aus kontrolliert-biologischem Anbau, Einreibungen Vie Arôme und Mischungen für Aromazerstäuber nach den Rezepturen von Grosjean und Aromazerstäuber über das Laboratorium Vie Arôme beziehen (Adresse wie oben):

Mischungen ätherischer Öle für Einreibungen

APH (dynamisierend) – *CEL* (gegen Zellulitis) – *DIG* (Verdauung) – *HAR* (Yoga/Meditation) – *MIN* (Ausscheidung) – *NER* (entspannend) – *RES* (für die Atmung) – *RHU* (gegen Schmerzen) – *VIT* (für die Vitalität) – *106* (Haare) – *107* (Haut) – *108* (Füße)

*Mischungen ätherischer Öle für Aromazerstäuber**

Respiratoire (atmungsfördernd) – *Tonique* (spannkrafterhöhend) – *Décontractante* (entspannend) – *Hammam* – *Verveine exotique* (exotisches Eisenkraut) – *Lavandes* (Lavendel) – *Lavandin* – *Harmonie* – *Ambiance Antitabac* (für verrauchte Räume) – *Fresh-Tonic*

* Für die genaue Zusammensetzung dieser Mischungen siehe Seite 83.

– *Stop-Moustic* (Mückenstop) – *Balsamique* – *Orangeraie* – *Bon Sommeil* (für guten Schlaf) – *Ambiance Noël* (Weihnachtsstimmung) – *Bio Relax* – *Bio Tonic* – *Bio Fresh*.

Ätherische Öle für Gesicht, Körper und Bad

(A.B.O. von Nelly Grosjean), aromatische Mischungen auf der Grundlage von Weizenkeimöl, Johanniskrautöl sowie ätherischem Öl von Rose und Rosenholz:
A.B.O. Visage (für das Gesicht) – *A.B.O. Contour des yeux* (für die Augenumgebung) – *A.B.O. Relax* – *A.B.O. Tonic Fresh* – *A.B.O. Fresh et Confort*.

Elektrische Aromazerstäuber

801 Petit modèle (kleines Modell) – *802 Modèle familial* (Familienmodell) – *807 Modèle professionnel* (für berufliche Zwecke).

Lehm, gefriergetrocknete Hefe, Fertigpräparate, die eine gesunde Ernährung ergänzen, Weizenkeimöl etc. können Sie in Spezialläden für Naturkosmetik, in Bioläden und in Reformhäusern beziehen, Magnesiumchlorid in Apotheken.

Die wichtigsten Beschwerden

Wie würdest du dich aufrecht halten, wenn dich nicht eine unsichtbare Hand stützen würde?

Koran

Verdauungsapparat

Luftschlucken: Kümmel + Muskatnuß und Einreibung DIG.
Kolitis: Zimt + Einreibung DIG.
Verstopfung: kein spezielles ätherisches Öl: Kur mit Gemüsesäften + Produkte zur Nahrungsergänzung; die Einreibung DIG bringt jedoch Besserung.

Zusätzliche Ratschläge:
- Obst außerhalb der Mahlzeiten essen.
- Schlechte Lebensmittelkombinationen meiden.
- Kauen und sich Zeit nehmen, um in Ruhe zu essen.
- Auf eine gute Darmentleerung achten + einen abführenden Kräutertee trinken + rohes Gemüse, Vollkornbrot essen.
- Frische oder milchsauer vergorene Gemüsesäfte zum Anregen des Appetits trinken.
- Täglich ein gesundes Getränk mit Salbei- und Rosmarin-Hydrolat trinken.

Kreislaufprobleme

Dickflüssiges Blut: Zitrone + Einreibung 108.
Schwere Beine: Zypresse + Zitrone und Einreibungen CEL und 108.
Hämorrhoiden: Zypresse + Lavendel + Kur mit Einreibung 108.

Zusätzliche Ratschläge:
- Rohes essen sowie stark duftende Pflanzen wie Knoblauch und Zwiebel.
- Viel außerhalb der Mahlzeiten trinken.
- Körperliche Übungen betreiben.

- Stärkehaltige Produkte, Zucker und tierische Fette meiden.
- Weniger rotes Fleisch essen.
- Frischen Gemüsesaft vor den Mahlzeiten trinken, als dreiwöchige Kur.
- Eine Salbei-Hydrolat-Kur machen.

Zellulitis

Zellulitis ist das Ergebnis eines Kreislaufproblems sowie ungenügender Entspannung.
Zypresse + Wacholder + Zitrone bei innerlicher Anwendung.
Zypresse + Wacholder + Birke + Terpentin oder Einreibungen CEL + 108 bei äußerlicher Anwendung.

Zusätzliche Ratschläge:
- Bewußtes Atmen.
- Entspannung und Schlaf.
- Siehe Ratschläge zu »Kreislaufproblemen«.
- Sechswöchige Kur mit Salbei- und Wacholder-Hydrolaten abwechselnd.

Gynäkologische Probleme

Amenorrhoe (Ausbleiben der Regel), *Dysmenorrhoe* (schmerzhafte Regelblutung): Salbei + Einreibung 108 + Kur mit Muskatellersalbei-Hydrolat.
Leukorrhoe (Weißfluß): Lavendel. Vaginalinjektion.

Zusätzliche Ratschläge:
- Stärkung der Unterleibsmuskulatur (körperliche Übungen + Atmung).
- Regelmäßige Ernährung.
- Sexuelle Harmonie und geistiges Gleichgewicht.
- Entmystifizierung psychischer Probleme, die allgemein während der Periode entstehen.
- Ursachen für die Störungen suchen: z. B. Entgiftung der Umgebung.
- Kur mit Salbei-, Kiefer- und Origano-Hydrolaten.

Rheumatische Erkrankungen

Arthrose, Arthritis: Wacholder bei innerlicher Anwendung + Antischmerz-Einreibung RHU.

Zusätzliche Ratschläge:
- Während der Kur tierische Proteine (besonders Käse) einschränken, ja sogar weglassen.
- Viel Wasser oder harntreibende Aufgüsse (Birke, Spiräe, Schachtelhalm ...) trinken.
- Kur mit Kiefer-, Thymian- und Wacholder-Hydrolaten.

Probleme der Atemwege

Katarrhe, Grippen: Eukalyptus + Mischung Respiratoire im Zerstäuber + Einreibung RES + Kiefer- und Thymian-Hydrolate.

Zusätzliche Ratschläge:
- Atemübungen.
- Entwicklung des Brustkorbs.
- Atemkontrolle.
- Frische Luft + körperliche Übungen.
- Ernährung: Zucker und stärkehaltige Produkte weglassen.
- Auf Nasenhygiene achten (nach L. und B. Bardo).
- Kur mit Kiefer-, Thymian- und Eukalyptus-Hydrolaten.

Nervensystem

Schlaflosigkeit: Majoran + Lavendel oder Orange + Lavendel zur Zerstäubung + entspannendes Bad + entspannende Einreibung NER, Lindenblüten- oder Eisenkraut-Hydrolat.

Angstzustände, Beklemmungen: Majoran + Basilikum (Nahrung für die Nervenzelle) + Eisenkraut im Zerstäuber + Einreibung NER oder HAR.

Mattigkeit, Erschöpfung: Rosmarin + Bohnenkraut bei innerlicher Anwendung + Einreibung VIT.

Zusätzliche Ratschläge:

- Rohe und gekochte Speisen + Spurenelemente + Mineralsalze + Weizenkeimöl.
- Wichtigkeit der Atmung (Zerstäubung von ätherischem Öl + Ionisierung).
- Wichtigkeit der bewußten Entspannung.
- Körperliche Übungen + reine Luft + Entspannung.
- Weglassen nervenanregender Mittel (Tabak, Alkohol, Kaffee, Zucker, Tee).
- Die Nervenzellen verbrauchen vierzehnmal mehr Sauerstoff als die anderen Zellen.
- Ausgewogene Ernährung.
- Erholung durch Schlaf (die Stunden vor Mitternacht zählen doppelt).
- Kur mit Majoran-, Origano-, Bohnenkraut- und Rosmarin-Hydrolaten abwechselnd.
- Entspannende Bäder (plus ätherisches Lavendelöl oder Mischung A.B.O. Relax).

Haut

Die Haut ist der Spiegel Ihrer Schönheit.

Haut: Rose und Einreibung 107.

Trockene Haut: Rosenholz + Hydrolate von Lavendel und Muskatellersalbei.

Faltige Haut: Rosmarin + Rosmarin- und Lavendel-Hydrolate.

Strapazierte Haut: Sassafras + Zedern- und Lavendel-Hydrolate.

Zusätzliche Ratschläge:

- Leberentgiftung und Darmreinigung.
- Kur mit Vitaminen der Gruppe B.
- Kur mit Weizenkeimöl (1 Teelöffel pro Tag), Vitamin E.
- Kur mit Karottenkapseln (zwei- bis dreimal täglich), Vitamin A.
- Spezifische Pflegeverfahren.
- Regelmäßige Gerichtsdampfbäder mit Hydrolaten von Rose, wildem Rosenstrauch, Salbei, Lavendel, Rosmarin oder Zeder.

Haare

Alle Probleme: Salbei + Thymian + Lavendel oder Einreibung 106 + Lotionen aus Salbei-, Zedern-, Thymian- und Lavendel-Hydrolaten.

Zusätzliche Ratschläge:
- Gefriergetrocknete Hefe.
- Leberentgiftung (Rettich).
- Spezifische Pflegeverfahren (ästhetische Aromatherapie).
- Möglichst »rohe« Nahrung.

Sexuelle Probleme

Spannkraft: Siehe unter »Nervensystem«: Mattigkeit, Erschöpfung.
Frigidität, Impotenz: Notwendigkeit allgemeiner Entgiftung und persönlich abgestimmter Mischungen zur Revitalisierung oder Einreibung APH + Bohnenkraut- und Origano-Hydrolate.

Zusätzliche Ratschläge:
- Wichtigkeit eines einfachen Verständnisses von einem harmonischen Geschlechtsleben.
- Körperliche Übungen und Sauerstoffzufuhr.
- Ausgewogene Ernährung (+ Gemüsesäfte + Produkte zur Nahrungsergänzung).
- Erholung und Entspannung.

Die wichtigsten Eigenschaften der ätherischen Öle nach Stichworten

Eigenschaft	*Ätherische Öle*
Antibiotisch	**Origano**, Nr. 1 des Aromatogramms. **Bohnenkraut. Zimt. Thymian. Nelke.** Cajeput. Kiefer. Lavendel.
Antinikotin	**Sassafras.** Geranie. Majoran. Lavendel.
Antirheumatisch	**Wacholder.** Rosmarin. Kiefer. Terpentin. Sandelholz. Zitrone
Antiseptisch	
– Darmbereich	**Kümmel. Zimt.** Eukalyptus. Thymian. Bergamotte. Origano. Muskatnuß.
– Urogenitaltrakt	**Sandelholz. Ylang-Ylang.** Zeder. Ysop.
– Lungen, Atemwege	**Cajeput. Thymian. Origano.** Niaouli. Kiefer. Rosmarin.
Aphrodisisch	**Zimt. Ingwer. Rosmarin. Bohnenkraut. Ylang-Ylang.** Muskatnuß. Koriander. Sandelholz. Rosenholz. Rezept unter Ingwer.
Atmungsfördernd	**Eukalyptus. Kiefer. Thymian. Ysop.** Cajeput. Niaouli.
Belebend	
– Intellekt	**Koriander.** Estragon. Gewürznelke. Rosmarin. Siehe Rezept unter Rosmarin.
– Drüsensystem	**Sandelholz. Bohnenkraut. Ylang-Ylang. Rosmarin. Zimt.**
– Allgemeinzustand	**Rosmarin. Bohnenkraut. Origano.** Koriander.

Fettgedruckt sind die für die jeweilige Eigenschaft zu bevorzugenden ätherischen Öle. Die Verweise beziehen sich auch auf die Beschreibungen der einzelnen ätherischen Öle.

Eigenschaft	*Ätherische Öle*
Belebend	
– Sexualfunktion	Siehe Aphrodisisch.
– Nervensystem	**Basilikum + Majoran.** Eisenkraut.
Beruhigend	
– Gegen Schmerz	Siehe unter Schmerzstillend.
– Zum Einschlafen	**Lavendel. Majoran. Neroli.** Orange. Petit Grain.
– Zum Entspannen	**Majoran. Lavendel.** Kamille.
– Antidepressiva	**Basilikum + Majoran.** Eisenkraut.
Faltenverhindernd	**Rose. Rosenholz. Rosmarin.** Sandelholz. Ylang-Ylang.
Harntreibend	**Zitrone. Birke. Wacholder.** Sandelholz. Zeder.
Krampflösend	**Kamille.** Bergamotte. Estragon. Basilikum. Majoran. Lavendel.
Schlankmachend	**Zitrone. Wacholder. Geranie.** Birke. Siehe Wacholder für Bäder und Einreibungen.
Schmerzstillend	**Lavendel. Majoran. Kamille. Nelke** (Zähne). Cajeput. Siehe Wacholder.
Schweißhemmend	**Salbei.**
Verdauungsfördernd	**Kümmel. Muskatnuß. Koriander. Mutterkümmel. Minze.** Estragon. Basilikum. Rosmarin.
Wundheilend	**Lavendel. Geranie. Rosmarin.** Rosenholz. Sandelholz.
Die ätherischen Öle des Aromatogramms	**Origano. Bohnenkraut. Zimt. Thymian.** Nelke. Cajeput. Kiefer. Lavendel.

Einsatz ätherischer Öle nach Krankheiten und Symptomen

Krankheiten und Symptome	*Ätherische Öle*
Akne	**Zitrone. Sassafras.** Eukalyptus. Lavendel. Zeder. Siehe Haut und Cajeput.
Allergie	**Kamille.** Zeder. Rosenholz. Lavendel. Im Zerstäuber.
Altern	**Zitrone.** Siehe Langlebigkeit.
Amenorrhoe (Ausbleiben der Regel)	**Petersilie. Zitrone. Muskatnuß.** Zypresse. Salbei. Geranie.
Anämie	**Zitrone.**
Angina	**Zitrone. Bohnenkraut. Origano.**
Angstzustände – Ängstlichkeit	**Basilikum + Majoran.** Siehe Beruhigend (Antidepressiva) und Lavendel.
Arthrose – Arthritis	Siehe Antirheumatisch.
Arzneimittelvergiftung	**Minze**
Asthma	**Ysop.** Lavendel. Kamille. Cajeput. Eukalyptus. Origano. Rezept unter Ysop und Cajeput.
Bettnässen	**Zypresse.**
Blähungen	Siehe Luftschlucken, Verdauungsfördernd.

Fettgedruckt sind die für die jeweilige Krankheit zu bevorzugenden ätherischen Öle. Die Verweise beziehen sich auch auf die Beschreibungen der einzelnen ätherischen Öle sowie auf das Verzeichnis »Die wichtigsten Eigenschaften der ätherischen Öle nach Stichworten«.

Krankheiten und Symptome	*Ätherische Öle*
Blasen	**Lavendel.**
Blasensteine	Siehe Steine.
Blutdruck – niedriger – hoher	 **Rosmarin** (regulierend). **Ysop.** Zitrone. Lavendel. Ylang-Ylang.
Bluterguß	**Lavendel** + Eis.
Blutspucken	**Zitrone. Eukalyptus. Kamille.**
Brandwunden	**Lavendel + Geranie.** Niaouli. Rosmarin.
Brechreiz	**Rosmarin. Estragon. Minze.** Siehe Rezept unter Nelke.
Bronchitis	**Ysop. Niaouli. Cajeput. Zeder.** Siehe Atmungsfördernd.
Candia albicans	**Bohnenkraut.** Siehe auch Pilzkrankheiten.
Cholera	**Minze. Origano. Thymian.**
Cholesterinüberschuß	**Rosmarin + Geranie.**
Darmgärungen	Siehe Verdauungsfördernd und Antiseptisch (Darmbereich). **Kümmel** ist Sauerstoffbeschaffer für den Darm Nr. 1.
Darmparasiten	**Minze. Bergamotte.**
Dünnwerden	Siehe Schlankmachend.
Durchfall (Ruhr)	**Zimt.** Kümmel. Muskatnuß.
Dysmenorrhoe (schmerzhafte Regelblutung)	**Salbei. Zypresse.** Estragon. Kamille.
Dyspepsie (Verdauungsstörung)	Siehe Verdauungsfördernd.

Krankheiten und Symptome	*Ätherische Öle*
Ekzem	**Rose.** Lavendel. Geranie. Wacholder. Sandelholz. Zeder. Niaouli.
Entbindung (erleichtern)	Eisenkraut-Aufguß + **Salbei** (ätherisches Öl).
Enterokolitis (Dünn- und Dickdarmentzündung)	**Lavendel. Kümmel.** Kamille.
Epidemien (Verhütung)	Siehe Antiseptisch, Antibiotisch (die Öle am besten im Zerstäuber anwenden).
Epilepsie	**Basilikum.** Cajeput.
Ermüdung	Die Ermüdung bzw. Erschöpfung der Lebensenergien erfordert eine Neustrukturierung der Lebensweise: ausgewogene Ernährung, körperliche Bewegung, Atmung, frische Luft, Entspannung, Erholung, positive Gedanken, Harmonie.
– Allgemein	**Zitrone. Geranie.** Rosmarin. Origano. Koriander.
– Physisch	**Rosmarin. Koriander.** Origano.
– Nervlich	**Basilikum + Majoran.** Lavendel.
– Intellektuell	Koriander. Nelke. Rosenholz + Kamille im Zerstäuber.
– Sexuell	Zimt. Ingwer. Muskatnuß. Koriander. Bohnenkraut. Rosmarin. Sandelholz. Ylang-Ylang.
– Moralisch	Eisenkraut oder Mischung Harmonie im Zerstäuber. Siehe Beruhigend (Antidepressiva).
Erregung	Siehe Beruhigend.
Fettleibigkeit	**Wacholder. Zitrone.** Siehe Schlankmachend. Rezepte unter Zitrone, Wacholder oder Geranie.

Krankheiten und Symptome	*Ätherische Öle*
Fieber	**Zitrone + Salbei.** Kamille.
Finger- und Fußnägel (Schwäche)	Siehe Zitrone.
Flechten	**Zitrone.** Geranie.
Frigidität	**Zimt.**
Frostbeulen	**Lavendel** + Zitrone (als Saft).
Furunkel	**Lavendel + Zitrone.**
Füße – warme Füße – Schweißfüße	 **Lavendel + Minze + Rosmarin** + Rosenholz + Geranie. Siehe Rezept unter Zypresse. **Salbei + Zypresse + Lavendel.**
Gallensteine	Siehe Steine.
Gebärmutterblutung	**Zypresse. Zitrone. Salbei.**
Gedächtnisschwund	**Nelke.** Muskatnuß. Koriander. Siehe Rosmarin.
Gelbsucht	**Origano. Rosmarin. Zitrone.**
Geruchssinn (Verlust)	Alle ätherischen Öle im Zerstäuber. Basilikumblätter.
Geschwulst	**Thuja** in äußerlicher Anwendung.
Gicht	**Wacholder.** Cajeput. Rosmarin. Basilikum. Sassafras. Birke.
Gonorrhoe	**Zeder. Sandelholz.** Thuja. Bohnenkraut.
Grippe	**Eukalyptus. Thymian. Origano. Zimt.**
Gürtelrose	Siehe Rezept unter Geranie.

Krankheiten und Symptome	*Ätherische Öle*
Haare	Siehe Salbei und Zeder.
– Haarausfall	**Lavendel + Salbei + Thymian.**
– Haarverschönerung	**Ylang-Ylang. Zeder.** Lavendel. Salbei. Thymian.
Hämorrhoiden	**Lavendel + Zypresse** in äußerlicher Anwendung.
Harnröhrenentzündung	**Zeder.**
Haut	
– Pflege	**Karotte. Rosenholz. Zitrone. Rose.**
– Reinigung	**Sassafras. Zeder.** Wacholder. Cajeput.
– Revitalisierung	**Rosmarin. Rosenholz. Sandelholz. Rose.** Ylang-Ylang.
– Faltenverhindernd	**Rosenholz + Rose. Rosmarin.**
– Hautkrankheiten	**Zitrone. Lavendel. Geranie.** Siehe Rezept unter Lavendel.
– Hautjucken	**Lavendel.** Zeder.
– Hautrisse	**Lavendel + Zitrone.** Rosenholz.
Herpes	**Zitrone. Geranie. Origano.**
Herzklopfen	**Petit Grain. Neroli.** Minze.
Hüftschmerzen	Lavendel + Majoran + Lemongrass in äußerlicher Anwendung. Sassafras. Rezept unter Wacholder.
Husten und Luftröhrenentzündung	**Kiefer + Eukalyptus** + Gurgelmittel mit Heilerdewasser. Origano.
Hysterie	**Neroli.** Lavendel. Majoran.
Impotenz	Siehe Aphrodisisch.
Infektionen	Siehe Antiseptisch:

Krankheiten und Symptome	*Ätherische Öle*
Insektenstiche	**Lavendel + Geranie + Zimt.** Siehe Rezept unter Sassafras.
Karies	**Nelke.** Lavendel.
Katarrh	
– Erkältung	Alle ätherischen Öle des Aromatogramms.
– Heuschnupfen	**Kamille.** Lavendel. Ysop.
Kehlkopfentzündung	**Lavendel + Kiefer + Cajeput.** Siehe Atmungsfördernd.
Kolibakterien	**Origano.** Siehe Origano. Nr. 1 des Aromatogramms.
Koliken	**Zimt.** Kümmel. Bergamotte. Orange.
Kolitis (Dickdarmentzündung)	**Kamille.** Lavendel. Majoran. Siehe Kümmel.
Konjunktivitis (Bindehautentzündung)	Zitrone als Saft. Siehe Rezept unter Zitrone.
Kopfschmerzen	**Lavendel. Kamille.**
Korpulenz	Siehe Schlankmachend.
Krampfadergeschwür	**Zeder.** Siehe Antiseptisch.
Krampfadern	**Zypresse. Zitrone.**
Krampfartige Kolitis	**Zimt + Kamille.**
Krämpfe	Siehe Krampflösend.
Krätze	Siehe Kiefer. Kümmel.
Krebs (Verhütung)	**Zwiebel. Rose.**
Kreislauf	**Zitrone. Zypresse. Salbei.**
Kupferausschlag	**Zypresse. Rosenholz.**

Krankheiten und Symptome	*Ätherische Öle*
Labilität (seelische)	**Basilikum + Majoran. Bergamotte.**
Lähmung (Folge-erscheinungen)	**Alle ätherischen Öle** als Einreibung und Zerstäubung zur Regenerierung des gesamten Organismus.
Langlebigkeit	Gesunde Ernährung, körperliche Bewegung, Atmung und regelmäßige Benutzung ätherischer Öle als Einreibung und Zerstäubung sowie positive Gedanken unterstützen die Gesundheit und ein langes Leben.
Läuse	**Geranie.** Lavendel. Salbei.
Leberinsuffizienz	**Rosmarin. Minze.**
Leukorrhoe (Weißfluß)	**Sandelholz + Lavendel.** Wacholder. Ysop. Siehe Ysop.
Luftschlucken	**Kümmel. Muskatnuß.** Koriander. Mutterkümmel.
Lungenentzündung	Siehe Atmungsfördernd.
Magengeschwür	**Lavendel.** Saft von rohen Kartoffeln.
Magenverstimmung	Siehe Verdauungsfördernd. Rezept unter Nelke.
Melancholie	Siehe Belebend.
Menopause (Beschwerden)	**Salbei.** Zypresse. Zitrone.
Migräne	**Lavendel. Kamille. Minze.** Majoran. Siehe Rezept unter Lavendel.
Mitesser	**Zitrone.** Sassafras.
Mundfäule	**Zitrone. Bohnenkraut.**

Krankheiten und Symptome	*Ätherische Öle*
Mundgeruch	**Minze.** Muskatnuß. Nelke.
Muskelkater	**Rosmarin.** Terpentin.
Muskeln	**Rosenholz. Lavendel. Salbei.** Bohnenkraut.
Muskelstau	**Rosmarin. Terpentin.** Birke. Sandelholz.
Nachtschweiß	**Salbei.**
Nagelgeschwür	**Lavendel** in äußerlicher Anwendung. Siehe Antiseptisch.
Narbenbildung	**Lavendel. Geranie.** Rosmarin. Niaouli.
Nasenkatarrh	**Lavendel. Kamille.**
Nervöse Depressionen	**Basilikum + Majoran.** Siehe Beruhigend (Antidepressiva).
Nervosität	**Lavendel. Majoran. Neroli.** Orange. Petit Grain. Siehe Beruhigend (Antidepressiva).
Neuralgien	
– Zähne, Ohren	Siehe Cajeput.
– Rheumatisch	**Lavendel. Majoran.** Siehe Cajeput.
– im Gesicht	**Kamille**
Neurasthenie	Siehe Beruhigend (Antidepressiva).
Nierenentzündung	**Sandelholz. Ylang-Ylang. Wacholder.**
Nierensteine	Siehe Steine.
Nikotinvergiftung	**Sassafras.** Geranie. Majoran.
Ohrenentzündung	Zitrone als Saft. Siehe Rezept unter Zitrone.
Pilzkrankheiten (der Füße)	**Lavendel + Salbei + Rose.**

Krankheiten und Symptome	*Ätherische Öle*
Prostatitis	**Thuja. Sandelholz.** Kiefer.
Quetschungen	**Lavendel.** Geranie. Siehe Ysop.
Regel- und Frauenprobleme	Siehe Amenorrhoe. Dysmenorrhoe. Leukorrhoe
Reizbarkeit	**Basilikum + Majoran. Neroli + Orange. Lavendel.**
Rheumatismus	**Wacholder** + Kiefer + Terpentin. Rosmarin. Eukalyptus.
Schiefhals	**Lavendel + Majoran + Lemongrass.** Siehe Schmerzstillend.
Schlafstörungen – bei Kindern – bei Erwachsenen	 **Lavendel. Orange.** **Lavendel. Majoran.** Petit Grain. Neroli. Orange.
Schlangengift	**Sassafras. Eisenkraut.**
Schluckauf	**Estragon.**
Schmerzen	Siehe Schmerzstillend
Schnittwunden	**Lavendel.** Siehe Verletzungen.
Schnupfen – Heuschnupfen	Alle ätherischen Öle des Aromatogramms. **Kamille.** Lavendel. Ysop.
Schorf	Siehe Lavendel.
Schrunden	Zitrone als Saft + **Lavendel.**
Schuppenflechte	Siehe Rezepte unter Cajeput und Geranie.
Schwäche	Siehe Ermüdung
Schwere Beine	**Zypresse + Salbei** + Minze + Geranie. Äußerliche Anwendung.

Krankheiten und Symptome	*Ätherische Öle*
Schwindelgefühl	**Kamille. Minze. Lavendel.**
Schwitzen	
– Übermäßiges Schwitzen	**Salbei + Zypresse + Lavendel + Rosenholz + Minze.**
– Schweißfüße	**Salbei. Zypresse. Lavendel.** Siehe Füße.
Seekrankheit	**Minze**
Sinusitis	**Kamille.** Lavendel. Lemongrass. Eukalyptus. Rezepte unter Kamille und Lavendel.
Sommersprossen	**Zitrone**
Sonnenbrand	Siehe Sonnenstich.
Sonnenstich	**Lavendel. Geranie.**
Staphylokokken	Die ätherischen Öle des Aromatogramms. Siehe Origano.
Steine	
– im Harntrakt	**Wacholder.** Sandelholz. Ylang-Ylang. Zitrone. Lemongrass.
– in der Galle	**Wacholder. Sandelholz. Zitrone.** Rosmarin.
Striemen	**Rosenholz. Geranie. Rose.**
Sumpffieber (Malaria)	**Origano. Thymian. Zimt. Bohnenkraut** und die ätherischen Öle des Aromatogramms.
Syphilis	Alle ätherischen Öle des Aromatogramms + **Thuja.** Sassafras. Sandelholz.
Talgfluß	
– an der Haut	**Lavendel + Salbei + Rosenholz.**
– an den Haaren	**Lavendel + Salbei + Thymian + Ylang-Ylang.** Siehe Rezept unter Salbei.

Krankheiten und Symptome	*Ätherische Öle*
Tropenfieber	**Lemongrass.** Ylang-Ylang.
Tuberkulose	**Cajeput. Kiefer. Thymian. Origano.**
Überlastung	Siehe Belebend.
Verbände	Lehm in Pulverform + **Lavendel. Rosmarin. Geranie.**
Verdauungsstörungen	Siehe Verdauungsfördernd.
Verletzungen	**Lavendel.**
Verstauchung (Verrenkung)	**Rosmarin. Wacholder** + Lehmauflage.
Verstopfung	Kräuter, eine ausgewogene Ernährungsweise, aber keine speziellen ätherischen Öle für Verstopfung.
Virushepatitis (Leberentzündung)	**Origano. Minze. Zimt. Rosmarin.**
Vulvitis (Entzündung des äußeren weiblichen Genitales)	**Lavendel** in äußerlicher Anwendung. Geranie.
Vulvovaginitis (Entzündung der äußeren Geschlechtsteile und der Scheide)	Zeder, Rezepte unter Lavendel, Ysop, Geranie.
Warzen	**Thuja** in äußerlicher Anwendung.
Wassersucht	**Wacholder. Birke.** Siehe Harntreibend.
Wucherungen	**Thuja.**
Wunden – infizierte	 **Lavendel. Cajeput.**

Krankheiten und Symptome	*Ätherische Öle*
Wunden – vernarbende	 **Lavendel. Geranie. Rosmarin.** Origano. Niaouli. Ysop. Siehe Ysop und Origano.
Wundstarrkrampf	Siehe Antiseptisch.
Würmer (wurmtreibend)	**Bergamotte.** Knoblauch.
Wurmkrankheiten	**Knoblauch** als ätherisches Öl zu 2 % verdünnt. Origano. Kümmel. Minze.
Zahnabszeß	**Nelke.** Siehe Zähne.
Zähne (Infektionen)	**Nelke.** Siehe Rezept unter Nelke.
Zahnen (schmerzhaftes)	**Kamille.**
Zahnfleisch – Zur Kräftigung – Gingivitis (Zahnfleischentzündung)	 **Zitrone.** **Zitrone** + pulverisierter Lehm. **Lavendel + Kamille.**
Zellulitis	**Birke. Wacholder. Zypresse.** Origano. Lavendel. Rosmarin.
Ziegenpeter	**Kamille** in äußerlicher Anwendung. Zitrone als Saft. Siehe Rezept unter Zitrone.
Zirrhose	**Origano. Rosmarin.**
Zuckerkrankheit	**Wacholder. Eukalyptus. Zitrone** + Robertskraut als Pflanze.
Zystitis (Blasenkatarrh)	**Cajeput. Sandelholz.** Lavendel. Kiefer.

Wie Sie sich Ihre natürliche Hausapotheke zusammenstellen

Gott ist kein Würfelspieler.
Albert Einstein

Der Allmächtige ließ auf der Erde Heilmittel wachsen, und der Weise wird sie nicht verschmähen.
Buch Jesus Sirach

Ätherische Öle Lavendel + Geranie
Wundheilend, lindernd.
Für alle Wunden, Stiche, Verbrennungen, kleine Wehwehchen, Brennen nach der Rasur und Schnittwunden. Können abwechselnd mit Lehmpackungen verwendet werden.

Ätherisches Minzenöl
Verdauungsfördernd, erfrischend.
1 bis 2 Tropfen nach schweren Mahlzeiten bei Verdauungsstörungen.

Ätherische Öle Kümmel + Muskatnuß
oder Einreibung DIG. Stark verdauungsfördernd.
2 bis 3 Tropfen nach den Mahlzeiten + 20 Tropfen zum Einreiben des Unterleibs nach den Mahlzeiten bei Luftschlucken, Blähungen usw.

Ätherisches Zitronenöl
Allgemein antiseptisch.
2 bis 3 Tropfen mehrmals täglich auf Pickel, Herpes-Bläschen, Eitergrind, entstehende Aphthen auftragen.

Ätherisches Salbeiöl
Schweißhemmend, menstruationsfördernd.
Ein paar Tröpfen in die Achselhöhlen und auf die Füße verhindern übelriechende Schweißabsonderungen (Einreibung 108). 1 Tropfen

in Wasser oder auf Honig dreimal täglich zur Erleichterung schwieriger und schmerzhafter Regelblutungen + Einreibung CEL des unteren Bauches.

Ätherisches Rosmarin-, Origano- oder Thymianöl
Stark antiseptisch, antibiotisch.
1 Tropfen je nach Wahl drei- bis fünfmal täglich bei Störungen, die durch Viren oder Mikroben verursacht sind (Angina, Asthma, Leberentzündung, Erkältungen etc.).

Ätherisches Eukalyptusöl
Antiseptisch für Atemwege und Lungen.
1 bis 3 Tropfen dreimal täglich + Brust- und Rückeneinreibung + Zerstäubung zur Vorbeugung von Grippe.
Die Mischung RES ermöglicht in sehr wirksamer Weise Einreibung und Zerstäubung.

Ätherische Öle Wacholder + Kiefer + Rosmarin + Terpentin
oder Einreibung RHU. Beruhigen augenblicklich alle Schmerzen bei Rheumatismus, Arthrose, Arthritis sowie Muskelschmerzen.
Man kann mit diesen Ölen auch vor körperlichen Anstrengungen bestimmte Körperpartien aufwärmen.

Ätherisches Zimtöl
Antiseptisch für den Darm.
1 Tropfen zwei- bis dreimal alle zwei Stunden stoppt Durchfall in weniger als vier Stunden.

Ätherisches Kamillenöl
Krampflösend.
1 bis 2 Tropfen dreimal täglich + Einreibung der Schläfen und um die Nase beruhigt Sinusitis.

Ätherische Öle Majoran + Lavendel
oder Einreibung NER. Beruhigend, entspannend.
Ein paar Tropfen zum Einreiben der Schläfen und des Nackens stoppen Kopfschmerzen und fördern den Schlaf.

Ätherische Öle Orange oder Lavendel
Beruhigen Kinder.
1 Tropfen Orange auf 1 Teelöffel Honig vor dem Schlafengehen + Einreibung von Brust und Rücken mit Lavendel + Orange fördert den Schlaf bei Kindern.

Johanniskrautöl, das »rote« Öl unserer Großmütter
Gegen Sonnenbrand und Brandwunden: lindert und heilt.
Beim Auftragen auf Hals und Wirbelsäule hat es die Besonderheit, daß es die Knorpel zwischen den Wirbeln wieder anschwellen läßt, meinte Dr. Breuss, ein deutscher Arzt vom Anfang des Jahrhunderts, der mit Johanniskrautöl und Gemüsesaftkuren behandelte.

Weizenkeimöl
Ausgezeichnetes Trägeröl für alle ätherischen Öle. Wird vor allem zur Verdünnung von starken ätherischen Ölen und von Mischungen ätherischer Öle für Kinder verwendet.

Grüner Lehm
Für alle Wunden, Stiche, kleinen Wehwehchen, Verbrennungen, Kratzwunden. Zieht Fremdkörper, Splitter, Eiter u. a. heraus und fördert die Narbenbildung.

Magnesiumchlorid
Bei Erkrankungen jeder Art ist 1 Liter Wasser mit 20 Gramm Magnesiumchlorid zuzubereiten. Zwei Eßlöffel zweimal täglich oder alle drei Stunden nehmen.

Sitzbad Einreibung nach der Methode von Louis Kuhne
Lindert, beruhigt, befreit, entlastet bei allen pathologischen Zuständen.
Das Bidet mit kaltem Wasser und mit Eisstücken füllen. Der zu Behandelnde setzt sich mit gespreizten Beinen darauf. Mit einem Waschlappen, der regelmäßig in das kalte Wasser eingetaucht wird, eine leichte Einreibung vornehmen, und zwar bei Frauen vom Anus zum Schambein und bei Männern von der Basis des Gliedes zur Vorhaut, wobei die Hoden aus dem Wasser bleiben.

Verfahren Sie so drei bis sieben Minuten lang alle drei Stunden bei Fieber, Stauungszuständen etc. oder mindestens einmal täglich. Nach dem Sitzbad mit Einreibung folgen Urinausscheidung und Stuhlgang, das Fieber geht herunter, die Stauungen, die Kopfschmerzen sowie Schmerzen aller Art verschwinden.
Das Sitzbad mit Einreibung ist sehr gut, um bei Säuglingen und Kindern das Fieber herunterzubringen (alle zwei bis drei Stunden drei Minuten lang).

Ein paar ätherische aromatische Öle, Lehm, ein Beutelchen mit Magnesiumchlorid, zu wissen, wie man Gesichtsdampfbäder und Sitzbäder mit Einreibung durchführt – so können Sie etwa 80 Prozent der Leiden, die Kindern und Erwachsenen von Zeit zu Zeit das Leben schwermachen, entgegentreten und sie beseitigen.

Wie Sie ätherische Öle anwenden

Wir stellen hier die verschiedenen Anwendungsweisen ätherischer Aromaöle vor. Es sind dies:

- Anwendung im Zerstäuber.
- Einreibungen.
- Einnahme.
- Inhalationen.
- Aromatische Bäder.
- Gesichtsdampfbäder und Masken.
- Körpermilch und Gesichtswasser.
- Körper- und Massageöle.
- Parfüms und Eaux de toilette.
- Andere Verwendungsmöglichkeiten.

Anwendung im Zerstäuber

Wer etwas für seine Atmung tut, schafft Ordnung in sich.
Pao P'outseu

Wenn ätherische Aromaöle mit einem Zerstäuber in der Luft verteilt werden, können die flüchtigen Mikropartikel – ihre aktiven Elemente – von der Lunge absorbiert werden. Das Zerstäuben ätherischer Öle ist das erste und beste Mittel, um die Wohltaten der ätherischen Öle ungetrübt zu nutzen.

Wirkungen:
1. Beseitigung aller unangenehmen Gerüche: Tabak, Rauch, Menschenmassen, sanitäre Einrichtungen, Küche usw.
2. Revitalisiert und regeneriert die Luft, die Sie atmen, und erfüllt sie wieder mit Energie.
3. Schafft negative Ionen, an denen es in Städten und Häusern so oft mangelt. Zwar ist für diesen Zweck in erster Linie ein Ionen-Generator sinnvoll, den jedoch die ätherischen Öle harmonisch ergänzen können.

4. Die spezifischen Eigenschaften ätherischer Öle kommen durch das Einatmen zur Geltung:

Atmungsfördernd	*Revitalisierend*	*Entspannend*	*Exotisch + revitalisierend*	*Zart + angenehm*
Kiefer	Koriander	Lavendel	Zimt	Eisenkraut
Eukalyptus	Bohnenkraut	Majoran	Sandelholz	Geranie
Cajeput	Muskatnuß	Kamille	Ylang-Ylang	Rosenholz
Niaouli	Rosmarin	Orange		Kamille
Thymian	Nelke	Petit Grain		
Ysop	Origano	Neroli		
Lavendel	Geranie	Bergamotte		

Der elektrische Aromazerstäuber

Mit diesem Apparat können ätherische Öle in Mikropartikeln im Raum zerstäubt werden. Er hat den Vorteil, daß die ätherischen Öle nicht erwärmt zu werden brauchen und all ihre Eigenschaften behalten.
Die ätherischen Öle werden in den dafür vorgesehenen Glasbehälter gegeben und verteilen sich im Raum. Die verschiedenen Modelle eignen sich für unterschiedlich große Räume.

Vorteile des elektrischen Aromazerstäubers:
- Die ätherischen Öle werden nicht erwärmt.
- In Rekordzeit – etwa 15 Minuten – ist die Luft des Raums mit ätherischen Ölen gesättigt.
- Mit ihm können unterschiedliche Mischungen – für den Tag oder die Nacht, für Zeiten von Erkältungen oder ganz einfach für die Behaglichkeit des Heims – verwendet werden.

Man läßt den Aromazerstäuber morgens und abends je eine Stunde auf höchster Stufe oder den ganzen Tag bzw. die ganze Nacht auf niedrigster Stufe laufen.

In Konferenzsälen während der gesamten Konferenzdauer die höchste Stufe einschalten.
In Büros, Läden, Hotelhallen, Ärztesprechzimmern und Empfangssalons können die Apparate ununterbrochen in Funktion sein.
Um besser schlafen zu können, schaltet man den Apparat eine Stunde vor dem Schlafengehen in den Zimmern an.
Bei Erkältungen bleibt der Apparat in den bewohnten Zimmern eingeschaltet.
Wir möchten daran erinnern, daß sich in etwa zehn Minuten nach dem Einatmen einer mit ätherischen Ölen gesättigten Luft die Spuren dieser Öle durch Kapillarwirkung und Osmose mit dem Zellmilieu im Plasma und im Urin wiederfinden.

Duftlampen

Sie ermöglichen ein Parfümieren der Raumluft, können aber keinen Anspruch darauf erheben, ausgesprochen therapeutisch zu wirken. Durch die Zerstäubung mittels Duftlampen wird zwar die Luft gereinigt und angenehm, doch durch die Erwärmung der ätherischen Öle verlieren diese einen Großteil ihrer Eigenschaften.
Mit ein paar Tropfen ätherischer Öle in einer Schale auf einem Heizkörper kann man auch in einfacher, praktischer und nicht sehr kostspieliger Weise die Atmosphäre reinigen und parfümieren; vor allem im Winter mit atmungsfördernden ätherischen Ölen oder im Sommer mit ätherischen Ölen gegen Steckmücken.

Die Potpourri-Schale

In ein hübsches, mit getrockneten Blumen gefülltes Gefäß gibt man ein paar Tropfen der ätherischen Öle, die man am liebsten mag (etwa 100 Tropfen = 1 Teelöffel jeden Monat).

Zusammenfassung

Das Einatmen einer mit ätherischen Ölen erfüllten Luft würde ausreichen, um zahlreiche Epidemien und Erkältungen zu vermeiden, es würde die Entspannung ebenso wie die Spannkraft erleichtern

und dazu beitragen, dem Organismus eine Zellharmonie als Faktor für Gesundheit, Lebensfreude und Glück zu vermitteln!
Das ätherische Glücksöl: Eisenkraut gefällt immer allen und unter allen Umständen am besten.
Die für den Zerstäuber geeigneten ätherischen Öle finden Sie in der »Übersicht über die verschiedenen Einsatzmöglichkeiten« (Seite 250).
Nun liegt es an Ihnen, angenehme, frische Gemische für zu Hause nach Ihren Vorstellungen zusammenzustellen, stets der Regeln des guten Geschmacks eingedenk und in dem Wissen, daß bestimmte starke Essenzen (Thymian, Origano, Ingwer, Zimt usw.) nur in sehr geringen Mengen eingesetzt werden sollten und daß die Grundlage Ihrer Mischung immer ein starker Anteil Lavendel, Kiefer oder ein anderes sanftes ätherisches Öl sein muß.
Sie finden atmungsfördernde, entspannende, spannkrafterhöhende, aphrodisische, harmoniefördernde und exotische Mischungen bei den Darstellungen der einzelnen ätherischen Öle; ausgezeichnete Mischungen finden Sie unter: Cajeput – Eisenkraut – Eukalyptus – Geranie – Kamille – Koriander – Lavendel – Majoran – Minze – Orange – Origano – Rosmarin – Thymian – Ysop – Zeder.
Wir können drei Wochen leben, ohne zu essen, drei Tage, ohne zu trinken, aber nur drei Minuten, ohne zu atmen! Daher die Wichtigkeit des Atmens und – mehr noch – einer durch ätherische Öle revitalisierten und wieder mit Energie aufgefüllten Luft.

Mischungen für den Aromazerstäuber

Respiratoire (atmungsfördernd): Eukalyptus, Kiefer, Thymian, Rosmarin Lavendel, Zimt …

Balsamique (balsamisch): Kiefer, Terpentin, Lavendel, Eukalyptus …

Décontractante (entspannend): Lavendel, Majoran, Kiefer, exotisches Eisenkraut, Rosenholz, Petit Grain …

Harmonie (harmoniefördernd): Kamille, Rosenholz, Sandelholz …

Lavandes (Lavendelarten): Lavendel, Lavandin, Orange …

Tonique (spannkraftfördernd): Rosmarin, Wacholder, Kiefer, Eukalyptus, Koriander …

Fresh-Tonic: Lavendel, Zitrone, grüne Minze und Pfefferminze …

Hammam: Bohnenkraut, Rosmarin, Nelke, Zimt, Geranie, Muskatnuß, exotisches Eisenkraut, Ylang-Ylang …

Ambiance Antitabac (Anti-Zigarettenrauch): exotisches Eisenkraut, Geranie, Sassafras, Lavendel, Zeder …

Stop-Moustic (Mückenstop): Citronella, Geranie, Lavandin …

Orangeraie (Orangenduft): Orange und Lavendel (speziell für Säuglinge).

Verveine exotique (exotisches Eisenkraut): 3 Arten Eisenkraut, »mein ätherisches Glücksöl«.

Dies sind Fertigprodukte, die Sie über Vie Arôme beziehen können (siehe Seite 55).

Einreibungen

Als die Ägypter mit der Verwendung ätherischer Öle begannen, nahmen sie außer Einbalsamierungen Einreibungen mit ätherischen Ölen vor, die sie sowohl wegen ihres Duftes als auch wegen ihrer Eigenschaften schätzten. Von hier kommen die Parfüms! Es waren Gemische ätherischer Öle, die jeder nach Wunsch und Geschmack für genau festgelegte Ergebnisse zubereitete.

Warum soll man ätherische Öle für Einreibungen verwenden?

- Wir wissen, daß ätherische Öle nach dem Auftragen auf die Haut innerhalb von vier Stunden im Blut und in der Lymphe sind.
- Außerdem werden die ätherischen Öle bei Einreibung einer Stelle des Körpers unfehlbar zu dem geschwächten Organ oder zu der gestörten Funktion hingezogen.

> *Allgemeine Warnung:*
> Schleimhäute und Geschlechtsteile meiden!

Mit Gesundheitseinreibungen sind in erster Linie die Einreibungen gemeint, die zur Steigerung der Vitalität beitragen und das morgendliche Wachwerden des Körpers sowie das Entspannen am Abend und den erquickenden Schlaf fördern.

Nachstehend stellen wir die sieben großen Einreibungstypen vor:
- Spannkrafterhöhende Einreibungen.
- Entspannende Einreibungen.
- Verdauungsfördernde Einreibungen.
- Atmungsfördernde Einreibungen.
- Kreislaufanregende Einreibungen.
- Schmerzlindernde Einreibungen.
- Aphrodisische Einreibungen.

Die drei spezifischen Einreibungen sind:
- Einreibungen der Haut.
- Einreibungen und Massage der Füße.
- Einreibungen der Haare.

Allgemeine Dosierungshinweise

- Einreibungen des Körpers: 30 Tropfen
- Einreibungen von Bauch und Unterleib: 10 bis 20 Tropfen
- Einreibungen gegen Schmerzen: 5 bis 10 Tropfen
- Einreibungen der Beine: 10 bis 20 Tropfen
- Einreibungen der Füße: 10 Tropfen
- Einreibungen der Haare: 50 bis 100 Tropfen
- Einreibungen des Gesichts: 5 bis 7 Tropfen
- Einreibungen von Brust und Rücken: 20 bis 30 Tropfen

Für Kinder und sehr empfindliche Haut werden die Einreibungen immer mit der gleichen Menge Weizenkeimöl, süßem Mandelöl oder Olivenöl gemischt.

> Niemals Säuglinge unter 6 Monaten einreiben!

Für die Behandlung von Kindern ist in jedem Fall die Stellungnahme Ihres Aromatherapeuten erforderlich.
Einige ätherische Öle können allein oder in Verbindung mit anderen Ölen unverdünnt verwendet werden.
Die anderen ätherischen Öle sind unbedingt mit mindestens einem

Öl aus der nachstehenden Übersicht zu mischen, in geringer Menge zu verwenden und in Weizenkeimöl, Olivenöl, süßem Mandelöl, einer neutralen Körpermilch oder in ätherischem Lavendel zu verdünnen.

Welche Öle muß man verdünnen?

Natur und unverdünnt	*Gemischt oder verdünnt*
Cajeput	Grüner Anis
Eisenkraut	Basilikum
Eukalyptus	Bergamotte
Geranie	Bohnenkraut
Kamille	Estragon
Kiefer	Ingwer
Kümmel	Koriander
Lavendel	Lemongrass
Majoran	Minze
Niaouli	Muskatnuß
Orange	Nelke
Petit Grain	Neroli
Rosenholz	Origano
Rosmarin	Rose
Sandelholz	Salbei
Wacholder	Sassafras
Ylang-Ylang	Terpentin
Zeder	Thuja
Zitrone	Thymian
Zypresse	Zimt

Besondere Vorsicht mit Minze – Thymian – Origano – Nelke – Ingwer, von denen höchstens 1/10 in den Mischungen enthalten sein darf.

Bitte halten Sie sich beim Mischen an die Anweisungen, die in diesem Buch gegeben werden. Man muß wissen, wie man Gemische herstellt. Einige Methoden gibt es. Jedenfalls sollte man:

- nie mehr als drei ätherische Öle miteinander vermischen (vorausgesetzt, man kennt die Synergieeffekte genau);

- die speziellen Hinweise des vorliegenden Buches gewissenhaft beachten.

Ein Beispiel: Für ein Problem der Atemwege ist eine gute Einreibung mit Eukalyptus allein besser als ein falsches Gemisch aller ätherischen Öle, von denen es heißt, sie seien »atmungsfördernd«. Ein Gemisch wirkt oft nicht so gut wie ein einzelnes ätherisches Öl, sei hier noch einmal gesagt.

Wann soll man Einreibungen vornehmen?

Morgens von 6 bis 12 Uhr: spannkrafterhöhend
Abends von 18 bis 24 Uhr: entspannend
Um 17 Uhr und vor dem Schlafengehen: aphrodisisch
Um 10 Uhr und um 16 Uhr: kreislaufanregend
Nach den drei Mahlzeiten: verdauungsfördernd
Morgens und abends: atmungsfördernd
Morgens und abends: Füße

Wie soll man Einreibungen vornehmen?

Erste Methode: Ein paar Tropfen von der ausgewählten Mischung in die Hand geben. Die beiden Hände reiben und das Öl auf die zu behandelnden Stellen streichen, wobei die Massage im Uhrzeigersinn erfolgen soll (die zu behandelnde Person muß man sich als Uhr vorstellen).
Zweite Methode: Die Tropfen auf die zu behandelnden Stellen träufeln und wie oben einreiben.

Wo soll man Einreibungen vornehmen?

- Auf dem gesamten Körper – Brust, Nacken, Wirbelsäule, Arme, Beine, Fußsohlen und Solarplexus: spannkrafterhöhend/entspannend/aphrodisisch
- Brust, Rücken und Solarplexus: atmungsfördernd
- Bauch, Unterleib und Solarplexus: verdauungsfördernd
- Schmerzhafte Stellen und Solarplexus: schmerzlindernd
- Beine, Füße und Solarplexus: kreislaufanregend

– Nur die Füße: Füße
– Nur die Kopfhaut: Haare
– Nur das Gesicht: Gesicht

Die drei zuletzt genannten Einreibungen sind eher »kosmetische« als »therapeutische« Anwendungsweisen.
Spezielle Einreibungen bei Gürtelrose, Ekzem, Krätze und den meisten Hautkrankheiten werden noch wirksamer, wenn wir auch noch – mit derselben Mischung – den Solarplexus einreiben.

Die spannkrafterhöhenden Einreibungen am Morgen

Da diese Einreibungen spannkrafterhöhend und dynamisierend sind, machen sie den gesamten Organismus wach, vermitteln Vitalität, Schlagkraft und Dynamik, d. h. sie stärken die körperliche und geistige Leistungsfähigkeit.
Die Einreibung am Morgen erfolgt

– nach einer kalten Dusche nach dem Aufstehen;
– nach drei Minuten tiefem und wohltuendem Atmen;
– mit 20 bis 30 Tropfen einer spannkrafterhöhenden Mischung auf Brust, Rücken, Nacken, Wirbelsäule, Fussohle, Solarplexus.

Das Ganze muß jeden Morgen anderthalb bis zwei Minuten in Anspruch nehmen, um die Vitalität zu erhöhen! Die Ausrede, man habe keine Zeit, gilt hier nicht! Denken Sie daran, daß dies genau die Zeit ist, um ein Eau de toilette aufzutragen, das ursprünglich ätherisches Aromaöl mit spezifischen Eigenschaften war.

Die dynamisierenden ätherischen Öle für den Morgen:
Unverdünnt: Rosmarin. Geranie. Zitrone. Kiefer. Sandelholz. Rosenholz. Zeder.
Verdünnt: Zimt. Bohnenkraut, Koriander. Muskatnuß. Minze. Origano. Thymian. Eisenkraut. Nur geringe Mengen von diesen Ölen nehmen.

Gute Verbindungen für den Morgen:
Einfache Gemische für zwei bis drei Wochen, die man selber zubereiten kann (in Fläschchen von 15 bis 20 ml):

- Zitrone, Geranie, Gemisch zu gleichen Teilen.
- Zitrone, Rosmarin, Gemisch zu gleichen Teilen.
- Zitrone 5 ml, Rosmarin 5 ml, Koriander 2 ml, Muskatnuß 2 ml.
- Zeder 5 ml, Rosenholz 5 ml, Zimt 1 ml.

Die ideale Mischung für körperliche Vitalität:
Einreibung VIT: Rosmarin, Bohnenkraut, Geranie, Lavendel, Muskatnuß, Kiefer, Koriander.

Die ideale Mischung für die Drüsenvitalität:
Einreibung APH: Rosmarin, Bohnenkraut, Nelke, Thymian, Kiefer, Zimt, Koriander, Ylang-Ylang.

Die entspannenden Einreibungen am Abend

Da diese Einreibungen entspannend und erholsam sind, fördern sie das Ausruhen von Körper und Nerven sowie einen erquickenden Schlaf, der unerläßlich ist, um für den folgenden Tag die Energien wieder aufladen zu können.
Die Einreibung am Abend (Massage im Uhrzeigersinn) erfolgt

- nach einer warmen Dusche oder einem warmen, entspannenden Bad;
- nach drei Minuten tiefem und wohltuendem Atmen;
- mit 20 bis 30 Tropfen einer entspannenden Mischung auf Brust, Rücken, Nacken, Solarplexus, Wirbelsäule, Fußsohle, Arme und Beine.

Wir möchten daran erinnern, daß man seine Sorgen vor dem Einschlafen an den Garderobenständer hängen sollte! Genauso wie Sie sich für die Nacht Ihrer Kleidungsstücke entledigen, müssen die Sorgen Ihren Körper und vor allem Ihren Kopf verlassen! Es nützt Ihnen gar nichts, wenn Sie sie in Ihre Gedanken oder Träume mitnehmen, denn sie stören Ihren Schlaf und werden zu Zwangsvorstellungen, so daß Sie mit der Zeit überhaupt nicht mehr einschlafen und neu auftanken können. Außerdem sind Zwangsvorstellungen stets negativ!

Die entspannenden und erholsamen ätherischen Öle für den Abend:
Unverdünnt: Lavendel. Majoran. Kamille. Rosenholz. Petit Grain. Orange.
Verdünnt: Lemongrass. Neroli. Nur geringe Mengen von diesen Ölen nehmen.

Gute Verbindungen für den Abend:
Einfache Gemische für zwei bis drei Wochen, die man selber zubereiten kann (in Fläschchen von 15 bis 20 ml):

- Lavendel, Majoran, Gemisch zu gleichen Teilen.
- Lavendel 10 ml, Orange 8 ml, Petit Grain 2 ml.
- Lavendel 10 ml, Kamille 3 ml, Rosenholz 8 ml.

Die ideale Mischung für die Entspannung:
Einreibung NER: Lavendel, Majoran, Rosenholz, Petit Grain, Lemongrass.

Die verdauungsfördernden Einreibungen

Sie bringen eine langsame und schwere Verdauung wieder in den normalen Rhythmus, beseitigen in Rekordzeit Blähungen, Luftschlucken und alle Probleme von Meteorismus (Gasansammlung und Aufblähung in den Gedärmen) und Dyspepsie (Verdauungsstörung).
Die verdauungsfördernden Einreibungen erfolgen

- nach den drei Mahlzeiten;
- generell in dreiwöchigen Kuren;
- mit 5 bis 10 Tropfen Kümmel als dem »ätherischen Wunderöl gegen Luftschlucken« oder einem verdauungsfördernden Gemisch auf Bauch, Unterleib und Solarplexus.

Einreibung im Uhrzeigersinn nach jeder Mahlzeit, wie wir noch einmal betonen möchten. Nach einer dreiwöchigen Kur, die sehr oft ausreicht, um die normalen und natürlichen Verdauungsfunktionen wiederherzustellen, in Verbindung mit ein paar Grundprinzipien für die Ernährung (kein Obst am Ende der Mahlzeit, trinken nur außerhalb der Mahlzeiten, zu schwere Gerichte meiden) erfolgt diese Einreibung nur noch an Tagen, an denen man Verdauungsschwierigkeiten nach einer allzu üppigen oder in Hast heruntergewürgten Mahlzeit oder nach einem Ärger hat, welcher die Verdauung blokkiert und Blähungen verursacht. Im Grunde fördern alle in der Küche zur Anwendung kommenden ätherischen Aromaöle die Verdauung.

Die verdauungsfördernden ätherischen Öle:
Unverdünnt: Kümmel. Muskatnuß. Majoran. Koriander. Lavendel. Rosmarin.
Verdünnt: Estragon. Mutterkümmel. Bohnenkraut. Origano. Minze. Nur geringe Mengen von diesen Ölen nehmen.

Gute verdauungsfördernde Verbindungen:
Einfache Mischungen für zwei bis drei Wochen, die man selber zubereiten kann (in Fläschchen von 15 bis 20 ml):
Der Sauerstoffversorger Nr. 1 für den Darm, das Wundermittel gegen Luftschlucken:

- Kümmel, Muskatnuß, Gemisch zu gleichen Teilen.
- Kümmel 5 ml, Muskatnuß 5 ml, Koriander 3 ml, Mutterkümmel 1 ml, Minze 1 ml.

Die ideale Mischung für die Verdauung:
Einreibung DIG: Kümmel, Muskatnuß, Koriander, Mutterkümmel, Majoran, Lavendel, Rosmarin.

Die atmungsfördernden Einreibungen

Sie sollen Probleme bei der Atmung erleichtern, Erkältungen verhüten und den Auswurf aus Bronchien und Lungen erleichtern. Kurz gesagt – Grippen, Katarrhe, Bronchitis und alle Lungenerkrankungen vermeiden und lösen.
Die atmungsfördernden Einreibungen erfolgen

- im Rahmen einer dreiwöchigen Vorbeugungskur zu Winteranfang morgens und abends bei geschwächten und prädisponierten Personen – Kindern und Erwachsenen;

- im akuten Stadium: morgens und abends, jeden Tag und noch einige Tage nach Beendigung der Krankheit;
- mit 20 bis 30 Tropfen atmungsfördernden Gemischs auf Brust, Rücken und Solarplexus.

Die atmungsfördernden ätherischen Öle:
Unverdünnt: Kiefer. Eukalyptus. Cajeput. Kamille. Niaouli. Lavendel. Rosmarin. Zeder. Zypresse.
Verdünnt: Thymian. Origano. Bohnenkraut. Nur geringe Mengen von diesen Ölen nehmen.

Gute atmungsfördernde Verbindungen:
Einfache Gemische für zwei bis drei Wochen, die man selber zubereiten kann (in Fläschchen von 15 bis 20 ml):

- Eukalyptus, Kiefer – siehe Eukalyptus.
- Eukalyptus, Lavendel, Kamille – siehe Eukalyptus.
- Eukalyptus, Ysop – siehe Eukalyptus.
- Eukalyptus, Niaouli, Cajeput – siehe Eukalyptus.
- Niaouli, Kiefer, Eukalyptus – siehe Niaouli.
- Niaouli, Lavendel – siehe Niaouli.
- Kiefer, Eukalyptus, Origano, Lavendel – siehe Kiefer.
- Ysop, Eukalyptus, Cajeput, Kamille – siehe Ysop.
- Origano, Majoran, Eisenkraut, Basilikum, Lavendel – siehe Origano.

Die ideale atmungsfördernde Mischung:
Einreibung RES: Lavendel, Kiefer, Eukalyptus, Thymian, Rosmarin, Cajeput.

Die kreislaufanregenden Einreibungen

Diese Einreibungen beseitigen die Probleme schwerer Beine, können das Volumen und den Schmerz von durch Krampfadern geschwollenen Beinen verringern und wirken gegen Zellulitis.
Die kreislaufanregenden Einreibungen erfolgen

- 10 bis 21 Tage lang zu jedem Jahreszeitenwechsel, bei Personen, die zu Kreislaufproblemen neigen;

- morgens, um 17 Uhr und vor dem Abendessen;
- mit 10 bis 20 Tropfen des kreislaufanregenden Gemischs, die im wesentlichen in die Beine – die Füße, die Waden, die Schenkel und das Gesäß – eingerieben werden, wobei man vom Fuß zur Hüfte hochgeht.

Die kreislaufanregenden ätherischen Öle:
Verdünnt: Zypresse. Zitrone, Lavendel.
Unverdünnt: Salbei. Birke. Minze. Nur geringe Mengen von diesen Ölen nehmen.

Gute kreislaufanregende Verbindungen:
Einfache Gemische für zwei bis drei Wochen, die man selber zubereiten kann (in Fläschchen von 15 bis 20 ml):

- Zypresse, Minze – siehe Zypresse.
- Zypresse, Lavendel, Minze – siehe Zypresse.
- Salbei, Zypresse, Lavendel, Minze – siehe Salbei.

Die ideale Mischung für den Rück-Kreislauf:
Einreibung CEL: Rosmarin, Birke, Zypresse, Wacholder, Lavendel, Kiefer, Minze (letztere nur im Sommer).

Die ideale Mischung für den Kreislauf in den Beinen:
Einreibung 108: Lavendel, Salbei, Minze, Zypresse, Rosenholz, Rosmarin.

Gegen Zellulitis:
Die Einreibungen CEL und 108 erfolgen zur selben Zeit; die eine für den Rück-Kreislauf und die andere für den Kreislauf in den Beinen.

Schlankmachende Einreibungen:
Siehe *Geranie;* Einreibung MIN: Wacholder, Birke, Zypresse, Geranie.

Die schmerzlindernden Einreibungen

Diese Einreibungen lindern Schmerzen bei Arthrose, Arthritis und rheumatischen Erkrankungen. Es sind die einzigen Einreibungen, die nicht ausreichen, um ein Problem zu lösen, denn sie können die den Schmerzen zugrundeliegenden Erkrankungen nicht beseitigen. Die schmerzlindernden Einreibungen erfolgen

- um 10 Uhr, um 16 Uhr und vor dem Schlafengehen;
- mit 5 bis 10 Tropfen des schmerzlindernden Gemischs werden die betroffenen Körperstellen und der Solarplexus eingerieben.

Diese Einreibungen sind besonders während akuter Krisen beliebt und können auch Schmerzen verhüten, wenn man drei- bis viermal jährlich eine zehn- bis einundzwanzigtägige Kur zum Jahreszeitenwechsel durchführt.

Die schmerzlindernden ätherischen Öle:
Unverdünnt: Wacholder. Rosmarin. Kiefer. Lavendel. Terpentin. Eukalyptus. Majoran.
Verdünnt: Nelke. Nur geringe Mengen nehmen.

Gute schmerzlindernde Verbindungen:
Einfache Gemische für zwei bis drei Wochen, die man selber zubereiten kann (in Fläschchen von 15 bis 20 ml):

- Lavendel, Rosmarin, Terpentin, Kiefer – siehe Rosmarin.
- Birke, Wacholder, Kiefer, Rosmarin, Terpentin – siehe Wacholder.
- Lavendel, Kamille – siehe Kamille (Sinusitis-Schmerz).

Die ideale Anti-Schmerz- und Anti-Rheuma-Mischung:
Einreibung RHU: Wacholder, Kiefer, Terpentin, Majoran, Rosmarin, Birke.

Die aphrodisischen Einreibungen

Diese Einreibungen regen das gesamte Drüsensystem an und wirken somit auch regenerierend auf die Geschlechtsdrüsen. Da Körper und Drüsen neue Energie bekommen, steigt die sexuelle Kraft, und man kommt wieder zu einem harmonischen Geschlechtsleben. Die aphrodisischen Einreibungen erfolgen

- um 17 Uhr und zum Schlafengehen;
- mit 20 bis 30 Tropfen eines anregenden oder aphrodisischen Gemischs auf Brust, Nacken, Wirbelsäule, Fußsohle, Solarplexus.

Im allgemeinen schwindet die sexuelle Potenz, wenn die Lebensenergie nachläßt. Durch die Revitalisierung des gesamten Organismus können Geschlechtsdrüsen und Eierstöcke wieder befriedigend funktionieren. Die Entwicklung von Sinnlichkeit und Libido braucht geistige Werte sowie moralische bzw. psychologische Strukturen, und diese können nur von Ihrer Individualität und Ihrer Denkweise beeinflußt werden. Geistiges Wollen und physisches Können sollten voneinander getrennt werden, denn sie hängen nicht von denselben Faktoren ab. Festhalten möchten wir, daß körperlich-sexuelle Potenz das Ergebnis einer guten »körperlichen Form« ist, wobei Atmung, Verdauung, Ausscheidung, Entspannungsmöglichkeiten, Abschaltenkönnen von Streß und eine gesunde geistige Struktur unserer Meinung nach die Grundlagen für diese normale und harmonische Kraft sind.

Die aphrodisischen ätherischen Öle:
Unverdünnt: Sandelholz. Ylang-Ylang. Rosmarin. Rosenholz.
Verdünnt: Bohnenkraut. Zimt. Koriander. Muskatnuß. Nelke, Ingwer. Minze. Origano. Nur geringe Mengen dieser Öle verwenden.

Gute aphrodisische Verbindungen:
Einfache Gemische für zwei bis drei Wochen, die man selber zubereiten kann (in Fläschchen von 15 bis 20 ml):

- Zimt, Koriander, Rosmarin, Nelke, Ingwer, Majoran – siehe Zimt.
- Rosmarin, Bohnenkraut, Zimt, Ingwer, Nelke – siehe Ingwer.
- Eisenkraut, Zimt – siehe Bohnenkraut.

Die ideale aphrodisische Mischung:
Einreibung APH: Rosmarin, Bohnenkraut, Nelke, Thymian, Kiefer, Zimt, Koriander, Ylang-Ylang, Muskatnuß.

Einreibungen der Haut

Da diese Einreibungen regenerierend und revitalisierend wirken, erhöhen sie die Spannkraft der Haut und deren Fähigkeit, sich zu regenerieren und tote Zellen abzustoßen. Die ätherischen Öle für die Haut sind Bestandteile vieler ausgezeichneter kosmetischer Erzeugnisse. Warum sollten Sie sich Ihre Öle für den Morgen und den Abend sowie Ihre Cremes nicht selber zubereiten?
Die Hauteinreibungen erfolgen

- morgens und abends, bevor Sie Ihre üblichen Cremes auftragen;
- mit 3 bis 5 Tropfen der spezifischen Mischung auf Haut, Gesicht und Hals.

Die ätherischen Öle für die Haut:
Unverdünnt: Lavendel. Rosenholz. Sandelholz. Zeder. Ylang-Ylang. Karotte.
Verdünnt: Rose. Geranie. Sassafras. Rosmarin. Cajeput. Wacholder. Nur geringe Mengen dieser Öle verwenden.

Gute Verbindungen für die Haut:
Einfache Gemische für zwei bis drei Wochen, die man selber zubereiten kann (in Fläschchen von 15 bis 20 ml):

- Sassafras, Karotte, Lavendel – siehe Sassafras.
- Zitrone, Sassafras, Lavendel – siehe Zitrone.
- Rosenholz, Zeder – siehe Zeder.
- Lavendel, Rosenholz, Zeder – siehe Lavendel.
- Lavendel, Salbei, Sassafras – siehe Lavendel.
- Lavendel, Geranie, Rosmarin – siehe Lavendel.
- Rosmarin, Rosenholz, Rose – siehe Rosmarin.

Die ideale Mischung für die Haut, die im wesentlichen regenerierend wirkt:
Einreibung 107 Haut: Rosenholz, Lavendel, Zeder, Rose.

Einreibungen der Füße

Warmen Füßen, Schweißfüßen sowie geschwollenen Füßen verschaffen sie augenblicklich ein neues Wohlbehagen. Was gibt es Wertvolleres als die Füße? Sie tragen uns mit viel Bescheidenheit vom Morgen bis zum Abend und ertragen das Gewicht unseres Körpers! Und ihnen lassen wir die wenigste Pflege zukommen! Lassen wir also den Füßen wieder ihre verlorenen Ehren und Rechte zukommen und kümmern wir uns wieder um sie, um so mehr, als sie der Sitz zahlreicher Meridiane, dieser kleinen Energiestränge sind und die Akupunkteure hier ihre Behandlung beginnen bzw. beenden.
Die Einreibungen der Füße erfolgen

- morgens oder abends, mit 10 bis 20 Tropfen für den ganzen Fuß.

Und danken sollten wir unseren Füßen dafür, daß sie uns stets treue Weggefährten sind.

Die ätherischen Öle für die Füße:
Unverdünnt: Lavendel. Salbei. Zypresse. Rosenholz. Kamille. Majoran. Verdünnt: Minze. Nur geringe Anteile verwenden.

Gute Verbindungen für die Füße:
Einfache Gemische für zwei bis drei Wochen, die man selber zubereiten kann (in Fläschchen von 15 bis 20 ml):

- Lavendel, Salbei – siehe Salbei.
- Lavendel, Minze – siehe Minze.

Die ideale Mischung für die Füße:
Einreibung 108 Füße: Lavendel, Salbei, Minze, Zypresse, Rosenholz, Rosmarin.

Einreibungen der Haare

Damit kann man das Haar aufhellen, das Haarwachstum anregen und die Kopfhaut behandeln, so daß sich die Zellen regenerieren. Diese Einreibungen helfen stets bei zu schlaffen, strapazierten und glanzlosen Haaren, bei Haaren, die keinen Halt haben, bei abnor-

malem Haarausfall und in allen Fällen von fettigem Haar, Haarspliß und brüchigen Haaren, von Schuppen und Kopfjucken.
Die Einreibungen erfolgen

- ein- bis zweimal wöchentlich während einer sechswöchigen Kur;
- bei der nachfolgenden Pflege einmal monatlich;
- mit 50 bis 100 Tropfen Gemisch wird die Kopfhaut eingerieben und sanft massiert. Die ganze Nacht oder mindestens 4 Stunden einwirken lassen. Dann eine sanfte Pflanzenhaarwäsche, eine Spülung mit Lavendelessig und mit Kamillenwasser für blonde Haare bzw. mit Walnußwasser für dunkle Haare und mit Zedern-Hydrolat für fettige Haare.

Erinnert sei daran, daß ein wichtiger Grundsatz der Naturheilkunde darin besteht, dem gesamten Organismus wieder Energie zuzuführen, damit er selber Schäden reparieren kann – im vorliegenden Falle alle Manifestationen »kranker« Haare. Deshalb reicht auch manchmal eine einzige Mischung ätherischer Öle aus, ein ganzes Ensemble von Folgen zu behandeln, die unterschiedliche Ursachen zu haben scheinen! Erinnern möchten wir auch daran, daß das Haar ein Spiegel unseres Organismus ist und daß parallel zu einer Aromatherapie-Behandlung eine Kur mit Vitaminen der Gruppe B – gefriergetrocknete Hefe sowie eine Entgiftung der Leber beispielsweise mit einer Rettichsaft-Kur erfolgen sollte.

Die ätherischen Öle für die Haare:
Unverdünnt: Lavendel. Rosmarin. Ylang-Ylang. Zeder.
Verdünnt: Salbei. Thymian. Nur geringe Mengen verwenden.

Gute Verbindungen für die Haare:
Einfache Gemische für zwei bis drei Wochen, die man selber zubereiten kann (in Fläschchen von 15 bis 20 ml):

- Lavendel, Salbei, Thymian – siehe Salbei.

Die ideale Mischung für die Haare:
Einreibung 106 Haare: Lavendel, Salbei, Thymian, Ylang-Ylang, Zeder.

Einnahme

Es gibt keine Wirkung ohne Ursache
und keine Ursache ohne Wirkung.
Gesetz Buddhas

Die aromatherapeutische Behandlung

Ätherische Öle kann man also einnehmen. Das ist übrigens aus der Palette der Wohltaten der Aromatherapie die einzige bisher als therapeutisch anerkannte Methode.
Die durch einen Aromazerstäuber mit ätherischen Ölen angereicherte Luft, die wir atmen, die Gesundheitseinreibungen und die spezifischen Einreibungen sind zunächst die Mittel, um zahlreiche kleine Schwierigkeiten, Leiden aller Art, Schmerzen und Funktionsstörungen des Organismus aus der Welt zu schaffen. Die Einnahme bzw. innerliche Anwendung ätherischer Öle bleibt die wirksamste, wobei das Leiden groß genug sein muß!
Wenn wir zuweilen die Verabreichung starker und aggressiver Medikamente – beispielsweise Antibiotika bei Erkältungen für Säuglinge – verurteilen, warum sollten wir nicht ebenfalls die unangebrachte Einnahme ätherischer Aromaöle, »natürlicher Medikamente« auf innerem Wege, verurteilen, wenn eine Inhalation oder ein paar Einreibungen ausreichen würden! Getreu der Tradition und dem Anliegen der sanften Heilweisen erscheint es uns wichtig, diesen Punkt zu unterstreichen.

Ätherische Öle werden also innerlich verabreicht:

- *mit Wissen und gründlicher Überlegung;*
- *unter Berücksichtigung der vorgeschriebenen Dosierungen, da ein Übermaß – wie in allen Dingen – nachteilig sein kann;*
- *nur wenn es sich als notwendig herausstellt, und nicht etwa aus dem oft vorgeschobenen Grund: »Da das etwas Natürliches ist, wird es, wenn es schon nichts Gutes tut, auch nichts Schlechtes anrichten!« So denken fast alle Menschen, die ungenügend informiert sind.*

Erinnern möchten wir daran, daß die seit Jahrhunderten benutzte Aromatherapie in den letzten Jahren durch zahlreiche Experimente

und Untersuchungen wissenschaftlich untermauert wurde. Sie hat den Bereich der Forschungen ausgeweitet und ist zweifellos auf dem Wege, neue therapeutische Möglichkeiten zu erschließen.
Neuesten Forschungen zufolge verfügen die ätherischen Öle über antiseptische, ja sogar antibiotische Eigenschaften, ohne die ärgerlichen Folgen von Antibiotika. Sie haben sogar noch bedeutendere Wirkungen als alle bislang bekannten synthetischen Antibiotika (siehe *Origano* und die ätherischen Öle des Aromatogramms). Daher wollen wir hier nochmals betonen, daß ätherische Öle wie folgt verwendet werden sollten:

- mit gründlicher Überlegung;
- in der notwendigen und ausreichenden Menge, ohne die Dosierungen zu übertreiben, wie es manche Menschen nach der Lektüre eines Buches tun, da sie in ihrem Unverstand glauben, auf diese Weise raschere oder spektakulärere Ergebnisse zu erzielen!

Es ist nicht etwa so, daß ätherische Öle kein Unheil anrichten können, nur weil sie von Pflanzen stammen. Nach einem großen Gesetz der Natur hat alles, was Gutes tun kann, seine Kehrseite und kann auch Schlechtes anrichten. Wir wissen, daß manche Pflanzen giftig sind und sogar töten können, auch wenn die meisten von ihnen wegen ihrer wohltuenden Eigenschaften bekannt sind. Wenn es zutrifft, daß »wer am meisten kann, am wenigsten kann«, stimmt das Gegenteil nicht.
Stellen Sie sich vor, was passiert, wenn Sie anstelle einer wohltuenden Pille eine ganze Schachtel Herzstärkungsmittel oder Schlafmittel einnehmen! Dasselbe geschähe, wenn Sie anstelle der 2 bis 3 angegebenen heilenden Tropfen ein Fläschchen ätherischer Öle hinunterschlucken würden.
Wir warnen Sie auch, wenn Ihnen – selbst von Ärzten – 20 bis 60 Tropfen ätherischer Öle pro Tag verschrieben werden! Das soll schon vorgekommen sein!
Es gibt immer Irrtümer, zuweilen verzeihliche. Immerhin werden gute praktizierende Aromatherapeuten heute immer zahlreicher, und die Aromatherapie erobert sich jeden Tag neue Auszeichnungen.

Die Einnahme

Grundsätzlich gilt für die Dosierung:

- 1 bis 3 Tropfen von ätherischen Ölen oder Gemischen zwei- bis fünfmal täglich als Durchschnittsdosierung – Ausnahmen müssen ausdrücklich verschrieben werden.
- Kuren von höchstens drei Wochen mit ein und demselben ätherischen Öl oder ein und demselben Gemisch.

Zu den Anwendungsweisen: Bis jetzt wurde geraten, ätherische Öle auf Zucker zu nehmen! Das ist eine unselige Gewohnheit, da Zukker, selbst brauner, »Gift« für die Nervenzelle ist.
Wir raten vielmehr, ätherische Öle auf assimilierbarem Zucker – Fruchtzucker oder Honig – einzunehmen. Das ist ein gutes Mittel für die Aufnahme und Assimilierung ätherischer Öle.
Die zweite gute Methode, ätherische Öle einzunehmen, besteht darin, sie in einem großen Glas mit warmem oder lauwarmem Wasser zu trinken; da sie sich weder mit Wasser vermischen lassen noch in Wasser löslich sind, wird von den 3 Tropfen, die Ihnen beispielsweise verschrieben wurden, ein halber Tropfen oder ein Tropfen im Glas zurückbleiben.
Ideal ist es, die ätherischen Öle auf die Hand zu träufeln und sie aufzulecken.
Für Kinder sind Hydrolate (die sanfte Aromatherapie) den ätherischen Ölen vorzuziehen, es sei denn, Ihr Aromatherapeut rät ausdrücklich dazu.

> Verabreichen Sie Säuglingen niemals ätherische Öle bei innerlicher Behandlung!

Sieben gute Methoden, um ätherische Öle einzunehmen

1. 2 oder 3 Tropfen ätherisches Öl auf den Handrücken träufeln und mit der Zunge auflecken; danach ein großes Glas mit lauwarmem oder warmem Wasser oder einen Aufguß trinken oder noch einen Löffel Honig oder Joghurt essen, um den Geschmack wegzubekommen. Das entspricht einer sublingualen Einnahme.

2. 1 bis 3 Tropfen auf einem Löffel mit gutem und nicht erwärmtem Honig nehmen.
3. 1 bis 3 Tropfen in einem großen Glas mit lauwarmem oder warmem Wasser nehmen. Das Wasser darf nicht kochend heiß sein, da die flüchtigen und feinstofflichen aromatischen Elemente der ätherischen Öle bei Hitze verfallen.
4. Getränke auf der Grundlage ätherischer Öle, für die Sie Rezepte in den Darstellungen folgender ätherischer Öle finden:
   - Antinikotin-Cocktail – siehe Sassafras.
   - Antigrippe-Grog – siehe Origano, Thymian, Eukalyptus.
   - Angenehme Getränke – siehe Zitrone, Zeder.
   - Getränke gegen Verdauungsstörungen – siehe Origano.
   - Cocktail gegen Asthma – siehe Thymian.
   - Aphrodisische Getränke – siehe Ingwer, Bohnenkraut.
5. Kapseln für den Darm können von Ihrem behandelnden Aromatherapeuten verschrieben werden. Die geschmack- und geruchlosen Kapseln enthalten ätherische Öle.
   Kapseln für die Ausdehnung des Darms bieten Vor- und Nachteile, die Ihr Therapeut beurteilen muß. Es gibt jedoch ein anderes Handicap: Die Geschmacksbarriere gibt es nicht mehr, und die Gefahr, daß man zuviel davon nimmt, ist groß. Ein Beispiel: Nichts – außer Ihrem gesunden Menschenverstand – kann Sie daran hindern, 10 Kapseln Thymian auf einmal zu nehmen. Aber es ist wahrlich unmöglich, 10 Tropfen ätherisches Thymianöl einzunehmen, da schon ein Tropfen allein oft schwer zu ertragen ist.
6. Ätherische Öle in alkoholischer Lösung können von Ihrem Apotheker auf Rezept zubereitet werden.
7. Zahlreiche ätherische Öle kann man in der Küche verwenden:
   In Hauptgerichten Thymian, Rosmarin, Bohnenkraut, Wacholder, Kümmel, Mutterkümmel, Muskatnuß, Anis, Fenchel, Koriander, Salbei, Ingwer.
   In Süßspeisen Zitrone, Orange, Pampelmuse, Mandarine, Zimt, Ingwer, Geranie.
   Einige gute Rezepte finden Sie im Kapitel »Ätherische Öle in der Küche« (ab Seite 118).

Geht man davon aus, daß das bloße Heranführen der eigenen Hand an die Hand eines Menschen, dem Mineralsalze fehlen, genügt, um ein gut Teil eigener Mineralsalze an ihn »abzugeben«, müßte es ausreichen, ätherische Öle zu berühren, damit sie wirken! Ohne diese empirische, esoterische, aber nicht falsche Theorie auf die Spitze treiben zu wollen, möchten wir daran erinnern, daß man ätherische Öle mehrmals täglich in kleinen Mengen und nicht die Tagesdosis auf einmal nehmen sollte. Das Resultat ergibt sich auch aus der Regelmäßigkeit der Behandlung.

Inhalationen

Inhalationen mit Warmwasserdampf gehören zu den Methoden der Aromatherapie, bei denen die Wirkung der ätherischen Öle am deutlichsten spürbar ist. Durch den Inhalationsapparat können die ätherischen Öle mit warmen Dämpfen eingeatmet werden. Inhalationen verwendet man speziell für alle Erkrankungen der Atemwege und der Lunge sowie für bestimmte Migränearten und Kopfschmerzen, die im wesentlichen nervlich oder durch Verdauungsstörungen bedingt sind. Wärme entspannt.

Eingeatmeter warmer Dampf beruhigt den Husten, beseitigt Verstopfungen der Lungen, erleichtert den Schleimauswurf aus den Bronchien und hilft bei Neuralgien. Hinzu kommen die spezifischen Eigenschaften der ätherischen Öle.

Inhaliert wird mit folgenden ätherischen Ölen:

- Beruhigend wirken Lavendel, Majoran, Orange, Kamille.
- Atmungsfördernd wirken Kiefer, Eukalyptus, Niaouli, Cajeput, Lavendel, Thymian, Rosmarin, Ysop, Origano.

Anwendungsweise:

Man bringt die notwendige Menge an Tropfen – 3 bis 10 im allgemeinen – ausgewählter ätherischer Öle in den Inhalationsapparat, in eine große Schale oder in einen Topf mit warmem Wasser. Dann hält man den Kopf über den Behälter bzw. den Inhalationsapparat und deckt sich ein großes Handtuch über, damit die warmen Dämpfe nicht zu schnell verlorengehen, sondern inhaliert werden.

Dauer:
Inhaliert wird drei bis sieben Minuten, je nachdem, wie lange man's aushält, und man kann ohne weiteres noch zwei-, drei- oder viermal am Tage inhalieren. Bei Grippe, Erkältung, Angina, Reizhusten, Bronchitis, Asthma, Tuberkulose und allen Erkrankungen der Atemwege, Gesichtsneuralgie, Migräne und bestimmten hartnäckigen Kopfschmerzen fühlt man sich nach einer Inhalation in hohem Maße befreit!

Zu Dosierungen und speziellen Anwendungsgebieten siehe *Eukalyptus, Rosmarin, Thymian* und *Ysop.*

Aromatische Bäder

Kleopatra badete in Eselsmilch, die berühmten Damen vergangener Jahrhunderte in parfümiertem Wasser, und der Pfarrer Kneipp behandelte zu Beginn des Jahrhunderts im wesentlichen mit Wassertherapie in all ihren Formen: warme und kalte Bäder, Waschungen und Duschen aller Art. Louis Kuhne behandelte zahlreiche Krankheiten mit Bädern. Zu allen Zeiten rühmte man das Wasser und seine heilenden Eigenschaften.
Nach einer Behandlung hält ein Heiler, ohne überhaupt den Kranken berührt zu haben, seine Hände unter fließendes Wasser, um sich der »negativen bzw. schmutzigen Schwingungen«, die er aufgenommen haben könnte, zu entledigen …
Wasser reinigt Leib und Seele.
Was gibt es Entspannenderes als ein Bad oder eine Dusche nach einem Arbeitstag? Wasser reinigt nicht nur, sondern nimmt in seinem Strom einen großen Teil der unsichtbaren negativen Partikel mit und führt sie wieder der Erde zu …
Wir wissen von der hohen elektrischen Leitfähigkeit des Wassers. Bestimmte Masseure verfahren folgendermaßen: Sie schließen eine Hand mit einem Kupferdraht – dem Transporteur von Strom – an eine Wasserleitung … Zahlreiche esoterische Schriften vermerken, welche Macht das Wasser hat, um sich von negativen »Wellen« – elektromagnetischen Schwingungen, die denselben Gesetzen wie die Elektrizität unterliegen – zu befreien.

Haben Sie schon einmal daran gedacht, daß unsere Gedanken im Raum als »Schwingungen« oder »Wellen« zum Ausdruck kommen, so daß sie sicherlich eines Tages genauso wie heute Rundfunk- und Fernsehwellen aufgefangen werden können?
Außerdem erzeugt Wasser negative Ionen, die für das Gleichgewicht der Luft, unseres wichtigsten »Lebensmittels«, unerläßlich sind. Die Städte sind überlastet mit positiven Ionen. Wasserfälle, das Meer, der Ozean, der Regen – alle lebenden Gewässer bringen negative Ionen hervor.
Viele Beispiele veranschaulichen die Bedeutung des Wassers: die römischen Bäder, die Hammams, die finnischen Saunen in Verbindung mit kalten Bädern an der Luft voller negativer Ionen aus nahe gelegenen Kiefern, die türkischen Bäder, die Thermalbäder und neuerdings die Begeisterung für die Balneotherapie, die Thalassotherapie und andere Therapiearten.
Jede gute, auf der Naturheilkunde basierende Kur fußt auf dem Gleichgewicht der Ernährung und des Energiehaushalts, auf der Ausscheidung von Giftstoffen und der Beseitigung von Mangelerscheinungen. Die Pflanzenbäder oder – besser noch – die aromatischen Bäder sind unter den Kuren die »großen Herren«.
Heilendes Wasser reinigt Leib und Seele von allen Unreinheiten.
Fügen wir diesen herrlichen Eigenschaften des Wassers die Kräfte der ätherischen Öle hinzu. So bekommen wir harmonisierende Bäder für Körper und Geist, Bäder zur Wiederherstellung des Gleichgewichts unserer gestörten Energien, entspannende und kräftigende Bäder … Bäder des Lebens!

Wie bereitet man ein gutes aromatisches Bad zu?

Ätherische Öle mischen sich nicht mit Wasser. Man muß sie immer zuerst in ein Lösungsmittel geben, bevor man sie ins Wasser bringt, da man sonst ein unangenehmes Brennen verspürt! Nur ätherisches Lavendelöl kann so, wie es ist, ins Badewasser gegeben werden.

Ätherische Öle werden immer vermischt mit:

- Milchpulver: 2 bis 3 Eßlöffel pro Bad.
- Algenpulver: 1 bis 2 Eßlöffel pro Bad.

- grünen Algen in Pulverform (Ausscheidung): 1 bis 5 Eßlöffel pro Bad.
- weißen Algen in Pulverform (Remineralisierung): 1 bis 5 Eßlöffel pro Bad.
- Meersalz in Pulverform: 1 bis 2 Teelöffel pro Bad.
- Eigelb: 1 Eigelb pro Bad.
- flüssiger Seife: 1 Eßlöffel pro Bad.
- einem neutralen Haarwaschmittel: 1 Eßlöffel pro Bad.
- Bademilch: 1 bis 2 Eßlöffel pro Bad.

In einer Schale mischt man ein paar Tropfen ausgewählter ätherischer Öle mit einer der obengenannten Trägersubstanzen und gießt das Ganze in das eingelaufene Badewasser.
Für ein Bad sind 3 bis 10 Tropfen die durchschnittliche Dosierung ätherischer Öle, die einer Trägersubstanz hinzuzufügen sind.

Wie nimmt man ein wirksames aromatisches Bad?

- Wassertemperatur: 36°C bis 40°C, je nach Wunsch.
- Dauer: 5 bis 30 Minuten.
- Häufigkeit:
  1 bis 2 Bäder pro Tag bei akuten Krankheiten.
  1 Bad pro Tag oder alle zwei Tage bei chronischen Krankheiten.
  1 Bad alle drei Tage oder 1 kurzes Bad pro Tag zur Vorbeugung.
- Wenn Sie das Bad beenden wollen, lassen Sie bitte dreißig Sekunden lang sehr heißes Wasser ein und steigen Sie dann aus der Wanne.
- Trocknen Sie sich nicht ab. Hüllen Sie sich in einen Bademantel.
- Legen Sie sich mit einem Handtuch um den Hals und einem um die Füße hin.
- Entspannen Sie sich danach mindestens 5 bis 15 Minuten.

Durch die Entspannung und die Blutansammlung, die durch die letzte Phase des Badens ausgelöst werden, schwitzt man und scheidet Giftstoffe aus. Die sehr kurze Zeit großer Hitze schadet weder den Gefäßen noch dem Herzen. Auf diese Weise erreichen Sie ein Höchstmaß an Wirksamkeit ohne Nebenerscheinungen.
Bei einem spannkrafterhöhenden Bad: Duschen Sie nach fünf Minuten Entspannung mit kühlem oder kaltem Wasser und reiben Sie

sich mit Ihrer spannkrafterhöhenden oder anregenden Mischung ätherischer Öle ein.
Bei einem Entspannungsbad: Entspannen Sie sich weiter, schlafen Sie entspannt ein – warum auch nicht? – und genießen Sie so Ihr Wohlbefinden die ganze Nacht.
Nehmen Sie spannkrafterhöhende Bäder vorzugsweise morgens, ausnahmsweise auch abends, wenn Sie danach noch etwas Größeres vorhaben.
Ein entspannendes Bad nehmen Sie um 17 Uhr oder vor dem Schlafengehen unter normalen Umständen und morgens, wenn man ängstlich ist oder unruhig oder leicht fröstelt.

Beispiele für aromatische Bäder finden Sie bei den Darstellungen folgender ätherischer Öle:

- Für Entspannung und Ruhe – siehe Kamille. Lavendel. Majoran.
- Beruhigend, schlaffördernd – siehe Orange.
- Gegen Rheuma – siehe Salbei.
- Bei schweren Beinen – siehe Salbei.
- Zum Schwitzen – siehe Terpentin.
- Zum Schlankmachen – siehe Wacholder.
- Zum Tonisieren und Anregen – siehe Muskatnuß. Rosmarin.
- Aphrodisisch – siehe Lavendel. Ylang-Ylang.
- Behaglich – siehe Geranie. Sandelholz.

Bereiten Sie sich Ihr aromatisches Bad nach Ihrer besonderen Vorliebe für bestimmte ätherische Öle oder Mischungen zu, damit Sie sich wohl fühlen!

Zu beachten: Alle Mischungen für Einreibungen können auch zum Baden verwendet werden, wenn man sie wie empfohlen in einer Trägersubstanz löst.

Gesichtsdampfbäder und Masken

Gesichtsdampfbäder dienen dazu, die Haut des Gesichts, des Halses und des Ausschnitts auf eine Pflege, eine Maske oder eine regenerierende Ampulle vorzubereiten.

Zubereitung von Gesichtsdampfbädern

Man gibt warmem, dampfendem Wasser ein paar Tropfen ätherischer Öle zu. Um dies zu Hause zu tun, sollten Sie ein Gefäß bzw. einen Topf mit sehr warmem Wasser oder einen Inhalationsapparat ohne Nasenaufsatz benutzen und die ätherischen Öle zugeben, die Sie je nach Ihrem Hauttyp und dem erwarteten Ergebnis ausgewählt haben. Halten Sie das Gesicht über das Gefäß oder den Inhalationsapparat und bedecken Sie den Kopf wie bei einer Inhalation mit einem Handtuch.
Dauer: drei bis vier Minuten.

Damit sich vor der Gesichtspflege die Poren öffnen:

- Alle Hauttypen: Wacholder + Zeder.
- Aknehaut: Wacholder + Zeder + Zitrone.

Damit sich die Poren während oder nach der Pflege wieder schließen:

- Trockene Haut: Lavendel + Rosenholz + Geranie.
- Fettige Haut: Lavendel + Rosenholz + Zitrone.
- Faltige Haut: Rosmarin + Rosenholz + Sandelholz.
- Unreine Haut: Zypresse + Lavendel + Rosenholz.
- Gereizte Haut: Rosenholz + Lavendel + Kamille.

Weitere ausgezeichnete Rezepte für Gesichtsdampfbäder sowie Dosierungen und Anwendungsbereiche finden Sie unter folgenden ätherischen Ölen:

- Normale und trockene Haut – siehe Geranie.
- Gegen Falten – siehe Rosmarin.
- Gesichtsdampfbad am Ende der Pflege – siehe Salbei.
- Gesichtsdampfbad zu Beginn der Pflege – siehe Sassafras.
- Strapazierte und picklige Haut – siehe Thymian.

Zubereitung von Masken

Mit *Masken* aus Honig, Lehm und ätherischen Ölen kann man – das ist das Besondere an ihnen – die Gesichtshaut reinigen und glätten.

1. Rezept für eine Honigmaske: In drei Eßlöffel Honig 1 bis 5 Tropfen ätherische Öle geben, die je nach der erwünschten Wirkung ausgewählt werden. Mischen. Mit einem Holzspachtel auf Gesicht, Hals und Ausschnitt auftragen. Etwa 7 Minuten einwirken lassen. Mit lauwarmem Wasser abspülen.
2. Rezept für eine Lehmmaske: In drei Eßlöffel in Wasser angerührten, pulverisierten grünen, rosafarbenen oder weißen Lehm 1 bis 2 Tropfen der zu Ihrer Haut passenden ätherischen Öle geben. Auf das Gesicht auftragen. Drei bis sieben Minuten einwirken lassen, wobei Sie sich entspannen. Sowie die Maske trocken wird, ist sie wieder anzufeuchten oder mit lauwarmem Wasser abzunehmen. Wenden Sie danach ein Tonikum, eine regenerierende Ampulle oder eine Creme an oder ein spezielles Aromaöl fürs Gesicht, je nach Bedarf.
3. Rezept für eine Maske bei fettiger Haut: In 2 Löffel nicht erwärmtem Honig 2 Tropfen ätherisches Zitronenöl und 10 Tropfen ätherisches Lavendelöl geben. Sieben bis zehn Minuten einwirken lassen.

Weitere ausgezeichnete Rezepturen für Masken samt Dosierungen und Anwendungsgebieten finden Sie unter folgenden ätherischen Ölen:

- Maske für Aknehaut – siehe Sassafras.
- Maske für alle Hauttypen – siehe Zitrone.
- Maske gegen Falten – siehe Rosmarin.

Körpermilch und Gesichtswasser

Zubereitung von Körpermilch

Nach den Rezepten für die Körperöle können Sie auch Körpermilch zubereiten. Diese eignet sich als Schönheitspflege nach dem Baden und nach dem Sonnenbad.
Geben Sie 1 bis 15 ml ätherische Öle Ihrer Wahl in 250 ml neutrale Körpermilch.
Gute Rezepte für parfümierte Körpermilch:

- Mit Geranienduft: 250 ml neutrale Körpermilch, 10 ml Geranie, 5 ml Rosenholz.

- Mit Rosenduft: 250 ml neutrale Körpermilch, 10 ml Rosenholz, 5 Tropfen Rose.
- Mit Lavendelduft: 250 ml neutrale Körpermilch, 15 ml Berglavendel, 5 ml Zeder oder Rosmarin.
- Mit Sandelholzduft: 250 ml neutrale Körpermilch, 5 bis 10 ml Sandelholz, 1 ml Zeder.
- Erfrischend und deodorierend: 250 ml neutrale Körpermilch, 10 ml Lavendel, 1 ml Salbei, 15 Tropfen Minze.

Es gibt noch eine Menge Rezepte für Körpermilch, denen Sie die von Ihnen gewünschten ätherischen Öle zusetzen können, wobei Sie immer daran denken sollten, daß

- alle Öle von Pflanzen, die sehr stark duften – Nelke, Rosen, Koriander und Zimt –, nur tropfenweise zugesetzt werden;
- die ätherischen Öle von Rosenholz, Lavendel, Rosmarin, Sandelholz und Ylang-Ylang die Grundlage für Ihre parfümierte Milch bilden;
- ätherisches Salbeiöl ein Parfümfixator ist und daß einige Tropfen davon ausreichen;
- ätherisches Minzenöl stark erfrischend wirkt und daß 10 bis 15 Tropfen davon in Ihrer Mischung genügen – siehe *Minze*.

Zubereitung von Gesichtswasser

Zum Selbermachen verwendet man keine ätherischen Öle, sondern Hydrolate.
Sie können Gemische mit zwei, drei oder vier unterschiedlichen Hydrolaten zubereiten, um das von Ihnen gewünschte spezielle Hauttonikum zu bekommen.

- Trockene Haut: Rose, Neroli und Salbei.
- Zu revitalisierende Haut: Rosmarin, Origano, Salbei und Rose.
- Zu reinigende Haut: Thymian, Zeder und Rose.
- Couperose (geplatzte Äderchen): Hamamelis, Karotte, Rose und wilder Rosenstrauch.
- Gereizte Haut: Lavendel, Lindenblüten, Kamille, Salbei und Rose.

- Spülung für blonde Haare: Kamille.
- Gereizte Augen: Waschung mit Wässern von Kornblume, Lindenblüten und Kamille.
- Nach dem Sonnenbad: Karotte, Lavendel, Minze.

Wenn sie nicht mit einem chemischen Mittel stabilisiert werden, können bei Hydrolaten bestimmte Ablagerungen bzw. Fasern entstehen. Diese haben keinen Einfluß auf die Eigenschaften des Hydrolats. Es reicht aus, vor der Verwendung mit einem Kaffeefilter zu filtern. Eine durch Oxydation verursachte Veränderung von Farbe und Geruch verschlechtert hingegen das Produkt. Es ist dann wegzuwerfen.
Rosenwasser von ausgezeichneter Qualität ist bei allen Hauttypen das ideale Blütenwasser bzw. Hydrolat, und zwar allein oder im Gemisch: Es regeneriert, revitalisiert und beruhigt.
Zahlreiche ätherische Öle, die lindernd, heilend und regenerierend wirken, sind Bestandteile von hochwertigen Naturkosmetikartikeln. Warum sollten Sie sich diese herrlichen Gefährten Ihrer Schönheit und Ihres Wohlbefindens nicht selber zubereiten?
Gesichtssdampfbäder, Masken, Körpermilch, Gesichtswässer, Öle für den Körper und das Gesicht sind sowohl einfache, praktische und preiswerte als auch zufriedenstellende Präparate, die Sie sich je nach Ihren Bedürfnissen, Ihren Wünschen und Ihrem Geschmack mit bestimmten ätherischen Ölen zubereiten können.
Balsamieren Sie Ihren Körper ein, parfümieren Sie ihn, pflegen Sie ihn mit den herrlichen regenerierenden Eigenschaften der Aromaöle, und Sie werden erstaunt und entzückt sein, was Sie damit alles erreichen!

Körper- und Massageöle

Die Verbindung von hochwertigen pflanzlichen Trägerölen und ätherischen Ölen ermöglicht ausgezeichnete Massagen mit wohltuenden und zahlreichen weiteren Eigenschaften je nach den ätherischen Ölen, die Sie auswählen.
Selber zubereitet, sind Körperöle eine milde und raffinierte Hautpflege, wirken regenerierend, reinigen, verhindern Faltenbildung,

Austrocknung und Feuchtigkeitsmangel, beseitigen nach und nach rauhe Stellen, Rötungen und Reizungen und geben der Haut eine äußerst feine Struktur zurück.

Zubereitung

Geben Sie in 100 ml Weizenkeimöl, das sehr viel Vitamin E enthält, oder in süßes Mandel- oder Olivenöl (oder 80 ml Weizenkeimöl und 20 ml Johanniskrautöl) 15 bis 20 ml ätherische Öle Ihrer Wahl. Verwenden Sie die Mischung innerhalb von drei Monaten. Die pflanzlichen Trägeröle ohne Konservierungsmittel werden ranzig; vor allem das süße Mandelöl.
Sie können auch andere Trägeröle wie Sesamöl, Karottenöl, Safloröl, Macadamianußöl, Haselnußöl aus erster Kaltpressung und ohne Konservierungsmittel verwenden. Das sind Nahrungsmittelöle von ausgezeichneter Qualität. Oder Sie benutzten Johanniskrautöl, Aprikosenkernöl, Jojobaöl. Alle diese Trägeröle sind mehr oder weniger fein von Textur. Probieren Sie aus, welches Ihnen und dem Verwendungszweck am besten entspricht.

Sie finden Rezepte für Körper- bzw. Massageöle unter folgenden ätherischen Ölen:

- Entspannendes Massageöl – siehe Lavendel.
- Erwärmendes Massageöl – siehe Terpentin.
- Anregendes und aphrodisisches Massageöl – siehe Bohnenkraut.
- Stärkendes Massageöl – siehe Rosenholz.
- Schönheitsöl – siehe Geranie.
- Aphrodisisches Massageöl – siehe Zimt.
- Spezialöl Körper – siehe Rosenholz.
- Spezialöl Gesicht – siehe Rosenholz und Rose.
- Öl gegen Falten – siehe Rosenholz und Rose.

Beachten Sie, daß alle Einreibungen im Verhältnis 100 ml pflanzliches Trägeröl auf 15 bis 20 ml ätherische Öle oder auch halb und halb – um noch mehr Wirksamkeit zu erzielen – gemischt werden. Wir schätzen diese feinen, quasi nicht fühlbaren Öle nach dem Baden, nach dem Sonnenbad, nach der Sauna, nach dem Bad im Meer

oder im Schwimmbad, und ihre lieblichen, feinen Düfte werden auch Ihr Badezimmer mit Wohlgeruch erfüllen.
Diese »Schönheitsöle« sind nichts anderes als die früheren Salbungen, deren Lieblichkeit Pharaonen, Könige und Fürstinnen zu schätzen wußten.

Parfüms und Eau de toilette

Alle ätherischen Öle können Bestandteile der Grundmischungen von Parfüms sein. Unter Grundmischung versteht man die Mischung der ätherischen Öle sowohl mit Fixator wie auch ohne. Diese Grundmischung wird dann mit Alkohol zusammengegeben, und je nach Anteil des Alkohols spricht man dann von »Parfüm«, »Eau de toilette«, »Eau de parfum«.

Zubereitung Ihres ganz persönlichen Parfüms

Sie stellen Ihre Grundmischung her: 1 bis 15 ml ätherische Öle Ihrer Wahl – und geben Sie in 100 ml 70prozentigen Alkohol. Nehmen Sie ein Fläschchen aus gefärbtem Glas. Lassen Sie das Ganze fünfzehn Tage licht- und wärmegeschützt stehen. Filtern … und verwenden!
Die Stärke Ihres Parfüms wird von den verwendeten Ölen sowie von deren Menge abhängen. Dieselbe Grundmischung, d. h. 1 bis 15 ml ausgewählte ätherische Öle, mit 250 ml 70prozentigem Alkohol vermischt, kann Ihr ganz persönliches Eau de toilette ergeben. Um Ihr Parfüm oder Ihr Eau de toilette zu fixieren, sollten Sie ein paar Tropfen ätherisches Salbeiöl – den besten pflanzlichen Fixator – hinzugeben.
Ambraduft, Moschus und Zibet werden ebenfalls bei der Parfümherstellung verwendet. Die Gesetzgebung ist hinsichtlich der Maßanalysen und der Alkoholstärke sehr streng. Die Zubereitung von Parfüm, das kommerziell vertrieben wird, erfordert viel Wissen und Spezialisten mit einer besonderen »Nase«.

Warnung: Die Verwendung folgender Essenzen in Ihren Grundmischungen darf bei 5 bis 15 ml Gesamtvolumen der Grundmischung nicht über 1 ml hinausgehen: Zimt, Neroli, Bergamotte, Nelke, Thymian, Ingwer, Origano und Minze.

Sie finden unter folgenden ätherischen Ölen ausgezeichnete Rezepte: Geranie, Lavendel, Sandelholz, Ylang-Ylang, Zeder und Zitrone.

Ein guter Ratschlag: Nehmen Sie erst ein oder zwei ätherische Öle mit lieblichen, blumigen Duftnoten: Lavendel, Eisenkraut, Rosenholz, Sandelholz, Zitrone, Geranie, Ylang-Ylang.
Dann nehmen Sie ein paar kräftige Essenzen (Nelke, Koriander, Zimt, Muskatnuß, Neroli, Rose), denen Sie nach und nach ein paar Tropfen bis maximal 1/20 der Ausgangsgrundmischung hinzugeben. Danach geben Sie den Rest Ihrer Ausgangsgrundmischung ganz oder nach Wunsch nur einen Teil davon hinzu, wobei Sie daran denken sollten, daß ein paar Tropfen Salbeiessenz Ihr Parfüm fixieren und daß die Zeder als sehr neutraler Duft den Duft anderer, stärkerer ätherischer Öle »entwickelt«.

Beispiel Nr. 1: Lieblich, feminin und einschmeichelnd.
Die Grundmischung: Geranie 7 ml, Eisenkraut 4 ml, Zeder 3 ml.
Hinzugeben: 20 Tropfen Rosenessenz sowie zum Fixieren 5 Tropfen Salbeiessenz. Geranie, Eisenkraut und Rose haben ähnliche Düfte, die sich gegenseitig verstärken.

Beispiel Nr. 2: Berauschend, orientalisch und süß.
Die Grundmischung: Sandelholz 10 ml, Zeder 5 ml.
Hinzugeben: 5 Tropfen Salbeiessenz zum Fixieren; dann je nach Wahl:

- ein paar Tropfen Zitrone als erfrischende Beigabe
- oder ein paar Tropfen Ylang-Ylang
- oder 1 ml Koriander + ein paar Tropfen Nelke und je nach Ihrem Ermessen ein paar Tropfen ätherischer Öle Ihrer Wahl.

Atmen Sie die Mischung ein, probieren Sie sie aus und vor allem merken Sie sich, was Sie hineingegeben haben.
Sie haben vielleicht eine perfekte »Nase«, ohne das zu wissen! Üben Sie, stellen Sie zusammen, parfümieren Sie sich selber, Ihre Freunde, Ihre Wäsche, Ihre Schränke mit Ihren neuen und herrlichen, noch nicht an die Öffentlichkeit gebrachten, »geheimen« Zubereitungen.

Weitere Verwendungsmöglichkeiten von ätherischen Ölen

- Waschungen und Vaginalinjektionen: Lavendel oder Lavendel + Geranie.
- Haarpflege: Salbei.

Reflextherapie

Ätherische Öle werden bereits seit einigen Jahren an den Akupunkturpunkten verwendet. Die Forschungen auf diesem Gebiet gehen weiter. In erster Linie erhöhen die spezifischen ätherischen Öle an einem Energiepunkt noch die positiven Wirkungen der Reflextherapie.

Die ätherischen Öle »erzeugen« neue Energie. Die Reflextherapie bringt diese Energien »ins Gleichgewicht«. Aromatherapie und Reflextherapie gehören zu den sanften Heilweisen, zu den Heilweisen auf energetischer Ebene, den Heilweisen von morgen.

Aromatherapie in der Tierheilkunde

Unsere Freunde, die Katzen, die Hunde, die Pferde, die Enten, die Gänse, können ebenfalls in den Genuß der Wohltaten ätherischer Aromaöle kommen. Immer mehr Tierärzte praktizieren Aromatherapie. Bei Hunden und Katzen kann ein Zerstäuber mit atmungsfördernden ätherischen Ölen Probleme der Atemwege lindern. Ebenso kann man Zerstäuber in Pferdeställen sowie in Gänse- und Entengehegen aufstellen. Bei Hunden können Einreibungen mit ätherischen Ölen gute Ergebnisse bringen.

Wußten Sie, daß an Tieren Osteopathie praktiziert wird?

Zum Desodorieren von Wohnungen, in denen Katzen gehalten werden: Aromazerstäuber mit exotischem Eisenkraut, Tonikum oder Fresh-Tonic à la Minze. Wirkt augenblicklich.

Für ein schönes Fell bei Hunden: einen Eßlöffel Bierhefe ins Futter, eine Magnesiumchloridkur drei- bis viermal jährlich (20 g pro Liter Wasser, 1/2 Glas zweimal täglich) und Einreibungen mit ätherischem Terpentinöl.

Übersicht Anwendungsweise und Dosierung

Warnung: Halten Sie sich an die in den Darstellungen der verschiedenen ätherischen Öle gegebenen Rezepte.
Abkürzungen: Tr = Tropfen, E = Einreibung.

Anwendungsweise	*Verwendung*	*Zur Kur*	*Durchschnittliche Dosierung*
Zerstäubung	Raum	Täglich 1mal	15 ml für 1 Woche Zerstäubung
Einreibung	Körper	3 Wochen bis 3 Monate	20 bis 50 Tr/E, 1- bis 3mal pro Tag
Innerliche Anwendung	Einnahme	1 bis 3 Wochen in der erforderlichen Zeit	1 bis 3 Tr 3mal pro Tag
Inhalation	Inhalationsapparat		3 bis 10 Tr in den Inhalationsapparat
Bad	Bäder und Gesundheitsduschen	In akuten Fällen: 1 bis 2 Bäder pro Tag; zur Pflege: 1 Bad in 3 Tagen	3 bis 10 Tr pro Bad
Gesichtsdampfbad	Haut	1mal pro Woche vor der Gesichtspflege	3 bis 10 Tr pro Gesichtsdampfbad
Maske	Haut	1- bis 2mal pro Woche	1 bis 5 Tr pro Maske
Körpermilch	Haut und Körper	Jeden Tag	15 ml in 250 ml Milch
Schönheitseinreibung	Haut	3 Wochen 2mal täglich	3 bis 5 Tr/E

Anwendungsweise	*Verwendung*	*Zur Kur*	*Durchschnittliche Dosierung*
Einreibung der Füße	Füße	Täglich 1 bis 2 E	10 bis 20 Tr/E
Einreibung der Haare	Haare	6 Wochen	50 bis 100 Tr/E
Massageöl	Körper	Täglich	15 bis 30 ml in 100 ml Öl
Schönheitsöl	Gesicht	3 Wochen, 3- bis 4mal pro Jahr	5 bis 15 ml in Spezialöl gegen Falten
Parfüm	Parfüm, Eau de toilette		15 ml in 100 ml 70prozentigem Alkohol bzw. 15 ml in 250 ml 70prozentigem Alkohol

Ätherische Öle in der Küche

In jeder regionalen Küche, ob modern oder traditionell, findet man in wunderschönen Steingut- oder Glastöpfen oder in Weidenkörbchen aromatische Kräuter und Gewürze, die die kleinen, auf schwacher Flamme gekochten Gerichte, die unzähligen bunten Salate und die hausgemachten, nach Zimt, Ingwer oder Vanille duftenden Desserts zur Gaumenfreude werden lassen.
Zahlreiche Gerichte bringen die Düfte des Orients, Afrikas und der Provence auf Ihren Tisch, wobei die Wohlgerüche allein schon vor Freude das Wasser im Mund zusammenlaufen lassen!
Die Nahrungsmittelindustrie verwendet zahlreiche Pflanzen, Pflanzenextrakte oder -konzentrate (derzeit leider allzuoft »chemische«) sowie auch Essenzen.

Hauptgerichte

Bei den schweren und schwerverdaulichen Gerichten (Sauerkraut, Ragout, Fleisch in Soße, Kuskus etc.) verfeinern ätherische Öle nicht nur den Geschmack, sondern sie unterstützen auch die Verdauung.

Dosierung von ätherischen Ölen für sechs Personen

Während des Kochens werden 4 bis 8 Tropfen Mutterkümmel, Kümmel, Koriander, Muskatnuß, Thymian, Majoran, Salbei oder Rosmarin dazugegeben.

Rezeptbeispiele

- Kuskus: Während des Kochens bei schwacher Hitze 1 Tropfen Wacholder, 2 Tropfen Mutterkümmel und 1 Tropfen Kümmel dazugeben.
- Sauerkraut: 4 Tropfen Wacholder, 1 Tropfen Kümmel und 1 Tropfen Koriander dazugeben.
- Ragout und Fleisch in Soße: Thymian, Lorbeerblätter, Salbei und

Rosmarin werden miteinander wetteifern. Sie können die Anteile selbst bestimmen, aber nehmen Sie nicht mehr als 8 Tropfen insgesamt.

– Beim Servieren: Schmecken Sie das Gericht mit Salz, Pfeffer, Piment, Curry und Safran ab und fügen Sie zur Abrundung noch einen, höchsten zwei Tropfen ätherisches Öl hinzu. Diese zuletzt dazugegebenen ätherischen Öle werden, da sie nicht übermäßig erwärmt sind, die ganze Fülle ihres Aromas ausströmen.

Süßspeisen

Ätherische Öle gehören einfach zum Gebäck, zu Süßspeisen, zu Sorbets, zu Pudding und zu Likören.

Dosierung von ätherischen Ölen für sechs Personen

Fügen Sie Sahnetoren, Süßspeisen, Desserts, Sorbets und Pudding während der Zubereitung folgende ätherische Öle nach Ihrer Wahl zu:

– 3 bis 6 Tropfen Zitrone, Orange, Pampelmuse, Mandarine;

– 1 bis 2 Tropfen Ingwer, Bergamotte, Minze.

Rezeptbeispiele

– Geraniensorbet: Geben Sie bei der Zubereitung Ihres Sorbets mit Zitronengeschmack 5 Tropfen Geranie hinzu. Das erstaunliche Aroma dieses »exotischen« und »seltsamen« Sorbets wird Ihre Gäste bestimmt nicht gleichgültig lassen! Geraniensorbets liebt man in Indonesien und Neuseeland sehr.

– Eisstücke: Setzen Sie dem Wasser in dem Eiswürfelkasten 2 bis 3 Tropfen folgender, in einem Eßlöffel Fruchtzucker oder Honig aufgelöster ätherischer Öle zu:

– Grüne Minze: doppelt erfrischend.

– Ingwer: aphrodisisch und stark im Geschmack, sehr gut für exotische Cocktails.

– Bergamotte: ein sanfter, diskreter Geschmack, der die Schärfe von so manchem klassischen Cocktail ausgleichen wird.

– Minzen-Hydrolat wirkt bemerkenswert bei Eisstücken!

Süßwaren

Geben Sie 3 oder 4 Tropfen Bergamotte, Muskatnuß oder Ingwer in den Teig oder in den Sirup.

Liköre

- Geben Sie in einen halben Liter etwa 80prozentigen weißen Alkohol einen halben Liter lauwarmes Zuckerwasser, gemacht mit 370 Gramm Zucker auf 1/2 Liter destilliertes Wasser, das Sie bis zur Durchsichtigkeit haben erwärmen lassen.
- Vom Feuer nehmen, abkühlen lassen und maximal 50 bis 100 Tropfen ätherisches Öl Ihrer Wahl dazugeben:

  Minzenlikör:
  100 Tropfen Minze.

  Rosmarinlikör:
  100 Tropfen Rosmarin.

  Aphrodisischer Likör:
  10 Tropfen Zimt + 5 Tropfen Ingwer oder
  20 Tropfen Rosmarin + 5 Tropfen Bohnenkraut oder
  2 Tropfen Nelke + 3 bis 5 Tropfen Muskatnuß.

  Magenlikör:
  20 Tropfen Kümmel, 5 Tropfen Mutterkümmel oder
  5 Tropfen Geranie, 10 Tropfen Koriander oder
  2 Tropfen Muskatnuß, 1 Tropfen Lavendel.

Sie können auch Rezepte nach Ihrer Vorstellung zusammenstellen, und zwar auf der Grundlage der Mischungen, die Sie in den Abschnitten Getränke, Cocktails und Grogs bei den Darstellungen der ätherischen Öle finden.

Überraschungsrezept

Wenn Sie von den Wohltaten einer gesunden Ernährungsweise überzeugt sind und gern andere dafür gewinnen möchten, dann präsentieren Sie nachstehendes Gericht als Ihre Variante der »neuen Küche« und sagen Sie vor allem nicht, daß es kein Fleisch enthält!

Rezept für acht bis zehn Personen

Diese Zubereitung hält sich etwa eine Woche im Kühlschrank.

- 500 Gramm kleingeschnittene Zwiebeln in 500 Gramm ungehärtetem Pflanzenfett (Palmöl) langsam anbräunen lassen und vier Lorbeerblätter, ein großes Bund Thymian, zwanzig Körner Koriander, zwei Nelkenköpfe, Meersalz, vier Tropfen ätherisches Wacholderöl, vier Tropfen ätherisches Korianderöl und einen Tropfen ätherisches Rosmarinöl dazugeben.
- Das Ganze 1 Stunde bei kleiner Flamme anbräunen lassen, bis die Zwiebeln glasig sind.
- 500 Gramm feingeschnittene Champignons dazugeben.
- Das Ganze zudecken und noch zwei Stunden ganz langsam schmoren lassen; das viele Fett, das sich in der Pfanne sammelt, ist kein Grund zur Besorgnis. Es wird von den Bestandteilen aromatisiert und zu gegebener Zeit von ihnen absorbiert.
- Nach gut zweieinhalb Stunden Köcheln schwimmen die Zwiebeln und die Champignons in dem aromatisierten Palmöl.
- Abkühlen lassen und im Mixer bzw. Gemüsezerkleinerer hacken, wobei Thymian- und Lorbeerblätter vorher entfernt werden müssen.
- Das Ganze in eine große Schüssel gießen und 250 bis 300 Gramm Nährhefe zugeben. Die Hefebrocken zergehen in dem noch lauwarmen Palmöl.
- Salzen, pfeffern (nach Belieben). 1 Tropfen Koriander und 1 Tropfen Wacholder dazugeben, gut umrühren.
- Die eine Hälfte in eine Schüssel geben und in der Backröhre bei mittlerer Hitze 1 Stunde köcheln lassen.
- Die andere Hälfte in eine zweite Schüssel geben und in den Kühlschrank stellen.
- Beide Hälften werden kalt serviert.

Die erste Portion, in der Schüssel oder in dicken Scheiben serviert, gibt es zu grünem Salat mit Estragon und Zwiebeln.
Die zweite Portion wird auf Salatblättern mit Oliven garniert serviert, die zu einer Rohkostplatte folgender Zusammensetzung gehört:

- geriebene Karotten mit Quark;
- Gurken mit Joghurt und Minze;
- wie Karotten zerkleinerter Kürbis, mit Mutterkümmel oder Fenchel gewürzt;
- ganz fein geschnittene Pilze in Sahne und Paprika, reichlich mit Zitrone übergossen;
- ganz fein geschnittener Fenchel, mit Olivenöl gewürzt und mit Mandelsplittern überstreut;
- Blumenkohlröschen in einer Soße aus Joghurt, Zitrone und Aniskörnern;
- ein paar Tomaten in Scheiben, mit Olivenöl, Zitrone, Knoblauch und Petersilie abgeschmeckt; feingeschnittene Paprikaringe; Rot- oder Weißkohl fein geraspelt oder geschnitten, mit Joghurt und ein paar Körnern Kümmel gewürzt.

Das Ganze mit reichlich grünen Kräutern bzw. Gemüsen (Kresse, Feldsalat, grünem Salat oder Spinat) servieren.
Dazu gibt es Meersalz oder Herbamare, Pfeffer (nach Wunsch, aber nicht angeraten), Apfelessig oder Zitrone (die in sehr vorteilhafter Weise Essig ersetzt); Senf ist nur sehr wenig nötig.
Ihr mit Toastbrotscheiben serviertes erkaltetes Gemüse wird die Krönung dieser Zauberwelt von Farben, Düften, Geschmacksrichtungen und auch dem anspruchsvollsten Gaumen Ihres skeptischsten Gastes schmeicheln. Niemand wird glauben, daß dieses Gericht kein Fleisch enthält! Vielleicht ist es auch nicht immer nötig, es zu sagen ...

Variante:

- 100 Gramm in kleine Würfel geschnittene schwarze Oliven dem Öl zugeben und mit den Zwiebeln und Pilzen kochen.
- 10 schöne feingeschnittene Schalotten dazugeben, die mit den übrigen Zutaten zergehen. In diesem Falle wird das ätherische Wacholderöl weggelassen, nicht aber das Korianderöl.
- Anstelle der Hefe 100 Gramm feingemahlene Buchweizenkörner in den Teil des Gerichts geben, der im Ofen gebacken wird. Er wird zwar nicht so kompakt sein wie der mit der Hefe zubereitete Teil, aber das Ergebnis wird Sie begeistern!

- Einen guten Blätterteig mit Vollkornmehl, Pflanzenfett, 1 Eßlöffel Olivenöl und Meersalz zubereiten.
- Kleine Pastetchen formen, die jeweils mit einem reichlichen Teelöffel der Mischung gefüllt werden.
- Das Ganze in die Backröhre schieben und es ofenfrisch mit Rohkost oder als Appetitanreger servieren.

Lassen Sie es sich schmecken, und ergötzen Sie sich an der Freude und dem Staunen Ihrer Gäste!
Die Zutaten – ungehärtetes Pflanzenfett, Hefe, Vollkornmehl, Meersalz oder Herbamare, Buchweizenkörner – bekommt man z. B. in Reformhäusern.
Welche Überraschungen die neue Küche – die gesunde Küche – wohl noch für Sie bereithält?

Gemüse- und Obstsäfte

Frisch als Aperitif oder bei Saftkuren serviert, liefern sie Vitamine, Spurenelemente und Mineralsalze und stärken die Vitalität des Organismus, ohne ihn zu ermüden (leichte und rasche Verdauung). Ein Entsafter ist zu ihrer Herstellung notwendig.

Tomaten- und Gurkensaft

Zu 1 Liter frischem Saft sind 1 grüne Zitrone und 1 Eßlöffel Bohnenkraut- oder Origano-Hydrolat (spannkrafterhöhend) oder 2 Tropfen ätherisches Basilikumöl zuzugeben. Sehr provençalisch!

Karotten- und Selleriesaft

Zu 1 Liter frischen Saft sind der Saft einer Zitrone und 1 Eßlöffel Salbei-, Bohnenkraut- oder Rosmarin-Hydrolat (Leber-Tonikum) zuzugeben.

Frischer Obstsaft

Äpfel, Melonen, Wassermelonen, Pfirsiche, Nektarinen, Aprikosen, Kirschen, Ananas, Birnen, Pflaumen ... alle Früchte der Saison. Zu 1 Liter frischen Saft sind je nach Ihrem Geschmack zuzugeben:

- 1 Tropfen ätherisches Zimt-, Bergamotte-, Zitronen- oder Ingweröl (spannkrafterhöhend)
- oder 3 Tropfen ätherisches Orangenöl (beruhigend).

Allgemeine Regel

Für 1 Liter frischen Saft: 1 Tropfen ätherisches Öl oder 1 Eßlöffel Hydrolat Ihrer Wahl.
Für Obstsäfte: die ätherischen Öle von Zimt, Ingwer, Bergamotte, Zitrone, Orange, Minze und Minzen-Hydrolat.
Für Gemüsesäfte: die ätherischen Öle von Basilikum, Koriander, Sellerie, Mutterkümmel und Kümmel; die Hydrolate von Bohnenkraut, Origano, Minze und Rosmarin.

Salatsoßen

Joghurtsoße

Mischen Sie 1 Joghurt, 2 Eßlöffel Olivenöl, Meersalz, Knoblauch oder Zwiebel, Petersilie und 1 Tropfen ätherisches Basilikumöl mit Tomaten, Estragonöl mit Rapunzel, Korianderöl mit Pilzen, Majoranöl mit grünen Salaten, Mutterkümmelöl mit Hirse und Kichererbsen, Kümmelöl mit Rettich, Fenchelöl mit Grün- und Rotkohl sowie Sellerieöl mit Karotten.
Diese Soße paßt auch zu Keimlingen mit schwarzen Oliven.

Provençalische Soße

Mischen Sie Olivenöl, Meersalz, Pfeffer und ätherisches Öl von Basilikum und Majoran: für Tomaten und grüne Salate.
Zusatz: Knoblauch oder Zwiebeln, frische Petersilie …

Getränke der sanften Aromatherapie: die Hydrolate

Hydrolate ergeben ausgezeichnete erfrischende, spannkrafterhöhende und dynamisierende Getränke (Minzen-, Salbei-, Bohnenkraut- und Origano-Hydrolat), und zwar 1 Eßlöffel pro Liter Wasser.

Kalte, aber nicht eisgekühlte Getränke: In 1,5 Liter Wasser ist 1 Eßlöffel Hydrolat Ihrer Wahl zu geben. Das ist gleichwertig mit einem Sirup ohne Zucker! Nach Belieben kann man Honig oder Fruchtzucker zum Süßen dazugeben.

Warme, aber nicht kochendheiße Getränke: In eine große Teetasse ist 1/2 Teelöffel Hydrolat und Honig oder Fruchtzucker, falls erwünscht, zu geben. Ein schneller Aufguß!

Getränke für morgens: Hydrolate aus Rosmarin, Bohnenkraut, Origano, Salbei, Minze …

Getränke für abends: Hydrolate aus Lavendel + Kiefer, Lavendel + Orange, Kamille, Lindenblüten, Orange …

Verdauungsfördernde Getränke: Hydrolate aus Minze, Rosmarin, Salbei …

Gute Getränke für den Kreislauf: Hydrolate aus Salbei, Zypresse.

Gute Getränke bei rheumatischen Erkrankungen: Hydrolate aus Wacholder, Holunder.

Gute Getränke für die Ausscheidung: Hydrolate aus Salbei, Zypresse, Eukalyptus, Wacholder.

Getränke für die Atemwege: Hydrolate aus Kiefer, Thymian, Eukalyptus.

Angenehme Getränke für alle: Hydrolate aus Minze oder Eisenkraut. Sehr erfrischend.

3. Die ätherischen Öle

44 ätherische Öle

Basilikum
Bergamotte
Birke
Bohnenkraut
Cajeput
Citronella
Eisenkraut
Estragon
Eukalyptus
Geranie
Ingwer
Kamille
Kiefer
Koriander
Kümmel
Lavendel
Lemongrass
Majoran
Melisse
Minze
Muskatnuß
Mutterkümmel
Nelke
Neroli
Niaouli
Orange
Origano
Petit Grain
Rose
Rosenholz
Rosmarin
Salbei
Sandelholz
Sassafras
Terpentin
Thuja
Thymian
Wacholder
Ylang-Ylang
Ysop
Zedernholz
Zimt
Zitrone
Zypresse

Die ätherischen Öle werden nach folgenden Gesichtspunkten dargestellt:

- Eigenschaften
- Anwendungsgebiete
- Anwendungsweise
  Innerliche Anwendung
  Äußerliche Anwendung
- Zusammenwirken mit anderen ätherischen Ölen
  Innerliche Anwendung
  Äußerliche Anwendung
- Rezepte, Ratschläge
- Beachtenswertes, Warnungen, Gefahren, Anmerkungen, Nicht verwechseln
- Fertigprodukte
- Küchenrezepte
- Verwendung des Hydrolats
- Geschichte der Pflanze

Die Darstellung des Zusammenwirkens mehrerer ätherischen Öle (Synergie), die Warnungen und die Gefahrenhinweise sind Besonderheiten dieses Buches.

Jeder Grashalm bekommt seinen Teil Tau.

Basilikum

Ocimum basilicum, Lippenblütler

Eigenschaften

- Nervenstärkend (in Synergie mit ätherischem Majoranöl).
- Regt die Nebennierenrinde an.
- Krampflösend.
- Darmreinigend (in Synergie mit den ätherischen Ölen aus Thymian und Kümmel).

Anwendungsgebiete

- Nervöse Erschöpfung, nervöse Schlafstörungen, geistige Überlastung.
- Magen- und Darmkrämpfe.
- Migräne (in Synergie mit den ätherischen Ölen aus Minze und Lavendel).
- Epilepsie, Lähmung, Gicht.
- Verlust des Geruchssinns.

Äußerliche Anwendung: Benutzen Sie die getrockneten, zu Pulver zerstoßenen Blätter und gleichzeitig einen Tropfen Basilikum zum Einreiben des Solarplexus (um das Ergebnis zu verbessern).

Anwendungsweise

Innerliche Anwendung

- 1 bis 2 Tropfen dreimal täglich auf die Hand, auf einen Löffel Honig oder in ein Glas mit warmem Wasser.

Äußerliche Anwendung

- Mit 10 Tropfen Basilikum Solarplexus, Nacken und Wirbelsäule im Uhrzeigersinn einreiben.

Zusammenwirken mit anderen ätherischen Ölen

Mein Ratschlag: Ich hatte stets ausgezeichnete Ergebnisse bei nervöser Erschöpfung, bei Angstzuständen und Schlafstörungen, wenn ich Basilikum und Majoran zusammengetan habe: 1 Tropfen von jedem außerhalb der Mahlzeiten zur innerlichen Anwendung und zweimal täglich mit 10 bis 20 Tropfen der genannten Mischung Solarplexus, Nacken und Wirbelsäule einreiben.

Fertigprodukte

Einreibung NER (für erquickenden Schlaf).

Nicht verwechseln

Basilikum aus der Provence und Basilikum von den Komoren.
Ätherisches Basilikumöl von den Komoren, dessen Hauptterpen Methylchavicol ist, beruhigt nicht, sondern ähnelt in seinen Eigenschaften dem ätherischen Estragonöl. Für die hier genannten Anwendungsmöglichkeiten ist ätherisches Basilikumöl aus der Provence zu bevorzugen.

Küchenrezept

- Ein paar Tropfen ätherisches Basilikumöl eine Minute vor dem Ende der Kochzeit eines Fischs (beispielsweise Hecht) zugeben.
- 1 bis 2 Tropfen ätherisches Basilikumöl in Olivenöl, mit Zitrone und Meersalz auf den Tomatensalat.

Verwendung des Basilikum-Hydrolats

Wird zum Würzen von Suppen und Salatsoßen benutzt.

Geschichte der Pflanze

Basilikum ist eine einjährige Pflanze und stammt aus Asien.
Es gibt von ihr etwa 150 Arten, z. B. das »Pistou« aus der Provence, das zum Würzen von Salaten und der berühmten »Pistou-Suppe« verwendet wird! Das ätherische Öl wird durch Wasserdampfdestillation der Blätter gewonnen. Basilikum wird auch noch Königskraut genannt.

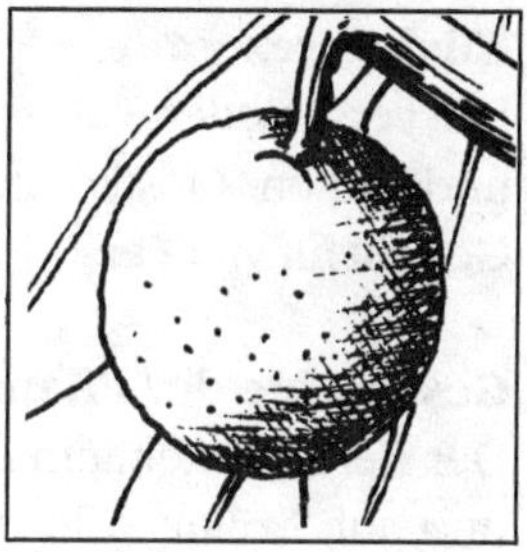

Bergamotte

Citrus bergamia, Rautengewächs

Eigenschaften

- Antiseptisch und krampflösend.
- Wurmtreibend.

Anwendungsgebiete

- Darmkoliken und -infektionen.
- Darmparasiten (in Synergie mit Knoblauchöl, 1 Tropfen Bergamotte und 1 Zehntel Knoblauchtropfen).

Anwendungsweise

Innerliche Anwendung

- 1 Tropfen zweimal täglich außerhalb der Mahlzeiten von der Hand lecken oder auf einen Löffel Honig oder in ein Glas mit warmem Wasser geben.

Äußerliche Anwendung

- Einreibung: Bergamotte wird vor allem in parfümierten Produkten benutzt. Während einer innerlichen Behandlung werden gleichzeitig Solarplexus, Nacken und Wirbelsäule zweimal täglich eingerieben. Es wird davon abgeraten, eine Einreibung vor dem Sonnenbad vorzunehmen, denn es könnte monate- oder auch jahrelang bräunliche Flecken auf der Haut hinterlassen, die nicht mehr zu entfernen wären.

  Warnung: Sonnenbäder sind während einer Bergamotte-Behandlung unbedingt zu vermeiden (Risiko von Lichtflecken).

Küchenrezept
Für verschiedene Desserts, Algenpudding, Mus aus rohen Äpfeln und Birnen, Obstkompotte und Mandelmilch; man gibt bei einem Gericht für vier Personen 1 Tropfen ätherisches Bergamotteöl hinzu.

Geschichte der Pflanze
Der Bergamottebaum ist drei bis vier Meter hoch, wächst in Italien und auf Sizilien wild und wird in Afrika angebaut. Er stammt aus einer Kreuzung von Bergamotte-Orangenbaum und Limettenbaum. Ätherisches Bergamotteöl wird bereits seit dem 16. Jahrhundert durch Kaltpressen frischer Schalen gewonnen. Es enthält viel Linalylazetat, rechtsdrehendes Limonen, Linalol etc.

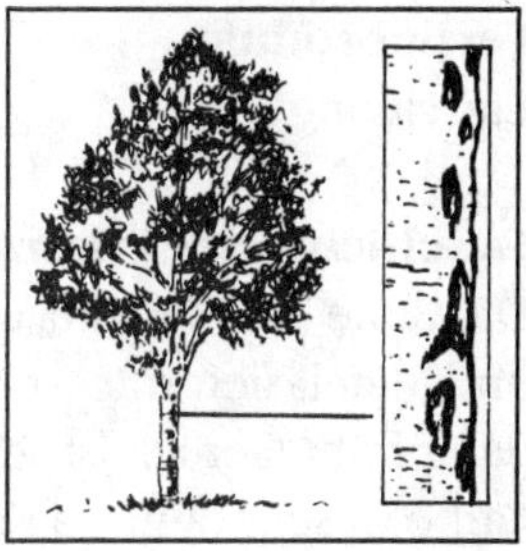

Birke

Betula alba, Birkengewächs

Eigenschaften

- Auflösung von Nierensteinen.
- Beseitigung von Wassersucht und Lymphstauung.
- Dynamisiert und erwärmt.

Anwendungsgebiete

- Rheumatismus, Arthrose.
- Zum Abnehmen, bei Fettleibigkeit.
- Sportmassagen.

Anwendungsweise

Innerliche Anwendung

- 1 Tropfen drei- bis fünfmal täglich: Weißbirke schmeckt nach Kaugummi.

Äußerliche Anwendung

- Zum Einreiben: 20 Tropfen Mischung auf Birkengrundlage auf die zu behandelnden bzw. schmerzhaften Stellen.

Zusammenwirken mit anderen ätherischen Ölen

Innerliche Anwendung

Birke, Kiefer, Wacholder zu gleichen Teilen, 1 Tropfen drei- bis fünfmal täglich.

Äußerliche Anwendung

Birke, Wacholder, Kiefer, Rosmarin, Terpentin zu gleichen Teilen auf die schmerzenden Stellen oder auf die vor körperlichen Anstrengungen zu erwärmenden Stellen. Zum Schlankwerden dieselbe Mischung für Beine und Gesäß.

Fertigprodukte

Einreibung RHU.

Geschichte der Pflanze

Die Birke ist ein Baum, der überall in Europa, Kanada, Nordamerika und Mittelasien wächst. Man destilliert die Birkenrinde mit Wasserdampf. Ihr Geruch ist scharf und schwer und ähnelt dem Teer. Ihre Farbe ist sehr dunkles Kastanienbraun.

Bohnenkraut

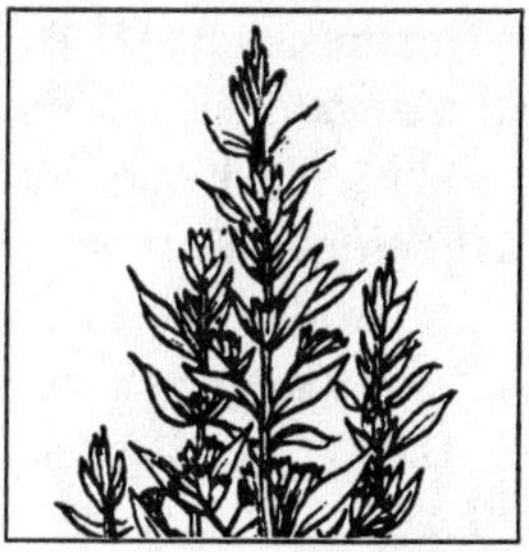

Satureia hortensis (Sommerbohnenkraut), *Satureia montana,* Lippenblütler

DAS ÄTHERISCHE ÖL FÜR KÖRPERLICHE UND SEXUELLE SPANNKRAFT

Eigenschaften
- Aphrodisisch.
- Regt Geist und Nebennierenrinde an.
- Stark antiseptisch: eines der bedeutendsten ätherischen Öle des Aromatogramms.
- Bekämpft Mikroben und Pilze.
- Heilt Wunden.

Anwendungsgebiete
- Impotenz.
- Syphilis, Blennorrhagie, Hauterkrankungen, Aphthen.
- Körperliche, geistige und sexuelle Schwächezustände.
- Candida albicans und tropicalis – Pilzkrankheiten.

Anwendungsweise

Innerliche Anwendung
- 1 Tropfen Bohnenkraut auf die Hand, auf 1 Löffel Honig oder in ein Glas mit warmem Wasser zwei- bis dreimal täglich.

Äußerliche Anwendung
- Einreibungen und Bäder immer zusammen mit anderen Ölen (siehe »Zusammenwirken mit anderen ätherischen Ölen«).

Zusammenwirken mit anderen ätherischen Ölen

Innerliche Anwendung
- Aphrodisischer Cocktail: Bohnenkraut, Ceylon-Zimt, Nelke, Ros-

marin, Geranie, 1 Tropfen von jedem auf 1 Löffel Honig in ein Glas mit warmem Wasser und mit Eisstücken als Longdrink servieren. Ein Schluck Minzensirup kann diesen Cocktail vervollständigen.

Äußerliche Anwendung

– Aphrodisische Einreibung: Bohnenkraut 5 ml, Rosmarin 10 ml, Zimt 2 ml oder Sandelholz 2 ml, Rosenholz 20 ml, Eisenkraut 3 ml. Das Ganze mischen und Nacken, Wirbelsäule, Brust sowie Solarplexus mit 20 bis 30 Tropfen einreiben. Das ist eine ideale Einreibung für den Morgen und den Abend, für Prüfungen und bei sexueller Schwäche. Diese Mischung kann auch in 100 ml Weizenkeimöl verdünnt werden, was ein ausgezeichnetes Massageöl ergibt.

Fertigprodukte

Einreibung APH, Mischung Hammam für den Zerstäuber.

Zu beachten

Ätherisches Bohnenkrautöl wirkt auf Mikroben bereits in einer Konzentration, die zwanzigmal schwächer ist als die anderer Lippenblütler, die in der Pharmakologie verwendet werden (Lavendel, Rosmarin, Salbei), und zwei- bis achtmal schwächer als die von Thymian.

Ich liebe folgenden Satz von Dr. Valnet *(Aromatherapie)*: »Empfehlung an die Ärzte: Obgleich wir noch weit davon entfernt sind, alles wissenschaftlich entdeckt zu haben, täte der Arzt gut daran, beim Warten auf Besseres empirische Lehren der Vergangenheit zu berücksichtigen und zur Krankenpflege Behandlungsmethoden zu benutzen, die für ihre Wirksamkeit bekannt sind, selbst wenn wir noch nicht wissen, warum.«

Verwendung des Bohnenkraut-Hydrolats

Gesundes, spannkrafterhöhendes und erfrischendes Getränk: 1 Teelöffel pro Tasse oder Wasserglas oder 1 Anderthalbliterflasche Wasser mit zwei Eßlöffeln Bohnenkraut-Hydrolat (im Verlauf des Tages zu trinken). Empfiehlt sich besonders für Geschäftsleute in Zeiten großer geistiger und/oder körperlicher Erschöpfung und auch in Zeiten, in denen man sich das Kaffeetrinken abgewöhnt.

Anekdote

Eines Tages sprach Maurice Mességué im Rundfunk über die aphrodisischen Eigenschaften des Bohnenkrauts. Im Tagesverlauf fragten etwa sechzig bis achtzig Personen in einem Bioladen nach der Pflanze, »die vor sexuellem Unbefriedigtsein rettet«. Das muß in allen Apotheken und Bioläden Frankreichs so gewesen sein. Innerhalb von etwa zwei Monaten waren alle Bohnenkrautvorräte und -reserven völlig aufgebraucht!

Geschichte der Pflanze

> Heftig schürt es die Feuer der Liebe und verdient den Namen Satureia, den es von den Satyrn hat, weil diese eine Neigung zu amourösen Abenteuern haben.
>
> *Amelius Macer:* De herbarum virtutibus

Die römischen Dichter Ovid und Martial sangen Loblieder auf die *Satureia hortensis* (was ja »Satyr« bedeutet. Vielleicht wegen ihrer aphrodisischen Eigenschaften)! Die Benediktiner bauten sie im Mittelalter in reichlichen Mengen an.

Ätherisches Bohnenkrautöl gewinnt man durch Wasserdampfdestillation der Pflanze, wobei die Ausbeute sehr gering ist. Ein gutes ätherisches Öl aus Berg- bzw. Gartenbohnenkraut zeigt eine Farbe von einem schönen Dunkelrot und nicht Schwarz, wie man es oft findet.

Cajeput

Melaleuca Leucadendron, Myrtengewächs

Eigenschaften

– Allgemein antiseptisch für Lungen, Darm und Harnwege.
– Antineuralgisch.

Anwendungsgebiete

– Chronische Lungenleiden.
– Alle Formen emotionaler Verkrampfungen: Hysterie, Epilepsie, Nervenkrisen, rheumatische Neuralgien usw.

Anwendungsweise

Innerliche Anwendung

– 1 bis 3 Tropfen Cajeput von der Hand lecken, auf 1 Löffel Honig oder in ein Glas mit warmem Wasser geben, zwei- bis dreimal täglich.

Äußerliche Anwendung

– Einreibungen: Brust, Solarplexus, Rücken und Nacken zweimal täglich mit 10 bis 15 Tropfen ätherischem Öl oder einer Mischung auf der Grundlage von Cajeput einreiben (siehe »Zusammenwirken mit anderen ätherischen Ölen«).
– Applikationen:
Zahnschmerzen: 1 Tropfen Cajeput auf den kariösen Zahn.
Ohrenschmerzen: 5 Tropfen Cajeput auf Watte ins Ohr.
– Im Aromazerstäuber: zwei bis drei Stunden täglich einatmen. Reinigt die Luft.

Zusammenwirken mit anderen ätherischen Ölen

Innerliche Anwendung

– Chronische Bronchitis: Cajeput + Kiefer + Niaouli.

- Tuberkulose: Cajeput + Kiefer + Thymian + Origano.
- Asthma: Cajeput + Ysop + Lavendel. 1 Tropfen von jedem dreimal täglich auf einen Löffel Honig oder in ein Glas mit warmem Wasser.

Äußerliche Anwendung

- Schuppenflechte: Cajeput + Lavendel + Geranie.
- Akne: Cajeput + Zeder + Sassafras.
- Hautinfektionen: Cajeput + Zitrone.
  Mischungen zu gleichen Teilen zweimal täglich auf die gereinigte Haut auftragen.
- Kehlkopfentzündung, Rachenkatarrh, Bronchitis: Cajeput + Kiefer + Lavendel, 3 Tropfen von jedem, als Inhalation.
- Mischung für den Zerstäuber:
  Antiseptisch und lindernd: Cajeput + Zeder + Lavendel + Majoran.
  Antiseptisch mit orientalischer Note: Cajeput + Lavendel + Ylang-Ylang.

Zu beachten

Nachgemachtes Cajeputöl ist rechtsdrehend. Alle chemischen Medikamente sind rechtsdrehend. Echtes ätherisches Cajeputöl ist linksdrehend und schwer zu finden. Cajeputöl ist in 90% aller Fälle nachgemacht.

Geschichte der Pflanze

Der Cajeputstrauch wächst auf den Philippinen und auf anderen tropischen Inseln. Destilliert werden mit Wasserdampf die Blätter und Knospen.

Das ätherische Öl riecht wie Eukalyptus und enthält viel Cineol, linksdrehendes Pinen, Terpineol, Eukalyptol etc.

Citronella

Cymbopogon nardus, Süßgras

Citronellen sind große ausdauernde wildwachsende oder angebaute Gräser aus tropischen Regionen. Das ätherische Öl wird durch Wasserdampfdestillation der Pflanze gewonnen. Obwohl Citronella in der Therapie wenig verwendet wird, ist sie doch Bestandteil zahlreicher desodorierender, insektenvertilgender und antiseptischer Heilmittel. Ihr nicht allzu angenehmer Geruch ist nicht zu verwechseln mit dem süßen und blumigen Geruch des Eisenkrautes, mit dem sie oft verwechselt wird.
Es heißt, daß sie bei rheumatischen Beschwerden Linderung bringt (soweit die Fachliteratur …), und gegen Diabetes soll sie wirken (noch steht nichts fest)! Citronella in der Luft zerstäubt vertreibt Stechmücken. Leider riecht sie seltsamerweise wie ein Reinigungsmitttel fürs WC.

Fertigprodukte
Stop-Moustic: Mischung zum Verscheuchen von Stechmücken für den Zerstäuber und zum Einreiben (entzündungshemmend bei Stichen und Bissen).
Citronella pur für den Zerstäuber und zum Auftragen gegen Mükkenstiche.

Eisenkraut

Verbena officinalis, Lippia citriodora,
Eisenkrautgewächse

DAS ÄTHERISCHE ÖL FÜR ENTSPANNUNG UND GLÜCK

Eigenschaften der Pflanze *Verbena officinalis*
- Nach Kuwasima enthält sie das Glukosid Verbenin. Es aktiviert kraftvoll die Kontraktionen der Gebärmutter bei der Entbindung. Deshalb läßt man Frauen während der Entbindung Eisenkraut-Aufgüsse trinken!
- Nach Leclerc fördert die Pflanze das zuweilen beschwerliche Einschießen der Milch (durch Salbei versiegt die Milch).

Eigenschaften des ätherischen Öls der *Verbena officinalis*
- Es wird in der Therapie bevorzugt.
- Reguliert das vegetative Nervensystem.
- Verleiht dem Herzen Spannkraft und regt die Atmung an (bei Meerschweinchen).
- Macht harmonisch und kreativ.
- In der Antike glaubte man, Eisenkraut vertreibe Schlangen und sei wirksam gegen deren Gift.

Anwendungsgebiete
- Erschöpfung, Angst, Aggressivität, Dauerstreß.
- Neurovegetative Dystonie.
- Behandlung von Schlangenbissen.

Anwendungsweise

Innerliche Anwendung

- 1 Tropfen Eisenkraut von der Hand lecken, auf einen Löffel Honig oder in ein Glas mit warmem Wasser geben, zwei- bis dreimal täglich.

Äußerliche Anwendung

- Einreibungen mit 10 bis 20 Tropfen einer Mischung auf Eisenkraut-Grundlage: 2 ml Eisenkraut in 13 ml Lavendel- oder Weizenkeimöl, ebenfalls für Schlangenbisse.
  Gefahr: Keine Einreibung mit ätherischem Eisenkrautöl allein! Niemals Einreibungen mit exotischem ätherischem Eisenkrautöl!
- Zerstäubung: Das ist eigentlich das Hauptanwendungsgebiet des ätherischen Eisenkrautöls, denn so können seine wesentlichen Wirkungen (harmonisierend und kreativitätsfördernd) durch die Atmung aufgenommen werden! Verwenden Sie in diesem Falle das exotische Eisenkraut, mein »ätherisches Glücksöl«.

Zusammenwirken mit anderen ätherischen Ölen

Innerliche Anwendung

- Eisenkraut wird generell allein verwendet. Andere ätherischen Öle für die Behandlung werden also zu anderen Zeiten benutzt.

Äußerliche Anwendung

- Eine Einreibung am Morgen erfrischt und gibt Erschöpften Kraft: Eisenkraut 1 ml, Geranie 10 ml, Zitrone 4 ml. Brust, Rücken, Solarplexus und Fußsohlen einreiben.
- Die Einreibung am Abend stellt das nervliche Gleichgewicht wieder her: Eisenkraut 1 ml, Lavendel 5 ml, Majoran 5 ml, Lemongrass 4 ml. Nach dem warmen Bad oder für die Entspannungsmassage zu benutzen.
- Zerstäubung:
  Angenehm: Exotisches Eisenkraut und Lemongrass.
  Beruhigend bei Jähzorn: Exotisches Eisenkraut und Rosenholz.
  Antitabak: Exotisches Eisenkraut, Geranie oder Zeder und Minze.
  Ideale Mischung: Eisenkraut und exotisches Eisenkraut für zu Hause, für Läden, Hotelhallen, Konferenzsäle usw.

Verwendung des Eisenkraut-Hydrolats
Es ersetzt in vorteilhafter Weise einen Aufguß. Man verwendet 1 Teelöffel auf eine Tasse warmes, nicht kochendes Wasser als Verdauungs- und Dynamisierungsmittel. Man kann auch mit 2 Eßlöffeln auf 1,5 Liter Wasser ein Gesundheitsgetränk für den Tag zubereiten.

Geschichte der Pflanze
In der Antike stellten die Römer Eisenkrautsträuße auf die Tische ihrer Gäste, um die Unterhaltung zu erleichtern und um Harmonie und Lebensfreude zu schaffen.
Man unterscheidet verschiedene Eisenkrautsorten mit unterschiedlichen Eigenschaften, die nicht verwechselt werden dürfen:
Verbena officinalis, echtes Eisenkraut, ist eine einjährige Pflanze aus Brachland und vom Wegrand, die hauptsächlich für Aufgüsse verwendet wird.
Lippia citriodora: Duftendes Eisenkraut. Es wird fälschlicherweise Citronella genannt. Der Strauch stammt aus Chile.
Andropogon citratus: Indisches Eisenkraut bzw. Lemongrass ist ein ausdauerndes und wildwachsendes Kraut aus tropischen Regionen.
Litsea cubeba: Eine Eisenkrautart, die im wesentlichen in der Parfümherstellung zur Anwendung kommt.
Cymbopogon nardus, Andropogon nardus: Citronella. Dieses Kraut gehört zu einer anderen Familie, riecht ziemlich unangenehm und wird vor allem für sanitäre Desinfektionsmittel und als Insektenvernichtungsmittel benutzt.
Die *Verbena officinalis* wird vor allem für Aufgüsse, seltener als ätherisches Öl verwendet. Die Pflanze enthält den sehr interessanten Wirkstoff Verbenin.
Die *Lippia citriodora* ergibt ein ätherisches Öl, das nach Zitrone riecht. Wenn wir diesen Duft einatmen, sagen wir gewöhnlich: »So riecht Citronella.« Tatsächlich ist es aber Eisenkraut.
Wir haben festgestellt, daß ätherisches Eisenkrautöl, im Raum zerstäubt, im Gegensatz zu allen anderen ätherischen Ölen, die je nach Geschmack gefallen oder nicht, als einziges von allen gemocht wird. Uns ist nach zehn Jahren Versuchen dieser Art an vier verschiedenen Orten mit hundert Personen pro Tag nur eine einzige Person begegnet, welcher der Eisenkrautgeruch nicht gefiel! Und

der Grund: Sie war mit Eisenkraut großgeworden und hatte »genug davon«.
Eine der von mir entwickelten Mischungen für Aromazerstäuber besteht aus drei Eisenkrautarten. Ich habe sie »Glücksöl« genannt (l'huile du bonheur). Warum nicht Harmonie und Glück fördern?

Die meisten Bauern haben soviel Vertrauen in diese Pflanze, daß sie überzeugt sind, sie könnte sie vor der Pest retten.

Dr. Louis Emery:
Traktat über Nahrungsmittel, 1702

Estragon

Artemisia dracunculus, Korbblütler

DAS ÄTHERISCHE ÖL GEGEN SCHLUCKAUF

Eigenschaften
- Krampflösend.
- Verdauungsfördernd und allgemein anregend.

Anwendungsgebiete
- Schluckauf.
- Neurovegetative Dystonie.

Anwendungsweise
Innerliche Anwendung
- 1 Tropfen nach den Mahlzeiten zwei- bis dreimal täglich auf die Hand, auf einen Löffel Honig oder in ein Glas mit warmem Wasser.
  Ätherisches Estagonöl wird allein verwendet. Es gibt wenig gute Verbindungen.

Äußerliche Anwendung
- Nach den Mahlzeiten den Unterleib mit ein paar Tropfen Estragon im Uhrzeigersinn einreiben. Fördert die Verdauung.

Zusammenwirken mit anderen ätherischen Ölen
Keine Synergien mit ätherischem Estragonöl.

Zu beachten
Bei Schluckauf 1 Tropfen unter die Zunge. Träufeln Sie dazu 1 Tropfen auf den Handrücken und lecken Sie ihn mit der Zunge auf.

Reiben Sie danach den Solarplexus mit 3 bis 5 Tropfen ein. Das Ergebnis stellt sich unverzüglich ein.

Küchenrezept

1 bis 3 Tropfen ätherisches Estragonöl kurz vor dem Servieren aromatisieren bestimmte Fleischarten oder Salate.

Verwendung des Estragon-Hydrolats

Wird zur Aromatisierung von Gemüsesäften, Suppen und Salatsoßen verwendet.

Geschichte der Pflanze

Estragon als Gemüsepflanze aus der Gattung Artemisia ersetzt sehr gut Salz und Pfeffer, wenn man diese gerade nicht hat! Es ist ein bemerkenswerter Würzstoff, dessen ätherisches Öl durch Destillation der frischen Pflanze (Blätter) gewonnen wird. Die Ausbeute ist sehr gering. Sie enthält viel Estragol (65%) und Terpene (20%). Die arabischen Ärzte verwendeten es bereits im Jahre 1000!

Eukalyptus

Eucalyptus Globulus, Myrtengewächs

DAS ÄTHERISCHE ÖL FÜR PROBLEME DER ATEMWEGE

Eigenschaften

- Allgemein antiseptisch bei Zerstäubung:
  für die Luftwege,
  für die Harnwege.
- Blutzuckersenkend (Dr. Valnet).

Anwendungsgebiete

- Erkrankungen der Atemwege (Bronchitis, Grippe, Asthma …). Beruhigt Husten und ist auswurffördernd.
- Infektionen der Harnwege.
- Malaria, Typhus, Masern, Scharlach, Cholera (Dr. Valnet).

Anwendungsweise

Innerliche Anwendung

- 1 Tropfen Eukalyptus auf die Hand, auf einen Löffel Honig oder in ein Glas mit warmem Wasser zwei- bis dreimal täglich. Um Winterkrankheiten und Problemen der Atemwege vorzubeugen, zwei bis drei Wochen lang am Ende des Herbstes Eukalyptus allein oder eine Mischung auf der Grundlage von Eukalyptus einnehmen. Während einer Krankheit ebenso verfahren.

Äußerliche Anwendung

- Im Zerstäuber.
- Einreibung am Morgen: Brustkorb, Rücken, Solarplexus und Nacken mit 10 bis 20 Tropfen ätherischem Eukalyptusöl oder einer Mischung (siehe »Zusammenwirken mit anderen ätherischen Ölen«) bzw. mit der Mischung RES einreiben.

- Inhalationen: 10 Tropfen ätherisches Eukalyptusöl in eine Schale mit warmem Wasser oder in einen Inhalationsapparat. Man kann wahlweise eine Mischung verwenden. Drei bis sieben Minuten lang zweimal täglich inhalieren.

Zusammenwirken mit anderen ätherischen Ölen

- Entzündung der Luftröhre: Eukalyptus + Kiefer.
- Sinusitis: Eukalyptus + Lavendel + Kamille.
- Asthma: Eukalyptus + Ysop morgens um 10 Uhr, um 16 Uhr und zum Schlafengehen.
- Bronchitis: Eukalyptus + Niaouli + Cajeput morgens und abends. Mischung jeweils zu gleichen Teilen.
  Zu beachten: Diese Mischungen können innerlich, für Einreibungen, für Inhalationen und im Zerstäuber verwendet werden. Auf jeden Fall erzielt man die besten Ergebnisse, wenn man drei oder vier Anwendungsweisen zur selben Zeit vornimmt.
- Rezept für die Inhalation: 2 Tropfen Eukalyptus, 2 Tropfen Kiefer, 1 Tropfen Thymian, 5 Tropfen Lavendel drei bis sieben Minuten zweimal täglich inhalieren.
- Rezept für den Zerstäuber:
  speziell für die Atemwege von Kindern: Eukalyptus, Kiefer, Thymian, Rosmarin, Cajeput, Lavendel;
  speziell für die Atemwege von Erwachsenen: Eukalyptus, Cajeput, Eisenkraut, Minze, Nelke, Bohnenkraut;
  stärkend: Rosmarin, Kiefer, Eukalyptus, Wacholder, Nelke, Bohnenkraut.
- Grog gegen Grippe: Origano – Thymian – Zimt – Nelke – Geranie – Ingwer (nach Wahl). 1 Tropfen von jedem + 1 guten Löffel Honig in eine Schale mit sehr warmem Wasser. Probieren Sie's! Sie können davon ohne weiteres täglich zwei oder drei trinken.

Fertigprodukte

Mischungen Respiratoire und Balsamique für Zerstäuber.
Einreibung RES für die Luftwege.

Verwendung des Eukalyptus-Hydrolats

Das Eukalyptus-Hydrolat wird mit zwei Eßlöffeln pro anderthalb Liter Wasser verdünnt und ist bei Diabetes im Tagesverlauf zu trinken. Abwechselnd mit Wacholder-Hydrolat als tägliches Getränk verwenden.
Das Eukalyptus-Hydrolat – 1 Teelöffel pro Tasse – löst Probleme der Atemwege bei Kindern und Säuglingen, bei denen man keine ätherischen Öle verwenden kann.

Geschichte der Pflanze

Den aus Australien stammenden Eukalyptus findet man im gesamten Mittelmeerraum mit mehr als 190 bekannten Arten, von denen 15 für medizinische Zwecke verwendbar sind. Man verbrannte Eukalyptusblätter zum Desinfizieren bestimmter Orte und zur Vorbeugung gegen Epidemien.
Das ätherische Eukalyptusöl wird durch Wasserdampfdestillation der Blätter gewonnen. Es enthält sehr viel Eucalyptol (80 bis 85%). Eukalyptusöl verwendet man oft in Verbindung mit anderen Ölen, vor allem für Einreibungen, Inhalationen und Zerstäubungen.

Geranie

Pelargonium odorantissimum, roseum, graveolens, fragrans, capitatum,
Storchschnabelgewächs

DAS ÄTHERISCHE ÖL FÜR SÜSSMÄULER

Eigenschaften
- Fördert die Assimilation von Zucker und Stärke.
- Spannkrafterhöhend.
- Wundheilend.
- Vertreibt Stechmücken.

Anwendungsgebiete
- Zum Schlankmachen (siehe »Zusammenwirken mit anderen ätherischen Ölen« und *Wacholder*).
- Diabetes (+ Aufguß Robertskraut).
- Allgemeine Erschöpfung.
- Wunden, Verbrennungen, Schrammen und Hautkrankheiten: Gürtelrose, Ekzem und Schuppenflechte.

Anwendungsweise
Innerliche Anwendung
- 1 bis 3 Tropfen ätherisches Geranienöl auf einen Löffel Honig oder in ein Glas mit warmem Wasser zwei- bis dreimal täglich.

Äußerliche Anwendung
- Morgens Einreibung von Solarplexus, Nacken und Wirbelsäule mit 10 bis 20 Tropfen Geranie oder einer Mischung auf der Grundlage von Geranie.
- Zerstäubung in Verbindung mit Eisenkraut oder Lavendel.

Zusammenwirken mit anderen ätherischen Ölen

Innerliche Anwendung

- Schlankmachend: Zitrone, Wacholder, Geranie, 1 Tropfen von jedem am Morgen und um 16 Uhr (siehe vollständiges Rezept unter *Wacholder*).
- Antinikotin: Geranie, Sassafras, Lavendel, Salbei, Majoran – 1 Tropfen von jedem dreimal täglich bei dreiwöchiger Kur, bekämpft und vernichtet teilweise die Auswirkungen von Nikotin, befreit vom physiologischen Bedürfnis nach Tabak (siehe *Sassafras*).
- Erfrischungsgetränke:
  Zeder, Geranie.
  Zitrone, Geranie.
  1 Tropfen von jedem auf einen Löffel Honig in ein großes Glas mit warmem oder kaltem Wasser.

Äußerliche Anwendung

- Zerstäubung:
  Wohlriechend: Geranie + Rosenholz.
  Beruhigend: Geranie + Lavendel + Majoran.
  Desinfizierend: Geranie + Eukalyptus + Thymian.
  Spannkrafterhöhend: Geranie +Rosmarin + Bohnenkraut.
- Aromatische Bäder: Geranie, Rosenholz. 3 Tropfen von jedem vor der Auflösung im Badewasser gründlich mit Milch- oder Algenpulver mischen.
- Öl für den Körper und gegen Hautkrankheiten (Gürtelrose, Ekzem, Schuppenflechte, Schrammen): Zu 100 ml Weizenkeimöl 15 ml ätherisches Geranienöl, 5 ml Rosenholz und 1/2 ml Rose geben. Morgens und abends für die Körpermassage oder nach dem Bad zu verwenden (= ABO Confort). Angenehm, wohlriechend und regenerierend.
- Parfüm: Geranie 15 ml + Zeder 15 ml 70prozentigem Alkohol zusetzen.
- Mischungen für Gesichtsdampfbäder:
  Normale Haut: Geranie, Lavendel – 5 Tropfen von jedem.
  Trockene Haut: Geranie, Lavendel, Rosenholz – 5 Tropfen von jedem.

- Mischung gegen Läuse: Geranie 10 ml, Lavendel 10 ml, Salbei 10 ml, Thuja 5 ml, sieben Tage lang 20 bis 30 Tropfen jeden Abend. Danach drei Wochen lang einmal pro Woche.
- Scheidenwaschung und Vaginalinjektion: Zu Birnenwasser 5 Tropfen ätherisches Lavendelöl, 2 Tropfen Geranie und für die Waschungen wahlweise einen Teelöffel Olivenöl zusetzen.

Fertigprodukte

Tégarome*, Spezialmischung für Aromazerstäuber, Ambiance Antitabac, Einreibungen MIN (Ausscheidung) und VIT (Vitalität).

Geschichte der Pflanze

Man zählt etwa sechshundert Geranienarten; zwanzig Gattungen und fünf bis sechs *Pelargonium*-Arten werden in der Therapie verwendet.

Die aus dem südlichen Afrika kommende Geranie wird auf Madagaskar, in Guinea und in Algerien angebaut. Die Insel Réunion war lange Zeit erster Weltproduzent für Geranienöl, vor allem für die Geranie Bourbon.

Das ätherische Öl wird durch Wasserdampfdestillation der fünf bis sechs *Pelargonium*-Arten gewonnen. Die milden und sanften bzw. die stärkeren und berauschenderen Düfte bestimmter Geranienarten gehören zu den in Parfümherstellung und Kosmetik am häufigsten verwendeten Ölen. Die Geranie Rosat duftet ähnlich wie die Rose. Die Geranie Bourbon wird in der Therapie bevorzugt.

Das Robertskraut wird nicht destilliert. Es findet Verwendung für Aufgüsse und besitzt wohlbekannte antidiabetische Eigenschaften.

* Französisches Hygieneprodukt (Mischung aus Lavendel-, Thymian-, Salbei-, Eukalyptus-, Rosmarin-, Zypressen-, Myrtenheide- und Geranien-Essenzen) – d. Ü.

Ingwer

Zingiber officinale, Ingwergewächs

Eigenschaften

- Anregend, spannkrafterhöhend, aphrodisisch.
- Appetitanregend, blähungsverhindernd, magenstärkend, verdauungsfördernd.
- Antiseptisch.

Anwendungsgebiete

- Erschöpfung und Impotenz.
- Verdauungsstörungen.
- Vorbeugung bei ansteckenden Krankheiten.

Anwendungsweise

Innerliche Anwendung

Ätherisches Ingweröl wird sehr schwer aufgenommen, da es stark und unangenehm riecht und schmeckt. Nur 1 Tropfen zwei- bis dreimal täglich außerhalb der Mahlzeiten auf einen Löffel Honig oder in ein Glas mit warmem Wasser.

Äußerliche Anwendung

Ingwer gehört zu zahlreichen aphrodisischen Mischungen. Keine Einreibung mit unverdünntem Ingwer vornehmen!

Zusammenwirken mit anderen ätherischen Ölen

Innerliche Anwendung

Aphrodisischer Cocktail: Ingwer, Geranie, Zitrone, 1 Tropfen von jedem auf einen Löffel Honig oder in ein Glas mit warmem oder kaltem Wasser. Wahlweise ein wenig Sirup aus roten Früchten zusetzen.

Zahlreiche Getränke enthalten Ingwer: Ginger ale, Ginger brandy, Ginger beer etc.

Äußerliche Anwendung

Aphrodisische Einreibung zur Erhöhung der Spannkraft: Rosmarin, Bohnenkraut, Zimt, Ingwer, Nelke, 50 Tropfen von jedem in 100 ml Weizenkeimöl. Morgens und abends Einreibung des Solarplexus, des Nackens und der Wirbelsäule.

Geschichte der Pflanze

Ingwer stammt aus Indien und China, gehört zu den begehrtesten Gewürzen und Drogen und wird seit alters auf den Philippinen angebaut.

Ätherisches Ingweröl wird durch Wasserdampfdestillation der Wurzeln gewonnen.

Ingwer und Ginseng dürfen nicht miteinander verwechselt werden, obwohl die Namen ähnlich klingen und sie dieselbe Haupteigenschaft haben: Sie wirken aphrodisisch. Ginseng wird nicht destilliert. Man verwendet das Pulver, die Wurzeln oder die Auszüge als Lösung.

Eine Geschichte aus der Tierheilkunde: Ingwer in Form von Pulver wird den Pferden in den Hintern geblasen, damit sie den Schweif hochhalten – ein Zeichen von Kraft und Rasse (Dr. Leclerc).

Eine Geschichte aus Afrika: Im Senegal machen sich Frauen Gürtel aus Ingwerknollen. Es heißt, das würde die eingeschlafenen Gefühle ihrer Gatten wiedererwecken (Capous und Bois).

Kamille

Römische Kamille, *Anthemis nobilis,* Kamille blau, *Matricaria discoidea* oder *Matricaria chamomilla,* Korbblütler

DAS ÄTHERISCHE ÖL GEGEN SINUSITIS

Eigenschaften

- Krampflösend und spannkrafterhöhend.
- Beruhigendes und linderndes menstruationsförderndes Mittel.

Anwendungsgebiete

- Sinusitis und chronische Sinusitis.
- Migräne, Gesichtsneuralgien, Kopfschmerzen, Schwindelanfälle.
- Nervlich bedingte Dysmenorrhoe (schmerzhafte Regelblutung) und Amenorrhoe (Ausbleiben der Regel).
- Reizbarkeit.
- Wechselfieber und Fieber nervösen Ursprungs.

Anwendungsweise

Innerliche Anwendung

- 1 Tropfen Kamille von der Hand lecken, auf einen Löffel Honig geben oder in ein Glas mit warmem Wasser, dreimal täglich.

Äußerliche Anwendung

- Einreibungen: mit 10 bis 15 Tropfen ätherischem Öl oder Öl einer Mischung auf Kamillengrundlage Solarplexus, Nacken und Wirbelsäule ein- bis zweimal täglich einreiben oder die Einreibung HAR verwenden.
- Applikationen: siehe »Zusammenwirken mit anderen ätherischen Ölen«.
- Zerstäubung: siehe »Zusammenwirken mit anderen ätherischen Ölen«.

Zusammenwirken mit anderen ätherischen Ölen

Innerliche Anwendung

Ätherisches Kamillenöl wird im allgemeinen allein verwendet. Bei innerlicher Anwendung werden andere Öle zu unterschiedlichen Zeiten benutzt.

Äußerliche Anwendung

- Schmerzhaftes Zahnen bei Kindern: 1 Tropfen Kamille auf den Finger und sanftes Massieren der Zähne und des Zahnfleisches (1 Tropfen Lavendel jedes zweite Mal hinzugeben).
- Migräne, hartnäckige Kopfschmerzen, Schwindelanfälle: Massieren der Schläfen mit ein paar Tropfen Kamille und Majoran oder Kamille und Minze (5 Tropfen von jedem).
- Sinusitis: Kamille + Lavendel zu gleichen Teilen dreimal hintereinander oberhalb und unterhalb der Augen entlang der Meridiane in Richtung der Schläfen, ausgehend von der Nasenwurzel, auftragen. Die Augen nicht mit einbeziehen! Mit dieser Methode wird der Schmerz sofort gelindert. Geben Sie außerdem um 10 Uhr und um 16 Uhr Lavendel und Kamille hinzu, und zwar 1 Tropfen von jedem auf 1 Löffel Honig oder in ein Glas mit warmem Wasser.
- Bei Allergien Zerstäubung von Kamille, Zeder, Rosenholz zu gleichen Teilen. Diese Mischung während der ganzen Nacht oder zwei bis drei Stunden täglich einatmen. Sie soll außerdem Kreativität, Ideen, Malerei, Musik fördern … Das ist die Harmonie-Mischung schlechthin! Jawohl!
- Beruhigende Bäder bei Neuralgien: Kamille 3 Tropfen, Lavendel 3 Tropfen.

Zu beachten

Ätherisches Kamillenöl soll desensibilisierend und antiallergisch wirken.

Fertigprodukte

Einreibung HAR (Entspannung, Meditation), Einreibung 107 (Haut), Massageöl DES, Mischung Harmonie für den Zerstäuber.

Symbolisch stehen die Kamille und ihr Öl im Verhältnis zur Sonne. Durch die von mir vor mehr als zehn Jahren entwickelte Einreibung

HAR öffnen sich die Chakren leichter; körperliche, geistige und spirituelle Energien kommen wieder ins Gleichgewicht. Regelmäßig morgens und abends anwenden.

Verwendung des Kamillen-Hydrolats

Ein ideales Getränk für Kinder (1/2 Teelöffel pro Wasserglas um 17 Uhr und zum Schlafengehen, 1 Teelöffel für Erwachsene): entspannt, verschafft Erholung und fördert einen ungestörten Schlaf.

- Kamillen- und Orangen-Hydrolat können ein entspannendes Abendgetränk für Kleinkinder ergänzen (5 Tropfen von jedem in die Flasche).
- Kamillen-Hydrolat ist auch ein ausgezeichnetes Mittel, um blonde Haare nach der Haarwäsche zu spülen (1 Eßlöffel ins Wasser).

Geschichte der Pflanze

Nur die römische Kamille und die Kamille blau sind Heilpflanzen. Es gibt noch andere Arten.

Die römische Kamille wird vor allem im Department Maine-et-Loire angebaut.

Das ätherische Öl der Kamille blau ist stark bläulich, schmeckt sehr scharf-bitter und enthält Azulen.

Kamille wird seit der Antike verwendet! Galen sagt, die Weisen Ägyptens hätten sie wegen ihrer Wirksamkeit gegen Fieber der Sonne geweiht!

Das in der Kamille blau enthaltene Azulen hemmt die Vermehrung von Bakterien und wirkt bei einer Verdünnung von 1 zu 2000 gegen den Staphylococcus aureus, den Staphylococcus haemolyticus und den Proteus vulgaris (Dr. Valnet).

Im allgemeinen wird das ätherische Öl der römischen Kamille für innerliche Behandlungen und die Kamille blau für Zerstäubung verwendet.

Kiefer

Pinus siberica und *Pinus silvestris*, Kieferngewächs

DAS ÄTHERISCHE ÖL GEGEN HUSTEN

Eigenschaften
- Kräftiges Antiseptikum der Atemwege, der Harnwege und der Leber.
- Regt die Nebennierenrinde an.

Anwendungsgebiete
- Alle Erkrankungen der Atemwege (Erkältung, Luftröhrenentzündung, Lungenentzündung, Asthma, Tuberkulose) und Grippe.
- Blasenentzündung, Entzündung der Prostata, Gallenblasenentzündung und Infektionen des Harntrakts.

Anwendungsweise
Innerliche Anwendung
- 1 bis 3 Tropfen Kiefer von der Hand lecken, auf einen Löffel Honig oder in ein Glas mit warmem Wasser geben, dreimal täglich.

Äußerliche Anwendung
- Einreibung: mit 20 Tropfen Kiefer morgens und abends Brust und Rücken einreiben. Nicht vergessen, auch zwei- bis dreimal täglich den Hals einzureiben.
- Zerstäubung: Kiefer reinigt und regeneriert die Luft, die Sie atmen. Halten Sie Ihren elektrischen Zerstäuber die ganze Nacht oder wenigstens drei Stunden am Tage eingeschaltet.
- Inhalation: 5 Tropfen Kiefer in eine Schale mit warmem Wasser. Drei bis fünf Minuten lang inhalieren.

Zusammenwirken mit anderen ätherischen Ölen

Innerliche Anwendung

Grog gegen Husten: Kiefer, Eukalyptus, Orange, 1 Tropfen von jedem auf einen Löffel Honig, sehr warmes Wasser und Zitronensaft. Je nach Bedarf zwei- bis dreimal täglich davon trinken.

Äußerliche Anwendung

- Luftröhrenentzündung: Kiefer + Eukalyptus zu gleichen Teilen.
- Husten: Kiefer + Eukalyptus + Origano + Lavendel zu gleichen Teilen für mehrmalige Einreibungen am Tage.
- Rezept gegen Läusebefall und Krätze (Dr. Valnet): Zimt + Thymian + Rosmarin + Kiefer. 2,5 ml Essenz von jedem Öl in 90 g Soda-Sulforicinat (30%).
- Schorf: Lavendel 15 ml, Kiefer 5 ml, Eukalyptus 5 ml, Salbei 5 ml. Ein paar Tropfen dieser Mischung zweimal täglich.

Fertigprodukte

Mischungen Respiratoire, Balsamique und Tonique für Zerstäuber. Einreibungen RES (atmungsfördernd), RHU (gegen Schmerzen), VIT (Vitalität).

Verwendung des Kiefern-Hydrolats

Kiefern-Hydrolat findet man in Mischungen beruhigender Getränke (Hydrolat von Lavendel + Kiefer + Thymian).

Speziell für Kinder im Winter.

Beachten Sie bitte, daß sich in den Flaschen mit Kiefern-Hydrolat sehr schnell ein schwarzer Bodensatz bildet. Es reicht, vor der Anwendung zu filtern.

Man verwendet bei Kiefern-Hydrolat zwei Eßlöffel pro anderthalb Liter Wasser allein oder in Verbindung mit Lavendel und Thymian. Honig benutzt man wahlweise.

Mit Fenchel-Hydrolat bei Blasenentzündung: 1 Teelöffel pro Glas Wasser drei- bis viermal täglich lindert rasch den Schmerz. Außerdem sollte man noch ätherisches Kiefernöl, innerlich angewendet, und ätherisches Lavendelöl, äußerlich angewendet, hinzufügen.

Geschichte der Pflanze

Die dem Hippokrates so teuren Kiefern und Tannen haben etwa einhundertundfünfzig Arten, aus denen man ätherische Öle gewinnt. Das ätherische Öl für medizinische Zwecke wird durch Wasserdampfdestillation der Kiefern- und Tannennadeln und -zapfen gewonnen. Es gibt auch eine Trockendestillation des an Harzen reichen Stammholzes. Für die von uns besprochenen Zwecke wird vorwiegend die Waldkiefer eingesetzt.

Die Schwarzkiefer aus Österreich und die Strandkiefer (Pinus maritima) sind sehr wertvoll für die Therapie. Die Tanne ebenfalls. Außerdem riecht sie sehr angenehm.

Koriander

Coriandrum sativum, Doldenblütler

DAS ANREGENDE ÄTHERISCHE ÖL

Eigenschaften
- Spannkrafterhöhend, aphrodisisch.
- Blähungswidrig, verdauungsfördernd und magenstärkend wie Kümmel und Anis.
- Regt das Erinnerungsvermögen an.

Anwendungsgebiete
- Schwächezustände von Körper, Nerven und Drüsen.
- Alle Verdauungsstörungen (langsame und erschwerte Verdauung, Luftschlucken, Blähungen, Krämpfe).

Anwendungsweise

Innerliche Anwendung
- 1 Tropfen Koriander auf die Hand, auf einen Löffel Honig oder in ein Glas mit warmem Wasser, dreimal täglich.
  Zur Förderung der Verdauung nach den Mahlzeiten.
  Zur Anregung außerhalb der Mahlzeiten.

Äußerliche Anwendung
- Einreibungen (siehe »Zusammenwirken mit anderen ätherischen Ölen«).
- Zerstäubung (siehe »Zusammenwirken mit anderen ätherischen Ölen«).

Zusammenwirken mit anderen ätherischen Ölen

Innerliche Anwendung
- Zur Förderung der Verdauung ist die Mischung Koriander +

Kümmel + Mutterkümmel + Muskatnuß zu bevorzugen (siehe *Kümmel*).

Äußerliche Anwendung

- Aphrodisisches Stärkungsmittel (siehe *Zimt*): morgens und abends Solarplexus, Nacken und Wirbelsäule einreiben.
- Zur Förderung der Verdauung (Dosierungen siehe *Kümmel*): Einreibungen des Unterleibs nach den Mahlzeiten.
- Belebende und dynamisierende Mischung: Rosmarin, Wacholder, Kiefer, Eisenkraut, Eukalyptus, Koriander zur Zerstäubung in den von Ihnen ausgewählten Anteilen.
- Stärkende und aphrodisische Mischung: Ylang-Ylang, Nelke, Koriander, Wacholder, Zeder, Muskatnuß zur Zerstäubung in den von Ihnen gewählten Anteilen.

Fertigprodukte

Mischungen Tonique und Hammam für den Zerstäuber. Einreibungen DIG (zur Förderung der Verdauung), VIT (Vitalität), APH (Belebung der Drüsen).

Geschichte der Pflanze

Das alte Ägypten der Ramses-Dynastie verwendete Korianderkörner zur Aromatisierung von Getreidekuchen.

Der in Mitteleuropa und in der ehemaligen UdSSR angebaute Koriander kam im 18. Jahrhundert nach Europa. Ätherisches Korianderöl gewinnt man durch Dampfdestillation der zu Pulver zerstoßenen Früchte, die fälschlicherweise Samen genannt werden. Die Ausbeute beträgt 1%. Das Öl enthält sehr viel Citralol (90%) und Geraniol. In hohen Dosierungen regen ätherisches Korianderöl und vor allem die frische Korianderpflanze wie Alkohol an und verursachen anschließend Depressionen. In schwachen Dosierungen ist es ein sehr anregendes und in Euphorie versetzendes Stärkungsmittel (für traurige Tage mit fortwährenden Ermüdungserscheinungen). Ätherisches Korianderöl wird oft für Parfüms mit maskuliner Note verwendet.

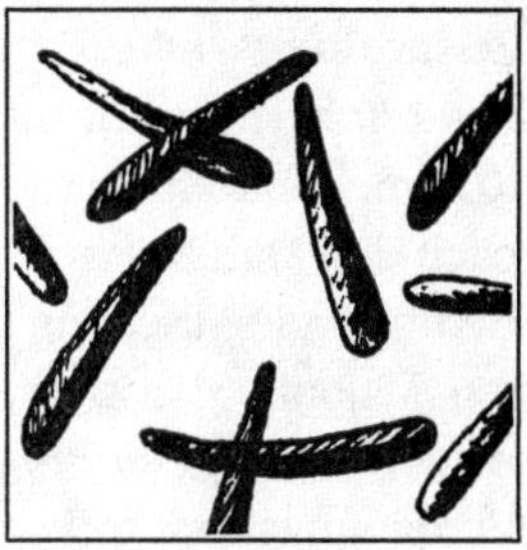

Kümmel

Carum carvi, Doldenblütler

DAS ÄTHERISCHE WUNDERÖL GEGEN DAS LUFTSCHLUCKEN

Eigenschaften

- Führt dem Darm Sauerstoff zu.
- Magenstärkend, appetitanregend, blähungswidrig, verdauungsfördernd.
- Parasitenbekämpfend.

Anwendungsgebiete

- Luftschlucken.
- Alle emotionalen und funktionalen (vor allem nervösen) Verdauungsstörungen.

Anwendungsweise

Innerliche Anwendung

- 1 bis 2 Tropfen Kümmel von der Hand lecken, auf einen Löffel Honig oder in ein Glas mit warmem Wasser geben, nach den Mahlzeiten bei einer dreiwöchigen Kur dreimal täglich. Danach nur, wenn Sie sich »aufgebläht« fühlen.

Äußerliche Anwendung

- 5 bis 10 Tropfen Kümmel zum Einreiben von Magen und Unterleib im Uhrzeigersinn bei dreiwöchigen Kuren. Danach erfolgt die Einreibung in Kombination mit der Einnahme nur dann, wenn Sie sich wieder aufgebläht fühlen, Luft schlucken, zu langsam oder zu schwer verdauen.

Zusammenwirken mit anderen ätherischen Ölen

Innerliche Anwendung

Kümmel und Muskatnuß zu gleichen Teilen: 1 Tropfen von jedem nach den Mahlzeiten wirkt besser als Kümmel allein.

Beruhigende Mischung bei Dickdarmentzündung: Lavendel 10 Tropfen, Majoran 5 Tropfen, Kümmel 10 Tropfen, Kamille 2 Tropfen.

Äußerliche Anwendung

Verdauungsfördernde Mischung: Kümmel 45 ml, Muskatnuß 30 ml, Koriander 20 ml, Mutterkümmel 5 ml ergeben eine verdauungsfördernde Einreibung. Bei Einreibungen nach den Mahlzeiten ist diese Mischung dem allein benutzten ätherischen Kümmelöl vorzuziehen.

Zu beachten

Die Einnahme von 1 bis 2 Tropfen nach jeder Mahlzeit zusammen mit der Einreibung nach der Mahlzeit im Verlaufe von drei Wochen sind notwendig, um das Darmmilieu zu regulieren. Einnahme und Einreibung wirken schon in der nachfolgenden halben Stunde entlastend.

Anwendung in der Tierheilkunde: zwei bis drei Applikationen täglich bei Hunden, wenn sie die Krätze haben.

Fertigprodukte

Verdauungsfördernde Einreibung DIG.

Küchenrezept

Bei allen schwerverdaulichen Gerichten, Sauerkraut, Kuskus und Ragouts fügt man 4 Tropfen ätherisches Kümmelöl beim Kochen und dann 1 Tropfen vor dem Servieren einem Gericht für sechs Personen hinzu.

Geschichte der Pflanze

Kümmel, auch Gartenkümmel genannt, wird in Skandinavien, Holland und Deutschland angebaut.

Die Kümmelkörner (und -samen) gehören zu zahlreichen Lebensmittelpräparaten und besonders zur Mischung der »heißen Samen«, Anis, Fenchel und Mutterkümmel.

Das ätherische Öl gewinnt man durch Wasserdampfdestillation der (Samen genannten) zu Pulver zerstoßenen Früchte.
Information: Nach zehn Jahren Praxis und einer erstaunlichen Statistik von 100% positiven Ergebnissen bezeichne ich den Kümmel als das ätherische Wunderöl gegen das Luftschlucken!

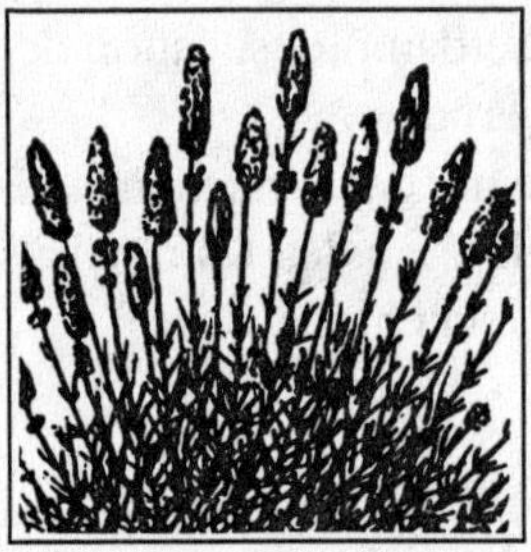

Lavendel

Lavandula officinalis, Lippenblütler

DAS ÄTHERISCHE ÖL GEGEN KLEINE WEHWEHCHEN UND ZUR ENTSPANNUNG

Eigenschaften

- Reguliert das Nervensystem.
- Beruhigt Gehirn- und Rückenmarkszentren.
- Krampflösend.
- Allgemein und für die Lunge antiseptisch.
- Stärkt das Herz und beruhigt die Herznerven.
- Wundheilend bei äußerlicher Anwendung.
- Beseitigt Schorf.

Anwendungsgebiete

- Schlaflosigkeit und Schlafstörungen, Krämpfe, Reizbarkeit.
- Beklemmungen, depressive Zustände, nervlich bedingte Migräne.
- Erkrankungen der Atemwege.
- Wunden aller Art, Verbrennungen, Insektenstiche, kleine Wehwehchen, Brennen nach dem Rasieren.
- Hautkrankheiten, Akne, Weißfluß.
- Gesichtsneuralgien und rheumatische Neuralgien.
- Dickdarmentzündungen – in Verbindung mit Kümmel, Majoran und Kamille.

Anwendungsweise

Innerliche Anwendung

- 2 bis 3 Tropfen Lavendel von der Hand lecken, auf einen Löffel Honig oder in ein großes Glas mit warmem Wasser geben, zwei- bis dreimal täglich.

Äußerliche Anwendung
- Einreibungen:
  Für Kinder, die schwer einschlafen: Brust und Rücken einreiben.
  Bei Migräne: Schläfen einreiben.
  Bei Beklemmungen: abends Brust und Rücken einreiben (siehe »Zusammenwirken mit anderen ätherischen Ölen«).
- Zerstäubung: beruhigt und fördert erquickenden Schlaf.
- Bäder: 10 Tropfen ätherisches Lavendelöl in das Badewasser (nur 3 Tropfen für Kinder). Lavendel ist das einzige ätherische Öl, das wir im Bad unverdünnt verwenden können. Für Kinder ist jedoch ein Teelöffel Weizenkeimöl bzw. ein Teelöffel Milchpulver hinzuzugeben.
- Einlauf: 5 bis 10 Tropfen ätherisches Lavendelöl in das lauwarme Wasser der Klistierspritze geben.
- Vaginalinjektionen: 2 bis 5 Tropfen ätherisches Lavendelöl in die Spritze geben (siehe unter *Ysop* für Weißfluß).
- Hautpflege: morgens und abends ein paar Tropfen Lavendel (ätherisches Öl, aber kein Eau de toilette) auf Akne, kleine Pickel, die brennende Haut nach dem Rasieren (ausgezeichnetes Rasierwasser für die Herren) und auf gereizte und abgespannte Haut auftragen.
- Gesichtsdampfbäder: ein paar Tropfen ätherisches Lavendelöl in die Schale mit warmem Wasser.

Zusammenwirken mit anderen ätherischen Ölen

Innerliche Anwendung
- Alle Probleme der Atemwege: Lavendel, Kiefer, Eukalyptus, 1 Tropfen von jedem auf einen Löffel Honig oder in ein Glas mit warmem Wasser drei- bis fünfmal täglich.
- Alle Probleme der Schlaflosigkeit und der nervösen Erschöpfung: Lavendel, Majoran, Basilikum, 1 Tropfen von jedem auf einen Löffel Honig oder in ein Glas mit warmem Wasser um 17 Uhr, um 20 Uhr und zum Schlafengehen.
- Einschlafschwierigkeiten: Lavendel, Orange, 1 Tropfen von jedem auf einen Löffel Honig oder in ein Glas mit warmem Wasser um 17 Uhr, um 20 Uhr und zum Schlafengehen.

Äußerliche Anwendung

- Entspannung: Einreibungen mit Lavendel, Majoran, Rosenholz, Petit Grain, Lemongrass oder Mischung NER.
- Bäder:
  1. Rezept: Lavendel 10 Tropfen, Rosenholz 5 Topfen.
  2. Rezept: Lavendel 10 Tropfen, Majoran 5 Tropfen.
  3. Rezept: Lavendel 10 Tropfen, Orange 10 Tropfen.
- Zerstäubung:

  Lavendel, Majoran, Kiefer, Rosenholz, Eisenkraut ergeben eine ausgezeichnete Mischung für die Entspannung am Tage und um besser schlafen zu können.

  Lavendel, Petit Grain: damit die Kinder schlafen können.

  Lavendel, Majoran, Neroli, Petit Grain: damit die Kleinen und die Großen schlafen können!

Zu beachten

Wir möchten daran erinnern, daß in allen Fällen, wo ätherische Öle bei speziellen Problemen zur Anwendung kommen, die besten Ergebnisse erzielt werden, wenn man sie gleichzeitig einatmet (unter Einsatz von Aromazerstäubern), sich mit ihnen einreibt und sie einnimmt.

Spezielle Anwendungsformen

- Mischung für Sinusitis: Einreibungen um die Augen herum zu den Schläfen hin mit Lavendel und Kamille zu gleichen Teilen zwei- bis dreimal täglich.
- Mischung für Migräne: Einreibungen an den Schläfen, an der Stirn, am Nacken und an der Wirbelsäule mit 15 Topfen Lavendel und 3 Tropfen Minze zwei- bis dreimal täglich.
- Mischungen für Bäder:

  Aphrodisisches Bad: Lavendel 10 Tropfen, Ylang-Ylang 3 Tropfen.

  Angenehm duftendes Bad: Lavendel 5 Tropfen, Geranie 5 Tropfen.

  Behaglichkeitsbad: Lavendel 10 Tropfen, Sandelholz 5 Tropfen.
- Mischungen für die Haut:

  Trockene Haut: Lavendel, Rosenholz, Zeder.

  Fettige Haut: Lavendel, Salbei, Sassafras.

  Gereizte Haut: Lavendel, Geranie.

  Die Wundheilung fördernd: Lavendel, Geranie, Rosmarin.

Diese Mischungen werden bei Gesichtsdampfbädern vor der Gesichtspflege verwendet und außerdem zweimal täglich auf die gereinigte Gesichtshaut aufgetragen.

– Mischung für Eau de toilette: 250 ml 70prozentiger Alkohol, dem Sie 30 ml Lavendelessenz zusetzen.

Zu Ihrer Information

Echtes Eau de lavande: diese Bezeichnung steht für ein feines und hervorragendes Eau de toilette, das einen Prozentsatz von 33% echtem Lavendel aufweist. Bei Eau de lavande bzw. natürlichem Eau de lavande sind es mindestens 25%.
Kölnisch Wasser mit Lavendelparfüm: Diese Bezeichnung kann auf jedes Produkt angewendet werden, und Lavendelessenz ist bei der so benannten Mischung nicht erforderlich.

Fertigprodukte

Tégarome (siehe Seite 152), Einreibungen NER und RES, Mischungen Respiratoire, Décontractante, Bon Sommeil, Orangeraie, Lavandine für den Zerstäuber, Einreibungen NER und RHU. Einreibung Stop-Moustic (gegen Stechmücken), Einreibungen 108 (Füße), 107 (Haut), 106 (Haare).

Denken Sie daran ...

... Ihre Lavendelsäckchen aufzufrischen, indem Sie ihnen vier- bis fünfmal jährlich ein paar Tropfen ätherisches Öl zusetzen.
... der Möbelpolitur, den Scheuertüchern und den Schwämmen ätherisches Lavendelöl zuzusetzen, damit es im Haus schön duftet.

Verwendung des Lavendel-Hydrolats

Wird hauptsächlich als Gesichts- und Haarwasser verwendet, es reinigt und beruhigt. Es ist dies auch die ideale Einreibung für Neugeborene und Säuglinge (nach dem Baden), denn es besänftigt und entspannt.
Man benutzt es noch abends in einem Gesundheitsgetränk (Hydrolat Lavendel + Orange oder Lavendel + Kamille) zur Beruhigung ... der Kleinen und der Großen.

Hydrolat Lavendel, Salbei und Zeder zur Reinigung bei Akne und Narben.
Hydrolat Lavendel, Salbei, Zeder, Thymian: Haarwasser für alle Haare (revitalisierend).
Hydrolat Lavendel, Kamille, wilder Rosenstrauch, Rosmarin und Salbei: ideales Gesichtstonikum für alle.

Geschichte der Pflanze

Die Lavendel-Blüte ruft die Sonne der Provence herbei.

Der Lavendel aus der Provence und überhaupt aus Frankreich ist ja der gefragteste, obwohl er in allen warmen Regionen des Mittelmeerraums, vor allem in Italien und Spanien, wächst und über dreihundert verschiedene Arten aufzuweisen hat.
Lavendel wächst in 900 bis 1600 Meter Höhe und hat eine dünne, kleine blaue Blüte. Lavandin wächst in 300 bis 1200 Meter Höhe und hat viel dichtere Blüten, die dunkelblau sind. Wir unterscheiden mehrere Sorten Lavendel und Lavandin: Medizinischer Lavendel und Echter oder Holländischer Lavendel (*Lavandula officinalis* und *Lavandula vera*); Spiklavendel (*Lavandula spice, stoechas*); Lavandin.
In der Therapie wirken die Lavandinarten wie Lavendelarten und werden auch wie diese verwendet.
Bei der Einnahme sollte man jedoch lieber Lavendel verwenden, da er weniger Kampfer enthält.
Das ätherische Öl wird durch Wasserdampfdestillation der Pflanze gewonnen, die sowohl wegen ihrer vielseitigen Wirkungen als auch wegen ihres sehr wohltuenden und angenehmen Geruchs beliebt ist. Ein weiterer Lippenblütler (wie Rosmarin und Salbei) auf dem Gebiet der Aromatherapie, der weiß, was er wert ist. Angesichts seiner zahlreichen und unterschiedlichen Wirkungen könnte Lavendel als das ätherische Öl schlechthin betrachtet werden!

Lemongrass

Cymbopogon citratus oder
Cymbopogon flexuosus, Süßgras

Eigenschaften

- Stoppt die Entwicklung von Tumoren.
- Mittel der »indischen Pharmazie« gegen ansteckende Krankheiten, das man in Europa für die innerliche Behandlung wenig verwendet.
- Antiseptisch.
- Kann Nierensteine auflösen.

Anwendungsgebiete

- Ansteckende Krankheiten (Cholera, Tropenfieber).
- Sinusitis, Schnupfen, Grippe.

Anwendungsweise

Innerliche Anwendung

- 1 Tropfen Lemongrass auf einen Löffel Honig oder in ein Glas mit warmem Wasser in Verbindung mit weiteren ätherischen Ölen drei- bis fünfmal täglich.

Äußerliche Anwendung

- Immer zusammen mit anderen ätherischen Ölen. Wird bei Einreibungen niemals allein verwendet.

Zusammenwirken mit anderen ätherischen Ölen

Innerliche Anwendung

- Sinusitis (siehe auch *Kamille*): Lemongrass und Kamille oder Lemongrass und Lavendel zu gleichen Teilen auf die Meridiane um die Augen herum auftragen.
- Sinusitis, Erkältung: Lemongrass, Kamille, Majoran oder Lemongrass, Lavendel, Kiefer, Eukalyptus zu gleichen Teilen. 2 Tropfen

von jedem in ein Inhalationsgerät oder in eine Schale mit warmem Wasser zum Inhalieren.
- Entspannung des Nervensystems: Lavendel 20 ml, Majoran 10 ml, Lemongrass 10 ml zum Einreiben oder für eine entspannende Massage.

Geschichte der Pflanze
Lemongrass stammt aus Indien. Es wächst wild und auch kultiviert in tropischen Regionen – vor allem in Mittelamerika.
Das ätherische Öl wird durch Wasserdampfdestillation der Pflanze gewonnen. Lemongrass darf man nicht mit Citronella (*Cymbopogon nardus*), mit duftendem Eisenkraut (*Lippia citriodora*) und mit echtem Eisenkraut (*Verbena officinalis*) verwechseln.

Majoran

Origanum majorana, Lippenblütler

DAS ÄTHERISCHE ÖL ZUR ERNÄHRUNG DER NERVENZELLE

Eigenschaften

- Vagotonisierend (stellt das Gleichgewicht im vegetativen Nervensystem her, ernährt die Nervenzelle).
- Entspannt und beruhigt: *In hohen Dosen bewirkt ätherisches Majoranöl epileptische Anfälle!* (Cadéac und Meunier)

Anwendungsgebiete

- Angstzustände, Beklemmungen, depressive Zustände.
- Schlaflosigkeit, Migräne, vor allem Verdauungskrämpfe.
- Rheumatische Schwächezustände und Neuralgien.

Anwendungsweise

Innerliche Anwendung

- 1 bis 2 Tropfen auf die Hand zum Ablecken, auf einen Löffel Honig oder in ein Glas mit warmem Wasser morgens und abends außerhalb der Mahlzeiten drei Wochen lang.

Äußerliche Anwendung

- Brust, Solarplexus, Nacken und Wirbelsäule mit 10 bis 20 Tropfen Majoran einreiben.
- Bei Migräne und Krämpfen: mit 10 bis 20 Tropfen Majoran den schmerzenden Bereich und den Solarplexus massieren.
- Bad: 5 Tropfen Majoran in Milch- oder Algenpulver verdünnt. Ausgezeichnetes Bad in allen Fällen von Erschöpfung des Nervensystems.

Zusammenwirken mit anderen ätherischen Ölen

Innerliche Anwendung

Schwächezustände, Depressionen, Schlafstörungen, Beklemmungen: Basilikum und Majoran, 1 Tropfen von jedem auf einen Löffel Honig oder in ein Glas mit warmem Wasser dreimal täglich.

Äußerliche Anwendung

- Schwächezustände, Depressionen, Schlaflosigkeit, Beklemmungen: Basilikum und Majoran bei Einreibungen mit 20 Tropfen Mischung zweimal täglich.
- Ideale Einreibung für den Abend: NER Lavendel – Majoran – Rosenholz – Petit Grain – Lemongrass. Ermöglicht erquickenden Schlaf und entspannt den Geist.
- Entspannendes Bad: Lavendel 10 Tropfen, Majoran 5 Tropfen, in Milch- oder Algenpulver zu mischen.
- Mischungen für Zerstäuber:
  Guter Schlaf: Lavendel, Majoran, Kiefer, Eisenkraut, Rosenholz.
  Guter Schlaf: Lavendel, Petit Grain, Neroli, Majoran.
  Erfrischend: Lavendel, Majoran, Kiefer, Eisenkraut, Rosenholz, Minze.

Fertigprodukte

Einreibung NER (Entspannung). Mischungen Décontractante und Bon Sommeil für Aromazerstäuber.

Zu beachten

Vergessen Sie nicht, daß die ätherischen Öle von Basilikum und Majoran in Verbindung miteinander sehr gut gegen Streßauswirkungen helfen. Das heißt, Einreibungen mit dieser Mischung sind ausgezeichnete vorbeugende Mittel gegen nervöse Erschöpfungszustände, Angstzustände, Beklemmungen und Einschlafschwierigkeiten.

Gefahr

Ätherisches Majoranöl bewirkt in hohen Dosen epileptische Anfälle.

Verwendung des Majoran-Hydrolats

Wird als Getränk für jeden Tag verwendet, und zwar 2 Eßlöffel pro Tag in anderthalb Liter Wasser. Hilft bei Angstzuständen und Beklemmungen aller Art.

Geschichte der Pflanze

Majoran war dem ägyptischen Gott Osiris geweiht.

Große Verwirrung herrschte lange über Majoran, bis Holmes 1912 feststellte, daß ätherisches Öl vom Gartenmajoran nur vom *Origanum majorana* bzw. von der *Majorana hortensis* stammt, das ätherische Öl von Origano (allgemein »wilder Majoran« genannt) dagegen vom *Origanum vulgare.*

Majoran wächst vor allem an der gesamten Mittelmeerküste und in Mitteleuropa. Das ätherische Majoranöl wird durch Wasserdampfdestillation der Pflanze (aus den oberen Abschnitten des blühenden Krauts) gewonnen. Die Ausbeute beträgt 0,3 bis 0,4%, d. h. 300 bis 400 kg ergeben 1 kg ätherisches Öl.

Melisse

Melissa officinalis, Lippenblütler

Verwenden wird man vor allem Aufgüsse der Pflanze und nicht ihr ätherisches Öl. Ätherisches Öl der echten Melisse ist besonders schwer erhältlich und hat einen unerschwinglichen Preis. Das über Salbei destillierte ätherische Melissenöl ist jetzt üblicher. Das muß auf dem Etikett speziell angegeben sein.
Der Aufguß aus den Blättern wirkt krampflösend, anregend, verdauungsfördernd, wundheilend und bringt den Schlaf wieder ins Gleichgewicht. Aufgüsse mit einem guten Teelöffel pro Tasse aus den getrockneten Pflanzen oder aus zwei bis drei frischen Zweigen.

Verwendung des Melissen-Hydrolats

Es gehört zu den Bestandteilen von entspannenden Getränken (Melissenwasser der Karmeliterinnen ...) und von Kompressen gegen Furunkel und Hautreizungen.
Zu beachten: Angesichts der Eigenschaften, die mit denen des so schwer erhältlichen ätherischen Öls identisch sind, wird man das Melissen-Hydrolat verwenden.

Geschichte der Pflanze

Die Melisse wird oft verwechselt und fälschlicherweise »Citronella« genannt. Sie ist eine einjährige Pflanze, die am Wegesrand wächst und in Gärten angebaut wird. Das ätherische Öl wird durch Wasserdampfdestillation der Pflanze gewonnen. Es werden 7 Tonnen Pflanzen für 1 kg ätherisches Öl benötigt. Daher die Seltenheit dieses »natürlichen« ätherischen Öls. Für kosmetische Verwendungszwecke in der Parfümindustrie wird es oft nachgemacht.

Minze

Mentha piperata (Pfefferminze),
Lippenblütler

DAS ÄTHERISCHE ÖL FÜR DIE ERFRISCHUNG

Eigenschaften
- Spannkrafterhöhend, anregend und leicht aphrodisisch.
- Verdauungsfördernd, erfrischend, fäulnishindernd.
- Vernichtet Bakterien (eines der wichtigsten ätherischen Öle des Aromatogramms).

Anwendungsgebiete
- Allgemeine Erschöpfung, Impotenz.
- Verdauungsstörungen, übler Mundgeruch, Lebererkrankungen.
- Tuberkulose (Dr. L. Sevelinge), Darmparasiten.
- Bringt die Muttermilchproduktion zum Stillstand.

Anwendungsweise
Innerliche Anwendung
- 1 Tropfen Minze reicht: auf die Hand zum Ablecken, auf einen Löffel Honig oder in ein Glas mit warmem oder kaltem Wasser nach den Mahlzeiten als verdauungsförderndes Mittel oder morgens bei Müdigkeit und Erschöpfung.

Äußerliche Anwendung
- Niemals unverdünntes ätherisches Minzenöl für Einreibungen und Bäder verwenden, da Sie sonst ein »Eisberg« werden könnten!
  In hohen Dosen oder abends genommen, hindert Minze am Einschlafen.

Zusammenwirken mit anderen ätherischen Ölen

Innerliche Anwendung

- Wir empfehlen, Minze zu bestimmten Stunden allein zu verwenden. Die anderen ätherischen Öle für die Behandlung werden zu anderen Zeiten genommen. Der Synergieeffekt erfolgt also durch die Einnahme zu unterschiedlichen Zeiten des Tages.

Äußerliche Anwendung

- Erfrischende Mischung für warme Füße: Lavendel, Salbei, Minze, Zypresse, Rosenholz, Rosmarin oder nur Lavendel 15 ml, Minze 3 ml.
- Schlankmachende Mischung: Rosmarin, Birke, Zypresse, Wacholder, Lavendel, Kiefer, Minze.
- Für Aromazerstäuber:
  Erfrischend: Lavendel, Minze, Eisenkraut.
  Fresh: Lavendel, Majoran, Kiefer, Eisenkraut, Rosenholz, Minze.

Zu beachten

Ein ausgezeichnetes Rezept für Füße, die beim Tanzen warm werden: Reiben Sie sich die Füße mit 10 Tropfen Minze ein, bevor Sie in Ihre Schuhe schlüpfen, und waschen Sie sich danach die Hände mit Seife. Ätherische Öle reizen die Augen! Sie werden die Tanzschuhe genauso wie warme Stiefel ausgezeichnet ertragen. Denken Sie jedoch daran, daß es streng verboten ist, sich den gesamten Körper mit Minze einzureiben.

Durch ätherisches Minzenöl kann die Körpertemperatur auf 36°C absinken, und das ist ... der Tod. Wir möchten noch einmal unterstreichen, daß alle ätherischen Öle ausgezeichnete Eigenschaften aufweisen und eine große Unterstützung im täglichen Leben sind, daß es aber sehr wichtig ist, sie mit Bedacht zu verwenden und sich nicht auf Mischungen oder Anwendungsweisen der eigenen Phantasie einzulassen!

Gefahr

Niemals Einreibungen mit ätherischem Minzenöl allein vornehmen! Niemals mit ätherischem Minzenöl allein baden (denken Sie an den Eisberg)! Keine Minze am Abend. Sie können danach schwer einschlafen.

Fertigprodukte

Minzenalkohol, Einreibung 108 (Füße), Mischung Fresh-Tonic für Aromazerstäuber.

Verwendung des Minzen-Hydrolats

Das ist ein ausgezeichnetes Minzengetränk ohne Zucker, das in vorteilhafter Weise einen Sirup ersetzt (ein paar Tropfen ätherisches Öl oder einen Teelöffel Hydrolat in frisches oder warmes Wasser für einen raschen Aufguß). Aus zwei Eßlöffeln Minzen-Hydrolat pro anderthalb Liter Wasser bekommt man einen ausgezeichneten Sirup ohne Zucker für Kinder. Man kann anstelle von Zucker Fruchtzukker dazugeben.

Hydrolateinreibungen von schweren Beinen im Sommer, wenn man sich die Füße bei einem langen Marsch warmgelaufen hat, von Füßen und Beinen vor und nach langen Tanzabenden helfen und erfrischen augenblicklich.

Geschichte der Pflanze

Pfefferminze, *Mentha piperata*, wird gewöhnlich in der Therapie verwendet und ist die Art, welche die meisten flüchtigen aromatischen Elemente enthält. Es gibt zahlreiche Minzenarten, die vor allem in Frankreich, England, Italien und den Vereinigten Staaten angebaut werden.

Ätherisches Minzenöl wird durch Wasserdampfdestillation der Pflanze (Blätter und obere Abschnitte des blühenden Krauts) gewonnen.

Von der Gattung *Mentha* gibt es etwa zwanzig Arten sowie zahlreiche Unterarten, die praktisch auf dem gesamten Erdball sehr oft wild wachsen oder angebaut werden.

Grüne Minze schmeckt und riecht wie Kaugummi, Pfefferminze ist kräftiger. Grüne Minze nimmt man am liebsten für Erfrischungsgetränke.

Muskatnuß

Myristica fragrans, Muskatnußgewächs

DAS SPANNKRAFTERHÖHENDE ÄTHERISCHE ÖL

Eigenschaften

– Allgemein anregend für Gehirn und Kreislauf. Aphrodisisch.
– Aromatisches Anregungsmittel für die Verdauung.
– Menstruationsfördernd, hilft bei der Entbindung durch Anregung der Gebärmutterkontraktionen.
– Stark antiseptisch.

Anwendungsgebiete

– Allgemeine Erschöpfung und Impotenz.
– Langsame Verdauung bei alten Menschen und alle Verdauungsstörungen.
– Ungenügende Monatsblutungen (durch fehlende Lebensenergie).
– Fieber und Cholera, tropischer Durchfall.

Anwendungsweise

Innerliche Anwendung

– 1 Tropfen Muskatnuß auf die Hand zum Ablecken, auf einen Löffel Honig oder in ein Glas mit warmem Wasser zwei- bis dreimal täglich.

Äußerliche Anwendung

– Anregende Einreibung: mit 5 bis 10 Tropfen Muskatnuß Solarplexus, Nacken und Wirbelsäule morgens und abends einreiben.
– Verdauungsfördernde Einreibung: 5 bis 10 Tropfen Muskatnuß auf den Unterleib nach den Mahlzeiten.

Zusammenwirken mit anderen ätherischen Ölen

Innerliche Anwendung

- Verdauungsfördernd: Kümmel und Muskatnuß (siehe Rezept unter *Kümmel*).

Äußerliche Anwendung

- Spannkrafterhöhende und aphrodisische Einreibung: mit Rosmarin, Bohnenkraut, Geranie, Lavendel, Muskatnuß, Koriander, Kiefer oder Einreibung VIT Brust, Solarplexus, Nacken und Wirbelsäule morgens und abends einreiben.
- Verdauungsfördernde Einreibung: mit Kümmel, Koriander, Muskatnuß, Mutterkümmel, Majoran, Lavendel, Rosmarin oder Einreibung DIG den Unterleib nach den Mahlzeiten einreiben.
- Bad zur Spannkrafterhöhung des Nervensystems: Lavendel, Majoran, Muskatnuß, 5 Tropfen von jedem.

Fertigprodukte

Mischungen für Aromazerstäuber: Tonique (geistig anregend) und Hammam (orientalisches Parfüm), Einreibungen VIT (Vitalität), DIG (verdauungsfördernd).

Vorsicht

In hohen Dosen (7 bis 12 Gramm) wird Muskatnußessenz zu einem Betäubungsmittel und dämpft den Blutkreislauf (Cadéac und Meunier).

Geschichte der Pflanze

> Muskat verleiht angenehmen Atem und bekämpft schlechten.
>
> *John Gerard*

Der männliche bzw. weibliche Muskatbaum ist 8 bis 15 Meter hoch, hat immergrünes Blattwerk und stammt aus Indonesien. Er wächst in tropischen Regionen, auf tropischen Inseln und in Indien.

Die Muskatnuß ist der Samen (bzw. der Kern) der Frucht des Muskatbaumes. Sie ist umgeben von einer Hülle, der Muskatblüte, aus der man ebenfalls ein ätherisches Öl extrahiert, das jedoch keine nennenswerten therapeutischen Eigenschaften aufweist, aber in der Parfümherstellung zur Anwendung kommt.

Das weiße Häutchen, das die Muskatnuß, die im Handel ist, umgibt, stellt den ungelöschten Kalk dar, der das Keimen eines künftigen Muskatbaumes verhindert. Die Holländer haben diese Praxis erfunden, um sich ihr Monopol zu wahren. Muskatnüsse kamen im Mittelalter durch den Handel mit den Arabern in den Westen.

Das ätherische Öl wird durch Wasserdampfdestillation der Nüsse gewonnen. Da es sehr aromatisch riecht, ist es in der Parfümherstellung besonders gefragt.

Symbolisch stellen die Muskatnuß und ihr Samenmantel ein Gehirn dar. Das ist vielleicht der Grund, warum sie ein interessantes Anregungsmittel für das Gehirn wäre.

Mutterkümmel

Cuminum cyminum, Doldengewächs

Das aus Ägypten stammende Mutterkümmelkraut wird im Mittelmeerraum, in Indien, China und Japan angebaut.
Genauso wie Kümmel, Anis, Fenchel und Koriander ist das ätherische Öl des Mutterkümmels appetitanregend, magenstärkend und blähungswidrig; kurz gesagt, ein ausgezeichnetes Mittel zur Verdauungsförderung und Spannkrafterhöhung.
Die Einnahme wird durch den besonders starken Geschmack sowie die nicht allzu feine Würze eingeschränkt. Auf jeden Fall sind uns die Mischungen von Kümmel und Koriander lieber.
Das ätherische Mutterkümmelöl ist auch Bestandteil mancher Parfüms und Zahnpflegemittel.

Zusammenfassung:
- Zwei Haupteigenschaften: spannkrafterhöhend und verdauungsfördernd.
- Eine besondere Eigenschaft: krampflösend.

Küchenrezept
1 bis 2 Tropfen ätherisches Mutterkümmelöl, vor dem Servieren hinzugefügt, verleihen dem Kuskus sowie den meisten orientalischen Gerichten einen speziellen Duft.

Nelke

Eugenia caryophyllata, Myrtengewächs

DAS ÄTHERISCHE ÖL GEGEN ZAHNSCHMERZEN UND FÜR DAS GEDÄCHTNIS

Eigenschaften
- Stark infektionshemmend.
- Regt die Drüsen an, kräftigt die Gebärmutter, wirkt aphrodisisch.
- Stark antiseptisch.

Anwendungsgebiete
- Zahnschmerzen. Lindert augenblicklich den Schmerz und vermindert die Infektion.
- Geistige Schwächezustände (Gedächtnisschwierigkeiten).
- Verhinderung und Behandlung ansteckender Krankheiten.

Das ist eines der wichtigsten ätherischen Öle des Aromatogramms gegen Kolibakterien, gegen Proteusbakterien, gegen Enterokokken, hämolytische Streptokokken vom Typ A, Streptococcus foecalis, Staphylococcus albus und aureus, Pneumokokken und Candida albicans.

Anwendungsweise

Innerliche Anwendung
- 1 Tropfen Nelke auf einen Löffel Honig oder in ein Glas mit warmem Wasser zwei- bis dreimal täglich.

Äußerliche Anwendung
- Mundspülung: 3 Tropfen Nelke in das Wasser für zwei bis drei Mundspülungen täglich bei Zahnfleisch- und Mundschleimhautentzündung sowie bei Parodontitis. Zusätzlich Tampons, mit reinem ätherischen Nelkenöl getränkt, anwenden.

Zusammenwirken mit anderen ätherischen Ölen

Innerliche Anwendung

Ätherisches Nelkenöl wird im allgemeinen allein verwendet. Bei schweren Infektionen bestimmen das Aromatogramm und Ihr Aromatherapeut die zuzusetzenden ätherischen Öle.

Äußerliche Anwendung

Bei Verdauungsstörungen, Bauchschmerzen und Brechreiz: Nelke 1 Tropfen, Ingwer 1 Tropfen, Origano 1 Tropfen und Lavendel 20 Tropfen. Unterleib und Bauch mit dieser Mischung einreiben.

Fertigprodukte

Mischungen Hammam und Respiratoire (atmungsfördernd) für den Aromazerstäuber; desinfizierende Einreibung APH.

Geschichte der Pflanze

Der Nelkenbaum wächst auf den tropischen Inseln, auf Réunion, auf den Antillen und Madagaskar und erreicht eine Höhe von 15 bis 20 Metern.

Ätherisches Nelkenöl gewinnt man durch Dampfdestillation der luftgetrockneten Knospen (die wie Nägel aussehen), wobei die Ausbeute zwischen 16 und 20% liegt. Die Blätter des Baumes werden ebenfalls destilliert, kommen aber nicht in der Therapie zur Anwendung.

Die Asiaten wissen, daß die Nelke Bauchschmerzen, Brechreiz und Durchfall beseitigt (Dr. Nguyen Van Xuxen).

Die Nelke gehört zur Currymischung. Die Chinesen benutzen die Nelke zur Verbesserung des Atems. Im Orient reinigt man sich drei- bis viermal jährlich mit folgendem Nelkenpräparat: 125 g Nelken werden zwei Minuten lang in 1 Liter Wasser zum Kochen gebracht. Im Kühlschrank aufbewahren. Zehn Tage lang ein kleines Glas täglich trinken. Für Auswüchse an den Füßen: Fußbäder und Kompressen nachts mit demselben Präparat. Zur Fliegenvertilgung legt man die für das Präparat benutzten Nelken in einen Teller und feuchtet sie so oft wieder an, wie dies notwendig ist. Man kann Nelken auch in eine Apfelsine stecken und ein paar Tropfen ätherisches Nelkenöl daraufgeben.

Niaouli

Melaleuca viridiflora, Myrtengewächs

Eigenschaften

- Stark antiseptisch, vor allem für die Lunge.
- Regt das Gewebe an.

Anwendungsgebiete

- Chronische Bronchitis und Lungentuberkulose.
- Wunden, Ekzeme.

Anwendungsweise

Innerliche Anwendung

- Man muß unbedingt wissen, woher das zur Anwendung gelangende ätherische Niaouliöl stammt. Andernfalls sollte man lieber Cajeput nehmen.
- 1 Tropfen drei- bis fünfmal täglich auf einen Löffel Honig oder in ein Glas mit warmem Wasser.

Äußerliche Anwendung

- Chronische Bronchitis: Niaouli + Kiefer + Eukalyptus. 20 Tropfen dieser Mischung zu gleichen Teilen zum Einreiben der Brust zweimal täglich.
- Wunden: Niaouli + Lavendel. Ein paar Tropfen dieser Mischung zum Reinigen infizierter Wunden auftragen.

Geschichte der Pflanze

Niaouli bzw. *Melaleuca viridiflora* wächst als Baum überall in Neukaledonien und Australien und ist ein naher Verwandter des *Melaleuca leucadendron*, welcher das ätherische Cajeputöl ergibt. Ätherisches Niaouliöl wird oft »Gomenol« genannt (weil es aus Gomen in

Neukaledonien kommt). Gomenol ist die Essenz von gereinigtem (von bestimmten Elementen befreitem) Niaouli. Die Niaouliessenzen, die wir vorfinden, sind zu 98% gereinigt. Es sei darauf hingewiesen, daß wir angesichts der Schwierigkeit, ätherisches Öl von »natürlichem« Niaouli zu finden, lieber Cajeput verwenden, dessen Eigenschaften und Anwendungsmöglichkeiten sehr ähnlich sind.

Orange, Neroli, Petit Grain

Citrus sinensis oder *Citrus aurantium* (Petit Grain, Neroli), Rautengewächs

DIE ÄTHERISCHEN ÖLE FÜR DEN SCHLAF

Eigenschaften

- Nervenberuhigungsmittel Nr. 1. Ätherisches Orangenöl im Zerstäuber bringt Kleinkinder gut zum Einschlafen. Orange und Lavendel sind die einzigen ätherischen Öle, die Kleinkindern bei innerlicher Anwendung (auf Anraten Ihres Aromatherapeuten) verabreicht werden können.
- Beruhigend, leicht hypnotisch, herzstärkend.
- Bakterientötend bei äußerlicher Anwendung.

Anwendungsgebiete

- Schlaflosigkeit bei Kindern (Orange) und bei Erwachsenen (Petit Grain, Neroli und Orange).
- Herzklopfen und Herzkrämpfe.
- Bauchschmerzen bei Säuglingen, Koliken.
- Hautkrankheiten und Gesichtspflege, Verjüngung der Hautgewebe.

Anwendungsweise

Innerliche Anwendung

- 3 bis 5 Tropfen Orange auf die Hand, auf einen Löffel Honig oder in ein Glas mit warmem Wasser oder in einen Aufguß aus Lindenblüten um 17 Uhr und zum Schlafengehen.
- Für Kinder nur 1 Tropfen zwei- bis dreimal abends.
- Ätherisches Neroliöl: 1/2 Tropfen drei- bis fünfmal täglich als Beruhigungsmittel für Erwachsene.

Äußerliche Anwendung

- Einreibung: mit 15 bis 20 Tropfen Orange Brust, Rücken und Fußsohlen abends vor dem Schlafengehen einreiben.
- Bad: Orange, 10 Tropfen in Milchpulver. Beruhigt und wirkt schlaffördernd bei Kindern und Erwachsenen.
- Auf die Haut zum Regenerieren etwa 10 Tropfen ätherisches Orangenöl morgens und abends nach der Reinigung des Gesichts auftragen.
- Im Zerstäuber: bevorzugtes ätherisches Öl für Kinder.

Zusammenwirken mit anderen ätherischen Ölen

Innerliche Anwendung

Ätherisches Orangenöl wird generell allein verwendet.

Äußerliche Anwendung

- Beruhigendes Bad: Petit Grain 2 Tropfen, Orange 5 Tropfen, Lavendel 5 Tropfen.
- Starkes beruhigendes Bad: Neroli 1 Tropfen, Petit Grain 2 Tropfen, Majoran 5 Tropfen.
- Beruhigende Einreibung: Lavendel, Majoran, Rosenholz, Petit Grain, Lemongrass als Massage oder Einreibung abends vor dem Schlafengehen.
- Mischungen für Zerstäuber: Lavendel, Petit Grain, Kiefer oder Lavendel, Petit Grain, Neroli, Majoran oder Orange, Mandarine, Kiefer, Tanne (atmungsfördernd und beruhigend).

Fertigprodukte

Einreibung NER (Entspannung), Mischungen für Zerstäuber: Bon Sommeil (für guten Schlaf), Décontractante (entspannend), Ambiance Noël (Weihnachtsstimmung) und Orangeraie, A.B.O. Relax auf Neroli-Grundlage.

Geschichte der Pflanze

Wir unterscheiden den bitteren Pomeranzen- bzw. Bigaradenbaum *(Citrus aurantium)* und die angebaute Süßorange *(Citrus sinensis)*. Wir kennen den Orangenbaum aus der Provence, aus Italien, Spanien, Kalifornien und allen warmen und gemäßigten Regionen des Erdballs.

Die Geschichte gesteht der Orange erst seit dem 16. Jahrhundert medizinische Eigenschaften zu, und dabei bietet doch dieser Baum so viele Möglichkeiten! Das ätherische Orangenöl gewinnt man durch mechanisches Auspressen der frischen Orangenschale, das ätherische Öl von Petit Grain durch Wasserdampfdestillation der Blätter des Bigaradebaumes und das ätherische Neroliöl durch Wasserdampfdestillation der Knospen und Blüten des Bigaradebaums. Für die zuletzt genannten ätherischen Öle wird die Gattung Bigarade bevorzugt. Das aus den Blüten des Orangenbaumes destillierte Wasser stammt aus der Neroli-Destillation.
Man braucht etwa 1 Tonne Blüten, um 1 kg ätherisches Neroliöl zu bekommen, und sein Preis ist fast unerschwinglich. Petit Grain und Neroli werden auch in der Parfümindustrie und in der Kosmetik auf sehr hohem Niveau verwendet. Das ätherische Öl des Orangenbaums bzw. der Orange benutzt man in der Therapie. Petit Grain und Neroli haben die aktiven Elemente des ätherischen Orangenöls in konzentrierter Form.

Origano

Origanum vulgare, Lippenblütler

DAS ANTISEPTISCHE ÄTHERISCHE ÖL NR. 1

Eigenschaften
- Antiseptisch: Essenz Nr. 1 des Aromatogramms.
- Löst Verkrampfungen der Atemwege, lindert Husten.
- Stärkt das Nervensystem.

Anwendungsgebiete
- Alle Infektionsprobleme.
- Chronische Bronchitis, Husten, Lungentuberkulose, Asthma.
- Allgemeine Erschöpfung.

Anwendungsweise
Innerliche Anwendung
- 1 Tropfen Origano – niemals mehr! – auf die Hand zum Ablecken, auf einen Löffel Honig oder in ein Glas mit warmem Wasser zwei- bis dreimal täglich.

Äußerliche Anwendung
- Einreibungen mit Origano werden immer in Weizenkeim- oder Olivenöl verdünnt oder erfolgen mit anderen beruhigenden ätherischen Ölen (Lavendel, Geranie ...).
- Keine Bäder mit reinem ätherischen Origanoöl!

Zusammenwirken mit anderen ätherischen Ölen
Innerliche Anwendung
- Grog gegen Grippe und zur Stärkung: Origano, Thymian, Zimt, Nelke, Geranie, Ingwer (wahlweise), 1 Tropfen von jedem auf einen großen Löffel Honig und den Saft einer ausgepreßten Zitro-

ne in eine große Schale mit warmem Wasser. Sie können das ohne weiteres zwei- bis dreimal täglich trinken!
- Getränk »Verdauungsstörungen«: Nelke, Ingwer, Origano, 1 Tropfen von jedem auf einen Löffel Honig und in ein großes Glas mit warmem Wasser alle zwei Stunden.

Äußerliche Anwendung
- Spannkrafterhöhende Einreibung: Origano 5 ml, Majoran 5 ml, Eisenkraut 5 ml, Basilikum 5 ml, Lavendel 15 ml. Bei Erkältungen, Grippe und nervöser Erschöpfung: zweimal täglich Nacken, Wirbelsäule, Brust und Solarplexus einreiben.
- Mischungen:
  Gegen Rheuma: siehe *Wacholder*.
  Gegen Zellulitis: Rosmarin, Birke, Origano, Zypresse, Wacholder, Lavendel, Kiefer, Minze (siehe Einreibungen CEL und 108).
- Für Zerstäuber (desinfizierend und beruhigend): Origano 15 ml, Lavendel 30 ml, Eukalyptus 30 ml, Eisenkraut 20 ml. Fügen Sie dem Ganzen je nach Wahl 5 ml Neroli oder 5 ml Zimt oder 5 ml Sandelholz hinzu.
- Bei Verbrennungen und Wunden, als vernarbungsförderndes Mittel und zur Anregung der Gewebe: Lavendel 8 ml, Geranie 6 ml, Origano 6 ml.

Zu beachten

Ätherisches Origanoöl aus Spanien wirkt
- gegen Kolibakterien an erster Stelle des Aromatogramms, und zwar stärker als Thymian, Ceylon-Zimt, Bohnenkraut, Nelke, Kiefer und Cajeput,
- erstrangig gegen Proteusbakterien,
- erstrangig infektionshemmend: bei Staphylococci aurei, bei hämolytischen Streptokokken Typ B, bei Pneumokokken, bei Candida albicans, bei Enterokokken und Streptococci foecales.

Es ist auf jeden Fall und nach den letzten Arbeiten des Aromatogramms das ätherische Öl mit der stärksten antiseptischen Wirkung!

Fertigprodukte

Mischungen Respiratoire und Tonique für den Zerstäuber. Einreibung APH (spannkraftfördernd-dynamisierend).

Verwendung des Origano-Hydrolats

Ein spannkraftförderndes Erfrischungsgetränk für Erschöpfte und Gestreßte (1 Teelöffel für ein großes Glas Wasser oder eine Tasse mit warmem Wasser oder zwei Eßlöffel pro anderthalb Liter Wasser, im Tagesverlauf zu trinken). Empfohlen wird es auch in Zeiten von Grippen, Katarrhen und Erkältungen.

Geschichte der Pflanze

Origano, auch »wilder Majoran« genannt, besitzt genauso wie alle anderen aromatischen Lippenblütler (Lavendel, Majoran, Salbei, Rosmarin …) zahlreiche positive Eigenschaften.

1912 ermittelte Holmes den Unterschied zwischen Origano und Majoran, die immer noch verwechselt werden (siehe *Majoran*).

Origano ist sehr verbreitet in Europa und in Asien.

Das ätherische Öl wird durch Wasserdampfdestillation der Pflanze (der oberen Abschnitte des blühenden Krauts) gewonnen. Origano aus Spanien erfreut sich eines ausgezeichneten Rufes in der Küche: Es ist *das* Kraut für die Pizza der Italiener. Das ätherische Öl enthält viel Thymol.

Rose

Rosa damascena, Rosa centifolia,
Rosengewächs

DAS ÄTHERISCHE ÖL NR. 1 GEGEN FALTEN

Anwendungsgebiete

– Regeneriert Gewebe und Zellen.

Keine Einnahme von ätherischem Öl der Rose und von Rosenholz ohne den Rat eines Aromatherapeuten!

Zusammenwirken mit anderen ätherischen Ölen

Äußerliche Anwendung

Regenerierendes Spezialöl fürs Gesicht gegen Falten: in 80 ml Weizenkeimöl und 20 ml Johanniskraut sind 15 ml ätherisches Rosenholzöl und 1/2 ml ätherisches Rosenöl zu geben. Ein- bis zweimal pro Jahr drei bis sechs Wochen lang morgens und abends anwenden. Weitere Rezepte siehe *Rosenholz.*

Apropos Rose

Die Rose wird seit dem frühesten Altertum geschätzt. Chinesische und Sanskrit-Texte sprechen von der Schönheit und dem Duft der »Königin der Blumen«.

In der Bibel ist die Rede von der »Rose von Jericho«, einer kleinen Kreuzblütlerpflanze. Gewisse Passagen passen durchaus auf die echte Rose, die den Juden sicherlich durch Kaufleute aus Babylon oder Persien bekannt war.

Im alten Griechenland kannte man die Rose: Sie wurde für Zeremonien, für kultische Handlungen und zum Einbalsamieren benutzt. Im 23. Gesang der *»Ilias«* schreibt Homer, daß die Göttin Aphrodite Hektors Körper mit »ambrosischem Balsam rosigen Dufts« salbt. Ebenso spricht Vergil im 4. Buch seiner *»Georgica«* von einer Rose,

die zweimal im Jahr blüht. Wahrscheinlich kannten die Römer die Rosenzucht und verwendeten Rosen bei Festessen und heidnischen Zeremonien in verschwenderischer Fülle. Sehr früh hat man sich bemüht, den Duft der Rose zu gewinnen: Öle und Fette wurden mit Blütenblättern der Rose gesättigt und bewahrten den Duft nach dem Enfleurage-Prinzip der Stadt Grasse. Dioskurides beschreibt als erster ein Rosenöl sowie die Methode seiner Zubereitung.
Später dann begann man, die Rose zu destillieren. Der arabische Geschichtsschreiber Ibn Chaldoun erzählt, daß Rosenwasser im 8. und 9. Jahrhundert Gegenstand eines regen Handels zwischen Europa und dem Fernen Osten war. Im 10. Jahrhundert empfiehlt man es als Toilettenwasser, als äußerliches Mittel für die Augen und in gewissen Werken sogar zur innerlichen Anwendung.
Persien und Mesopotamien waren damals die Herstellerländer für Rosenwasser. Die echte Rosenessenz, d. h. das dickflüssige, wohlriechende Erzeugnis, das nach Klärung und Eindickung obenauf schwimmt, war noch nicht bekannt. Diese Entdeckung scheint 1612 zufällig gemacht worden zu sein.
Der italienische Arzt Manucci, der vierzig Jahre in Indien lebte, entdeckte in den Annalen des Landes die Geschichte des Mongolenreiches von 1525 bis 1667 sowie der Heirat der Prinzessin Nur Dijhan, Königin der Welt, mit dem Kaiser Djihanguyr: *Während eines prächtigen Festes, das diese ehrgeizige, geschickte und großartige Frau gab, wurde die Rosenessenz entdeckt.* Vergnügungen aller Art gab es zu dieser Gelegenheit in reichlicher Menge. Die Prinzessin trieb den Luxus und das Raffinement so weit, daß sie in den Gärten des Palastes einen mit Rosenwasser gefüllten Graben anlegen ließ. Während der Kaiser mit ihr dort spazierenging, gewahrte er etwas, das an der Wasseroberfläche schwamm. Er ließ es herausholen, und man erkannte, daß es die zu einer Masse verdichtete Substanz der Rose war. Der gesamte Harem war sich darin einig, daß diese ölige Substanz das herrlichste Parfüm war, von dem man in Indien wußte. Später ließ man sich die Kunst angelegen sein, das nachzuahmen, was zuerst ein Produkt des Zufalls und der Natur war.
Persien behielt bis zum 19. Jahrhundert das Monopol für die Zubereitung von Rosenwasser und Rosenessenz, deren Extraktion man gelernt hatte.

1800 wurden Rosenzuchten von mittlerer Größe in Europa, Algerien und in Kleinasien angelegt.
Bulgarien, heute noch Hauptproduzent von Rosenessenz, baut Rosen erst seit 1610 an, als die Stadt Kazanlak gegründet wurde. Die Ausbeute einer Rosenzucht (10 000 Rosenstöcke pro Hektar) beträgt nach drei Jahren etwa vier Tonnen Blütenblätter. Das reicht nicht aus, um ein Kilo Rosenessenz herzustellen ...
Die Rosenessenz ist erst ab 22°C flüssig. Bei 15°C ist sie übersät mit weißen, in allen Regenbogenfarben schillernden Kristallen, die leichter sind als das Wasser, in dem sie schwimmen. Wenn man sie auf 12°C abkühlen läßt, konzentriert sich die Essenz zu einer weichen, durchscheinenden Masse von hellgelber Farbe.
Die drei Hauptbestandteile der Rose sind Geraniol (35 bis 45%), Citronellol (25 bis 35%) und Phenyläthylalkohol (1%).
Die Qualität einer Essenz wird vor allem an ihrem aromatischen Element gemessen.
Durch Filtern und Zentrifugieren wird die Rosenessenz in zwei Elemente getrennt: in ein festes und geruchloses, das ein als Stearopten bezeichnetes Gemisch aus Wachsen und Karbiden ist, und in ein strohgelbes flüssiges, das die wohlriechenden Elemente der Rose – das Oleopten – enthält. Die beste Essenz – die bulgarische – enthält am wenigsten Stearopten (17 bis 21%).
Da Rosenessenz sehr teuer ist, wurden zahlreiche Fälschungen unternommen und zur Anwendung gebracht. Heutzutage verfügt man über unfehlbare Analysen, um Fälscher zu fassen.

Geschichte der Pflanze

Ätherisches Rosenöl ist das seltenste und kostbarste aller ätherischen Öle. Es wird vor allem in der Kosmetik und in der Parfümherstellung von sehr hohem Niveau verwendet. Bulgarisches Rosenöl ist wegen der Feinheit seines Duftes das gefragteste. Ätherisches Rosenöl wird durch Wasserdampfdestillation der Blütenblätter gewonnen. Gebraucht werden je nach den Qualitäten 2 bis 3 Tonnen Blütenblätter, um 1 kg Rosenessenz zu gewinnen!
Die Essenz ist bei schwacher Temperatur fest und riecht so stark, daß es schon nicht mehr angenehm ist.
Dieses seltene ätherische Öl soll Krebs verhüten: 1 Tropfen ätheri-

sches Rosenöl ist in 100 Tropfen Lavendel zu verdünnen (1 Tropfen des Gemischs ist fünfmal täglich zu nehmen). Außerdem wirkt es am stärksten geweberegenerierend. Zu diesem Zweck wird es sehr oft benutzt, vermischt mit dem ätherischen Öl von Rosenholz, dessen Preis erschwinglicher ist und dessen hauterneuernde Eigenschaften durchaus beachtenswert sind.
Rosenessenz gehört zu den am besten wasserlöslichen Essenzen. Das Destillationsprinzip ist ein wenig anders. Man benutzt den Dampf der ersten Destillation mehrere Male wieder.
Die zur Verwendung kommenden Rosen stammen aus Persien, nämlich die *Rosa centifolia major*, die nur einmal im Jahr blüht, und die *Rosa damascena perpetua*, die sehr wohlriechende kleine Gartenrose unserer Großmütter. Die *Rosa centifolia trigenti petala*, die aus Asien stammende Rose von Kazanlak, wird erst seit 1850 wegen ihrer Essenz gezüchtet.
Die Rose ist eine gefragte und vergötterte Pflanze, deren Ursprünge in Oregon (Vereinigte Staaten) – aufgrund von Versteinerungen der *Rosa canina* bzw. des wilden Rosenstrauchs, der dreißig bis fünfzig Millionen Jahre alt ist – gefunden werden konnten. Die Rosenzucht begann eigentlich in Holland im 17. Jahrhundert. Erinnern möchten wir daran, daß die Araber 980 erstmalig Rosen destilliert haben und daß die Sumerer schon vor etwa viertausend Jahren Einreibungen auf Rosenbasis kannten.
Ätherisches Rosenöl ist auch das ätherische Öl mit der größten Schwingung.

Rosenholz

Aniba rosaeodora, Lorbeergewächs

DAS ÄTHERISCHE ÖL FÜR DIE HAUT

Eigenschaften
- Stark geweberegenerierend.
- Lindernd, antiseptisch, zusammenziehend.
- Stärkt die Gewebe.

Das ist ein ausgezeichnetes Antifalten-Öl für den Körper. Es stärkt die Gewebe, macht wieder elastisch und strafft faltige Haut.
Anwendungsweise: Ein- bis zweimal jährlich während einer drei- bis vierwöchigen Kur morgens und abends auftragen.
In Sesam- oder Kokosöl verdünnt, ergibt Rosenholz ein herrliches Massageöl.

Anwendungsgebiete
- Pflege von schlaffer und ermüdeter, empfindlicher und gereizter Haut.
- Verbesserung von Striemen.
- Heilung und Behandlung von Wulstnarben.

Anwendungsweise
Innerliche Anwendung
Nur auf ausdrückliche ärztliche Verschreibung.
Äußerliche Anwendung
- Ein paar Tropfen ätherisches Öl auf die gereinigte Haut oder die zu behandelnde Stelle auftragen. Lindert und regeneriert.
- Im Zerstäuber in Synergie mit Lavendel-, Geranie-, Zeder- oder Kiefernöl.

Zusammenwirken mit anderen ätherischen Ölen

Ausgezeichnete Verbindung mit ätherischem Rosen- und Rosmarinöl.

Äußerliche Anwendung

- Rezepte für kräftigendes Öl:
  15 ml Rosenholz und 1/2 ml Rose in 100 ml Weizenkeimöl mischen. Nach Belieben kann man 5 ml Geranie oder 5 ml Rosmarin oder 2 ml Minze oder 1 ml Neroli oder 2 ml Zimt hinzugeben.
- 100 ml Weizenkeimöl, 10 ml ätherisches Rosenholzöl, 10 ml ätherisches Rosmarinöl, 1/2 ml ätherisches Rosenöl nach dem Bad als Massageöl oder nach der kühlen Dusche am Morgen als Einreibung für den ganzen Körper benutzen.
- Spezialöl »Gesicht«: 20 ml Johanniskrautöl, 5 ml Rosenholzöl und 1/2 ml Rosenöl in 80 ml Weizenkeimöl mischen.

Fertigprodukte

Mischung Harmonie für Zerstäuber, Einreibung 107 (Haut) und HAR (Entspannung), Massageöle LOU, DES, DEC.

Geschichte der Pflanze

Der aus tropischen Ländern – Brasilien und Afrika – stammende Rosenholzbaum hat Holz und Blätter, die völlig anders sind als die uns bekannten Rosenstöcke. Das ätherische Öl wird durch Destillation der Hölzer gewonnen, und es ist dies eines der seltenen ätherischen Öle, das wir nicht gänzlich absorbieren. Dagegen ist es das Hautöl Nr. 1, das umfassend in der Kosmetik und in der Parfümindustrie zum Einsatz gelangt. Es ist auch das ätherische Öl, das im Zusammenwirken mit ätherischem Rosenöl die höchste Schwingung (etwa 9500 Ångström) aufweist.

Man darf Rosenholzöl nicht mit Rosenöl (siehe *Rose*) verwechseln.

Rosmarin

Rosmarinus officinalis, Lippenblütler

DAS ÄTHERISCHE ÖL ZUR SPANNKRAFTERHÖHUNG FÜR SPORTLER

Eigenschaften

- Allgemein spannkrafterhöhend und anregend, aphrodisisch.
- Galletreibend, antirheumatisch, wirkt gegen niedrigen Blutdruck.
- Revitalisiert die Zellen, ist wundheilend und infektionshemmend.
- Starkes Mittel gegen Faltenbildung.

Anwendungsgebiete

- Allgemeine Schwächezustände, körperliche und geistige Überbeanspruchung.
- Leberschwäche, Gelbsucht, Zirrhose, Gallensteine.
- Asthma, Grippe, Keuchhusten …
- Rheumatismus und Muskelschmerzen (Einreibungen).
- Wunden, Verbrennungen.

Anwendungsweise

Innerliche Anwendung

- 1 bis 2 Tropfen Rosmarin von der Hand lecken, auf einen Löffel Honig oder in ein Glas mit warmem Wasser geben, zwei- bis dreimal täglich.

Äußerliche Anwendung

- Einreibung: 20 bis 30 Tropfen des Gemischs morgens oder zweimal tagsüber je nach der erwünschten Wirkung (siehe »Zusammenwirken mit andern ätherischen Ölen«).
- Applikationen, Gesichtspflege: siehe »Zusammenwirken mit anderen ätherischen Ölen«.

- Im Zerstäuber: wirkt ausgezeichnet antiseptisch und spannkrafterhöhend. Lassen Sie ihren elektrischen Zerstäuber morgens drei Stunden lang eingeschaltet.
- Inhalation: 5 Tropfen Rosmarin in eine Schale oder einen Inhalationsapparat.
- Bäder, die spannkrafterhöhend, anregend, regenerierend wirken: 5 Tropfen Rosmarin in Milch- oder Algenpulver oder in gefriergetrocknetes Meersalz.

Zusammenwirken mit anderen ätherischen Ölen

Innerliche Anwendung

- Gedächtnis-Cocktail: Nelke, Koriander, Rosmarin, 1 Tropfen von jedem in ein großes Glas Wasser mit einem Löffel Minzenhonig.

Äußerliche Anwendung

- Einreibung gegen Schmerzen: Lavendel, Rosmarin, Terpentin, Kiefer zu gleichen Teilen. Die schmerzende Stelle zwei- bis dreimal täglich im akuten Fall und danach zur Pflege zweimal täglich einreiben.
- Spannkrafterhöhende Einreibung für Sportler und für alle, die »gut drauf« sein wollen: Rosmarin, Kiefer, Geranie, 5 ml von jedem. Brust, Rücken und Nacken morgens einreiben. Solarplexus nicht vergessen.
- Aphrodisische Einreibung: Rosmarin, Bohnenkraut, Nelke, Thymian, Kiefer, Zimt, Koriander, Ylang-Ylang.
- Antiseptische Inhalation: Rosmarin 5 Tropfen, Eukalyptus 5 Tropfen, Lavendel 10 Tropfen. In eine Schale mit warmem Wasser oder in den Inhalationsapparat, drei bis fünf Minuten lang inhalieren.
- Im Zerstäuber:
  Spannkrafterhöhendes Gemisch: Rosmarin, Wacholder, Kiefer, Eisenkraut, Eukalyptus, Koriander zu gleichen Teilen.
  Aphrodisisches, spannkrafterhöhendes orientalisches Gemisch: Rosmarin, Zimt, Bohnenkraut, Muskatnuß, Eisenkraut.
- Gesichtsdampfbäder: Rosmarin, Lavendel, Rosenholz, 5 Tropfen von jedem vor der Gesichtspflege. Starkes Mittel gegen Faltenbildung.

- Bäder:
  Spannkrafterhöhend, ausgezeichnet für die Nieren und gegen Rheumatismus: Sandelholz + Rosmarin, 5 Tropfen von jedem in Milch- oder Algenpulver oder in Meersalz.
  Spannkrafterhöhendes Mittel für den Morgen, dynamisierend für Geschäftsleute und Sportler: Rosmarin 5 Tropfen, Geranie 5 Tropfen, Muskatnuß 1 Tropfen.
  Regenerierungsmittel, das nach einem Fußmarsch schweißtreibend wirkt: Rosmarin 3 Tropfen, Terpentin 5 Tropfen, Lavendel 5 Tropfen.
- Maske gegen Faltenbildung: Rosmarin, Rosenholz, 3 Tropfen von jedem. In zwei Eßlöffel Honig geben und das Ganze fünf Minuten lang einwirken lassen. Mit lauwarmem und dann kaltem Wasser abwaschen.
- Mischungen gegen Faltenbildung (Gesicht): Rosenholz 15 ml, Rosmarin 5 ml, Rose 1/2 ml. Ein paar Tropfen morgens und abends im Verlauf einer dreiwöchigen Kur auftragen.

Fertigprodukte
Einreibungen RHU, APH, VIT. Mischungen Respiratoire, Hammam, Tonique, Fresh-Tonic für den Zerstäuber, Tégarome (siehe Seite 152), A.B.O. Tonic-Fresh.

Mein Ratschlag
Die Einreibung gegen Schmerzen kann auch vor körperlichen Anstrengungen erfolgen: zum Aufwärmen der Muskeln. Das ist die ideale Einreibung für den Morgen (VIT, APH oder RHU), um Freude, Schlagkraft und Dynamik wiederzufinden. Möglichst nach einer frischen oder – warum auch nicht? – einer kalten Dusche!

Verwendung des Rosmarin-Hydrolats
Ich trinke morgens einen Teelöffel Hydrolat pro Tasse. Das ist spannkraftfördernd und dynamisierend. Morgens kann es auch Kaffee oder Tee ersetzen. Als Tagesgetränk: zwei Eßlöffel pro anderthalb Liter Wasser und pro Tag. Nach den Mahlzeiten ersetzt es den Kaffee und ermöglicht eine gute Verdauung.
Als Gesichtstonikum: ausgezeichnete spannkrafterhöhende, rege-

nerierende Lotion, die man auch nach dem Rasieren in Verbindung mit Lavendel-Hydrolat benutzen kann.

Geschichte der Pflanze

Rosmarin, das »Kraut der Troubadoure«, wächst überall im Süden Frankreichs und im Mittelmeergebiet. Durch seine zahlreichen Eigenschaften gehört er wie die anderen aromatischen Lippenblütler zu den wichtigsten ätherischen Ölen. Angesichts seiner anregenden und spannkrafterhöhenden Qualitäten könnte man ihn »Ginseng des Westens« nennen. Rosmarin gehörte zur Mischung des antiseptischen »Essigs der vier Diebe« und zur Rezeptur für das Paracelsus-Opodeldok gegen rheumatische Schmerzen und Gicht.

Ätherisches Rosmarinöl wird durch Wasserdampfdestillation der Pflanze (obere Abschnitte des blühenden Krauts) gewonnen. Es ist blutdrucksteigernd in hoher Dosis bei Personen, die dazu neigen.

»Nehmt für den Kranken die Pflanze Rosmarin, und ihr werdet ihn auf erstaunliche Weise heilen.« (Leech Book of Balb, 900)

Ich lasse Rosmarin auf den Mauern meines Gartens laufen. Nicht nur, weil die Bienen ihn lieben, sondern auch, weil dieses Kraut der Erinnerung und infolgedessen der Freundschaft gewidmet ist.

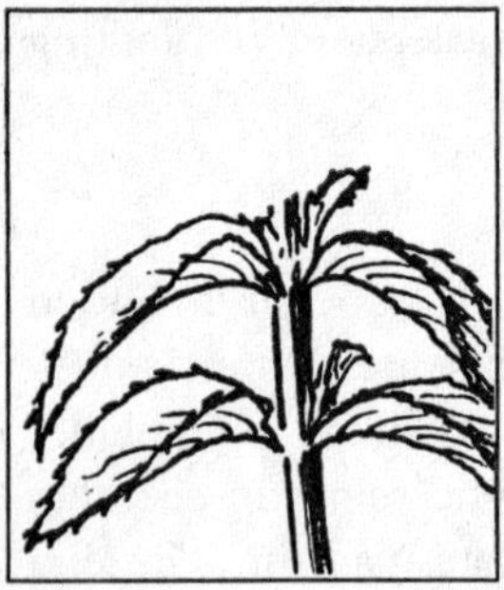

Wer für immer leben will,
muß Salbei im Mai essen.
Sprichwort

Salbei

Salvia officinalis (Garten- oder Echter Salbei), *Salvia sclarea* (Muskatellersalbei), Lippenblütler

DAS ÄTHERISCHE ÖL FÜR GYNÄKOLOGISCHE PROBLEME

GARTENSALBEI

Eigenschaften

- Menstruationsfördernd (die Pflanze enthält östrogene Wirkstoffe, deren Wirkungen mit denen des Follikulins verglichen werden können).
- Spannkrafterhöhend.
- Schweißhemmend und harntreibend.
- Ausgleichend.
- Bringt die Muttermilchproduktion zum Stillstand.
- Wirkt in Synergie schlankmachend.

Anwendungsgebiete

- Allgemeine und nervlich bedingte Erschöpfung in der Menopause.
- Reguliert den Menstruationszyklus und Eierstockbeschwerden und stoppt Hitzewallungen in der Menopause.
- Fördert die Empfängnis, bringt die Milchproduktion zum Stehen (als Aufguß).
- Übermäßiges Schwitzen der Füße, Nachtschweiß bei Fieber.

Anwendungsweise

Innerliche Anwendung

- Nur 1 Tropfen auf die Hand, auf einen Löffel Honig oder in ein Glas mit warmem Wasser außerhalb der Mahlzeiten ein- bis dreimal täglich.

  Warnung: Cadéac und Meunier haben die Toxizität von Salbei in hohen Dosen nachgewiesen! 11 Tropfen pro kg bringen einen Hund um. Auch beim Menschen wurden durch irrtümliche Einnahme von zwei Teelöffeln Salbeiessenz tödliche Folgen beobachtet.

Äußerliche Anwendung

- Auftragen: morgens und abends ein paar Tropfen Salbei auf die Füße und in die Achselhöhle.
- Einreibung: mit ein paar Tropfen Salbei den Solarplexus bei Problemen mit den Eierstöcken einreiben (parallel zur innerlichen Behandlung natürlich).

Zusammenwirken mit anderen ätherischen Ölen

Innerliche Anwendung

Ätherisches Salbeiöl wird generell allein verwendet. Die anderen ätherischen Öle für die Behandlung werden zu anderen Stunden eingenommen.

Äußerliche Anwendung

- Fußmassage: Salbei und Lavendel zu gleichen Teilen, ein- bis zweimal täglich einreiben und massieren.
- Haarpflege: Salbei 10 Tropfen, Thymian 5 Tropfen, Lavendel 15 Tropfen. Zum Einreiben der Kopfhaut ein- bis zweimal wöchentlich. Die Haare am folgenden Tag oder frühestens vier Stunden nach dem Einreiben waschen. Sehr nützlich gegen Haarausfall und kraftlose Haare.
- Mischung für warme Füße und Schweißfüße: Salbei 15 ml, Zypresse 10 ml, Lavendel 15 ml, Minze 1 ml. Zum ein- bis zweimaligen Einreiben pro Tag.
- Revitalisierende Mischung für die Haare: Salbei 15 ml, Zeder 15 ml, Thymian 5 ml, Ylang-Ylang 1 ml. 100 Tropfen am Abend vor der Kopfwäsche auf die Kopfhaut auftragen. Die ganze Nacht darauflassen.
- Lauwarmes Gesichtsdampfband: Salbei, Wacholder, Lavendel, 5 Tropfen von jedem, zum Abschluß einer Gesichtspflege. Desinfiziert und beruhigt.
- Bäder:

  Gegen Rheuma: Salbei, Lavendel, Majoran, 3 Tropfen von jedem in Milchpulver oder Pulver von weißen Algen.

Schwere Beine: Salbei, Zypresse, 5 Topfen von jedem, Lavendel 10 Tropfen.

- Mischung für schwere und gestaute Beine: Salbei 15 ml, Zypresse 15 ml, Minze 3 ml. Einreiben der Beine mit 30 bis 40 Tropfen des wohltuenden Gemischs, beginnend am Knöchel und hochfahrend bis zum Knie. Dazu drei Minuten sanfte Drehübungen der Knöchel, auf dem Rücken liegend und mit hochgelegten Beinen. Daran denken, die Beine auch während des Schlafs hochzulegen.

Fertigprodukte

Einreibungen CEL und 108 (Kreislauf), Einreibung 106 (Haare).

Die Essenz ist für die Pflanzen das, was die Hormone für die endokrinen Drüsen sind.

MUSKATELLERSALBEI

Eigenschaften

- Fixiermittel für Parfüms, speziell in der Kosmetik verwendet, riecht ähnlich wie grauer Amber.
- Narkotikum (Salbeiwein).

Anwendungsgebiete

In der Therapie verwendet man den Echten Salbei.
Im Mittelalter verwendete man den Muskatellersalbei, um die Sicht zu klären. Daher nennen ihn die Engländer »clary sage«.

Verwendung des Salbei-Hydrolats

Man verwendet das Salbei-Hydrolat zur regelmäßigen Kur drei- bis viermal pro Jahr, und zwar zwei Eßlöffel auf anderthalb Liter Wasser in allen Fällen von Kreislaufproblemen und bei Schlankheitskuren (im wöchentlichen Wechsel mit Wacholder-Hydrolat).

Anekdote

Bei R. Dodoens heißt es über den Salbei: »Er macht betrunken, und man bekommt durch ihn Kopfschmerzen. Deshalb tun ihn die Brauer anstelle von Hopfen in ihr Bier.«

Geschichte der Pflanze

Das »heilige Kraut der Lateiner« und der Tee Frankreichs hat seinen Namen von »salvare«, d. h. bei guter Gesundheit sein, sich wohl fühlen, retten. Der Salbei wächst wild auf den steinigen Hügeln Südfrankreichs, in der Lozère, im Aude und im Tarn, bis hin ins Département Saône-et-Loire in mindestens 800 Metern Höhe. In vielen anderen Regionen wächst er ebenfalls wild.

Das ätherische Öl des echten Salbeis wird durch Wasserdampfdestillation der oberen Abschnitte des blühenden Krauts gewonnen.

Die ätherischen Salbeiöle enthalten bis zu 50% Thujon, das auch in Thuja, Rainfarn und Wermut enthalten ist. Das erfordert eine rigoros kontrollierte Verwendung des ätherischen Salbeiöls, das wie die drei zuletzt genannten Pflanzen – wenn auch in geringerem Maße – in hohen Dosen zu Epilepsie führt.

Es gibt etwa fünfhundert Arten der Salbeipflanze. Er ist das Allheilmittel der Antike und eines der beliebtesten Heilkräuter. *Salvia pratensis* bzw. Wiesensalbei hat (in geringerem Maße) dieselben Eigenschaften wie der Echte Salbei.

Sandelholz

Santalum album, Santal citrinum, Santal spicatum, Sandelholzgewächs

Eigenschaften

- Antiseptisch für den Urogenitaltrakt, gegen Gonokokken wirkend.
- Revitalisiert das Gewebe.
- Spannkraftfördernd und aphrodisisch.

Anwendungsgebiete

- Blasenkatarrh, Prostata-Entzündung, Gebärmutterentzündung, Gonorrhoe (Menderson, 1868).
- Impotenz und sexuelle Erschöpfung.

Anwendungsgebiete

Innerliche Anwendung

- 1 Tropfen Sandelholz von der Hand lecken, auf einen Löffel Honig oder in ein Glas mit warmem Wasser geben, zwei- bis fünfmal täglich.

Äußerliche Anwendung

- Auftragen: zur Regeneration der Haut morgens und abends ein paar Tropfen Sandelholz.
- Einreibung: mit 15 bis 20 Tropfen des Gemischs Solarplexus, Nacken, Wirbelsäule und Fußsohlen zweimal täglich einreiben (siehe »Zusammenwirken mit anderen ätherischen Ölen«).
- Parfüm: In 100 ml 70prozentigen Alkohol 20 ml ätherisches Sandelholzöl geben. Mischen und fünfzehn Tage licht- und wärmegeschützt stehenlassen.
- Orientalisches Behaglichkeitsbad: 5 Tropfen Sandelholz auf einen Eßlöffel Weizenkeimöl oder auf drei Eßlöffel Milchpulver dem Badewasser beimischen.

– Zum Parfümieren Ihrer Wäsche: Geben Sie ein paar Tropfen Sandelholz in Ihre Möbelpolitur sowie ein paar Tropfen in die Schränke, direkt auf die Fächer.

Zusammenwirken mit anderen ätherischen Ölen
Innerliche Anwendung
– Prostata-Entzündung: Sandelholz, Thuja, Wacholder, 1 Tropfen von jedem drei- bis fünfmal täglich.
– Blasenkatarrh: Sandelholz, Lavendel, Geranie, 1 Tropfen von jedem dreimal täglich. Auftragen des Gemischs auf die entzündete Stelle. Sowie 1 Teelöffel Fenchel-Hydrolat zwei Tage lang alle zwei Stunden.

Äußerliche Anwendung
– Schlankmachende Einreibung: Geranie, Zitrone, Birke und Sandelholz fördern die Ausscheidung (siehe Einreibung MIN).
– Einreibung zur Förderung von Kreativität und Meditation: Rosenholz, Kamille, Sandelholz und Rose: Einreibung HAR.
– Im Zerstäuber:
Sandelholz 40 ml, Zimt 10 ml, Kiefer 50 ml.
Sandelholz 20 ml, Rosenholz 80 ml.
Sandelholz 40 ml, Zeder 60 ml.
Sandelholz 20 ml, Kamille 10 ml, Rosenholz 10 ml, Rose 5 Tropfen: Mischung Harmonie.
– Parfüm: Sandelholz 10 ml, Zeder (Zedernholz) 10 ml.
– Gonorrhoe: Die ätherischen Öle des Aromatogramms einnehmen sowie Lavendel und Sandelholz fünf- bis sechsmal täglich auftragen.

Fertigprodukte
Mischung Harmonie für Zerstäuber, Einreibung HAR, Einreibung MIN.

Geschichte der Pflanze
Der Sandelholzbaum als der schöne Baum Indiens und der tropischen Inseln wächst in Mysore, Madras, auf Java, Sumatra, Borneo, in Neukaledonien und Australien wild. Das Sandelholz von Mysore (es enthält am meisten Santalol – 90%) riecht fein und ist sehr ge-

fragt. Es ergibt das bevorzugte *Santalum album.* Amyris *(Amyris balsamifera)* ist »falsches« Sandelholz und besitzt nicht die medizinischen Eigenschaften des echten, tritt aber oft an seine Stelle, da er ähnlich riecht und viel weniger kostet.
Die Sanskrit-Bücher und die Bücher der Chinesen berichten, daß bei religiösen Riten Sandelholz verwendet wurde. Im Orient wurde es stets als Parfüm hoch geschätzt. In der Antike stellte man aus dem kostbaren Holz Möbel und Verzierungen für die Tempel her.
Das ätherische Öl wird durch Wasserdampfdestillation des Sandelholzes gewonnen.

Sassafras

Sassafras officinalis, Lorbeergewächs

DAS ÄTHERISCHE ÖL GEGEN NIKOTINSUCHT

Eigenschaften

- Schweißtreibend (wie die drei anderen Hölzer Sandelholz, Terpentin und Zeder).
- Schmerzbetäubend und desinfizierend für die Haut.
- Harntreibend.

Anwendungsgebiete

- Mittel gegen Nikotin (Sassafras beseitigt weitgehend die schädlichen Auswirkungen des Nikotins und fördert so das Nachlassen des physiologischen Bedarfs an Tabak. Aber er stärkt nicht den Willen!).
- Rheumatische Schmerzen, Gicht, Ischias und Syphilis.
- Insektenstiche und Schlangengifte.
- Pflege angegriffener Haut, Akne, Hauterkrankungen, Mitesser.

Anwendungsweise

Innerliche Anwendung

- Ein bis drei Tropfen Sassafras von der Hand lecken, auf einen Löffel Honig oder in ein Glas mit warmem Wasser geben, dreimal täglich.

Äußerliche Anwendung

- Auftragen:
  Auf die zu desinfizierende und zu regenerierende Haut ein paar Tropfen morgens und abends.
  Auf Stiche und Bisse 8 bis 10 Tropfen; alle zwei Stunden wiederholen.

Zusammenwirken mit anderen ätherischen Ölen

Innerliche Anwendung

- Antinikotin-Cocktail: Sassafras, Salbei, Geranie, Majoran, Lavendel, 1 Tropfen von jedem auf einen Löffel Honig und in ein großes Glas mit warmem Wasser, mit Eisstückchen und einem Schluck Minzensirup servieren.

Äußerliche Anwendung

- Gesichtsdampfbad: Sassafras, Wacholder, Terpentin, 2 bis 3 Tropfen von jedem in die Wasserschale. Diese Mischung weitet in wunderbarer Weise vor einer Gesichtspflege die Poren.
- Maske: Sassafras 3 Tropfen, Lavendel 6 Tropfen. Auf zwei Eßlöffel nicht erwärmten Honigs geben. Ausgezeichnete Maske für Aknehaut.
- Mischung für die Haut (reinigt, beruhigt und glättet): Sassafras, Karotte und Lavendel zu gleichen Teilen. Morgens und abends vor der Pflegecreme ein paar Tropfen auf die Haut auftragen.
- Mischung für den Antinikotin-Zerstäuber: exotisches Eisenkraut 60 ml, Geranie 20 ml, Sassafras 20 ml.

  Zu beachten: Die Antinikotin-Kur benötigt zu ihrer Wirkung:
  zwei bis vier Antinikotin-Cocktails pro Tag;
  zwei Einreibungen der Brust, des Solarplexus, des Nackens und der Wirbelsäule mit demselben Gemisch pro Tag;
  die Zerstäubung der Antinikotin-Mischung, die Sie die ganze Nacht oder zumindest drei Stunden am Tag einatmen.
  Außerdem sollte man zur Unterstützung dieser Kur alles Notwendige tun, wenn man sich wirklich ein positives Ergebnis wünscht!

Fertigprodukte

Mischung Ambiance Antitabac für den Zerstäuber.

Geschichte der Pflanze

Sassafras oder »Irokesenlorbeer« ist ein Baum, der aus Nordamerika stammt und den man von Mexiko über Florida bis in Kanada findet. Das ätherische Sassafrasöl wird durch Wasserdampfdestillation der Wurzeln und der Baumrinde gewonnen. Die Ausbeute kann bis zu 8% betragen.

Terpentin

Pinus pinaster, Kieferngewächs

Eigenschaften

- Antirheumatisch.
- Balsamisches Schleimlösungsmittel, verändert die Luftröhren- und Bronchialsekretion.
- Antiseptisch für Lunge und Harnwege.

Anwendungsweise

Innerliche Anwendung

- Im allgemeinen wird ätherisches Terpentinöl nicht eingenommen.
- 3 Tropfen Terpentin alle drei Stunden bei Verdauungsstörung durch versehentliche Einnahme von Phosphor (Dr. Valnet).

Äußerliche Anwendung

- Einreibung von Brust und Rücken bei Erkältung und zähem Husten. Das war das Heilmittel unserer Großmütter!

Zusammenwirken mit anderen ätherischen Ölen

Innerliche Anwendung

- Antirheumatische Mischung: Wacholder, Kiefer, Terpentin, Rosmarin zu gleichen Teilen. Täglich zwei- bis viermal die schmerzenden Stellen einreiben. Nach Abklingen noch ein paar Tage weitermachen.
- Antischmerz-Mischung: siehe *Wacholder* und *Rosmarin.*
- Schweißtreibendes Bad: 10 Tropfen ätherisches Terpentinöl in Algenpulver. Bei diesem Bad kommt man wirklich ins Schwitzen!

– Gemisch für wärmende Massagen: Terpentin 15 ml, Wacholder 10 ml, Rosmarin 10 ml, Eisenkraut 10 ml, Geranie 4 ml, Minze 1 ml. Vor intensiver Muskelbeanspruchung Beine und Arme einreiben.

Fertigprodukte

Harlem-Öl*, Einreibung gegen Schmerzen RHU.

Zu beachten

Terpentinessenz wird angesichts ihres niedrigen Preises oft mit den ätherischen Ölen von Kiefer, Rosmarin, Wacholder, Eukalyptus und anderen, die viel Terpen, den Hauptbestandteil der Terpentinessenz, enthalten, vermischt. Diese Fälschung bewirkt Veränderungen der Zusammensetzung der genannten Essenzen, ihrer Eigenschaften und vor allem ihrer Ergebnisse!

Anmerkung

Man reibt Hunde mit ätherischem Terpentinöl ein, um ihr Fell zu verschönern.

Geschichte der Pflanze

Terpentin wird aus dem Harz verschiedener Arten von Kieferngewächsen und Terpentinbäumen gewonnen. Man fängt es an der Basis der Bäume auf oder zapft den Stamm an. Dabei schneidet man den Stamm ein und stellt unter die Kerbe ein Gefäß, um das Harz zu sammeln. In manchen Ländern besprüht man die Einschnittstellen mit Schwefelsäure, damit die Kiefer mehr Harz gibt! Dieses wird dann mit Salzwasser gewaschen, abgegossen und gefiltert. Die zwei Hauptbestandteile sind die Terpentinessenz und das Kolophonium, das bei der Herstellung von Reifen und Leimen sowie in der Nahrungsmittelindustrie verwendet wird (Kaugummi …). Eine Kiefer gibt pro Jahr anderthalb Liter Terpentinessenz. Gesammelt wird von Mai/Juni bis in den Oktober hinein.

Das ätherische Öl, das in der Therapie Verwendung findet, erhält man durch Destillation des Harzes. Es wird auch Bordeaux-Terpen-

* Harlem-Öl besteht aus geschwefeltem Leinsamenöl und Terpentinessenz – d. Ü.

tin genannt. Das destillierte ätherische Öl ist viermal wirksamer als das Terpentinharz.

Die Oxydantien greifen die Terpentinessenz an. Die oxydierte Essenz besitzt oxydierende Eigenschaften, die denen des Ozons nahekommen (M. Jacquier).

Terpentin stammt vor allem aus China, Polen und Portugal. In Frankreich gibt es in den Landes nahe bei Dax noch einen Hersteller von Bordeaux-Terpentin.

Thuja

Thuja occidentalis, Nadelgehölz

DAS ÄTHERISCHE ÖL FÜR PROSTATA-ENTZÜNDUNGEN

Eigenschaften
- Hemmt die Entwicklung von Tumoren.
- Beruhigt die Harnwege.
- Schleimlösend (Eukalyptus, Kiefer, Zeder und Cajeput sind ihm aber vorzuziehen).
- Vorbeugung gegen Geschlechtskrankheiten.

Anwendungsgebiete
- Vergrößerung der Prostata.
- Krebserkrankungen.
- Warzen, Polypen, Feigwarzen, Papillargeschwülste.

Anwendungsweise
Innerliche Anwendung
- 1 Tropfen Thuja von der Hand lecken, auf einen Löffel Honig oder in ein Glas mit warmem Wasser geben, zwei- bis dreimal täglich.

Äußerliche Anwendung
- Auftragen: ein paar Tropfen Thujaöl auf die Warzen, Papillargeschwülste oder Feigwarzen.
- Gurgelwasser: ein paar Tropfen in ein Glas Wasser bei geschwollenen Mandeln.
- Vaginal- oder Analinjektionen: Lavendel 5 Tropfen, Thuja 3 Tropfen in die Injektionsspritze. Bei Bedarf wiederholen.

Gefahr

Das Thujablatt und das ätherische Thujaöl sind angesichts des Thujons, das sie enthalten, bei mittleren Dosen tödlich! Der Verkauf ist verboten. Nur Ihr Aromatherapeut kann es Ihnen verschreiben. Keinesfalls dürfen Sie es ohne seinen Ratschlag verwenden. Die zur innerlichen Behandlung von Ihrem Aromatherapeuten vorgeschriebenen Dosierungen sind selbstverständlich unbedingt einzuhalten. Wir möchten hier daran erinnern, daß auch nachstehende ätherische Öle mit Vorsicht zu verwenden sind: Ingwer, Minze, Origano, Thymian, Ysop, Zimt und Zypresse.

Geschichte der Pflanze

Thuja, auch »weiße Zeder« oder »Lebensbaum« genannt, stammt aus China, kam 1526 nach Frankreich und verdankt seine Rückkehr in die Medizin dem Vater der Homöopathie, Samuel Hahnemann.
Ätherisches Thujaöl wird durch Wasserdampfdestillation der Blätter und jungen Zweige gewonnen. Es enthält viel Pinen, und seine Verwendung ist eingeschränkt, weil es Thujon enthält, ein Keton, das wie die Ketone des Wermut, des Salbei und des Rainfarns Krämpfe auslöst.

Thymian

Thymus vulgaris, Lippenblütler

DAS ANTISEPTISCHE ÄTHERISCHE ÖL NR. 2

Eigenschaften
- Antiseptisch für Darm, Lungen und Urogenitaltrakt.
- Antiseptikum Nr. 2 (nur vom Origano übertroffen).
- Allgemein anregend.

Anwendungsgebiete
- Erkrankungen der Lunge, Erkältungskrankheiten.
- Darminfektionen.
- Cholera, Staphylokokken, Pneumokokken …
- Alle körperlichen und seelischen Erschöpfungszustände.
- Alle auf Unterkühlung zurückgehenden Erkrankungen: Grippe, Katarrh, Angina, Muskelkater, Schüttelfrost …

Anwendungsweise
Innerliche Anwendung
- 1 Tropfen Thymian von der Hand lecken, auf einen Löffel Honig oder in ein Glas mit warmem Wasser geben, dreimal täglich. Achtung! Niemals mehr als 1 Tropfen auf einmal.

Äußerliche Anwendung
- Thymian stets verdünnt in Weizenkeimöl oder süßem Mandelöl für Einreibungen oder in Mischungen mit anderen ätherischen Ölen (Lavendel, Geranie etc.) benutzen.
  Thymian gibt man niemals allein ins Bad, da Verbrennungen entstehen können (siehe »Zusammenwirken mit anderen ätherischen Ölen«).

Zusammenwirken mit anderen ätherischen Ölen

Innerliche Anwendung

- Grog gegen Grippe: Origano + Thymian + Zimt + Nelke + Geranie (siehe Rezept unter *Origano*).
- Cocktail gegen Asthma: Thymian + Ysop + Kamille + Cajeput. 1 Tropfen von jedem auf einen Löffel Honig oder auf warmes Wasser, je nach Belieben. Der Annehmlichkeit halber mit Eisstücken servieren.

Äußerliche Anwendung

- Inhalation: Thymian 1 Tropfen, Lavendel 5 Tropfen, Eukalyptus 3 Tropfen in eine Schale oder in den Inhalationsapparat. Drei bis fünf Minuten lang einatmen.
- Gesichtsdampfbad: zur Reinigung von Aknehaut und von angegriffener Haut: Thymian, Sassafras und Geranie, 3 Tropfen von jedem in die Wasserschale vor der Gesichtspflege oder vor einer Maske.
- Haarpflege: siehe Rezept unter *Salbei.*
- Zerstäubung: siehe Rezept unter *Eukalyptus.*
- Bäder: Thymian 2 Tropfen, Geranie 5 Tropfen.
  Oder Thymian 1 Tropfen, Eukalyptus 3 Tropfen, Lavendel 5 Tropfen.

Warnung

Die Wirksamkeit des ätherischen Thymianöls darf nicht unterschätzt werden. Wir empfehlen Ihnen, die angeratenen Dosierungen nicht zu überschreiten, es sei denn, Ihr Aromatherapeut rät Ihnen dazu, sowie niemals ätherisches Thymianöl unverdünnt für Einreibungen und im Bad zu verwenden. Dieses Öl brennt!

Wilder Thymian enthält am meisten Linalool. Er riecht wie der Thymian, den wir alle kennen. Durch Selektion von Klonen gewonnene Kulturen ergaben Thymianarten mit unterschiedlichen Bestandteilen wie Carvacrol, Geraniol, Thymol oder Thujanol. Diese Arbeiten verdanken wir der Handels- und Landwirtschaftskammer Drôme. Es sind Hybriden mit unterschiedlichen Eigenschaften. Von einer Nektarine sollten wir nicht erwarten, daß sie wie ein Pfirsich schmeckt und ist!

Verwendung des Thymian-Hydrolats

Man verwendet hiervon einen Teelöffel pro Tasse mit warmem, nicht kochendem Wasser in allen für das ätherische Öl angegebenen Anwendungsbereichen als Behandlungszusatz.
Man stellt eine aus gleichen Teilen bestehende Mischung der Hydrolate von Salbei, Thymian, Zeder und Lavendel als revitalisierende Lotion für die Haare zusätzlich zur Behandlung mit ätherischen Ölen her.

Geschichte der Pflanze

Wilder und angebauter Thymian wächst im gesamten Mittelmeerraum und in Spanien. Wir kennen alle den berühmten »Provence-Thymian«, der Salate und Gerichte, die wir dort im Urlaub essen, so angenehm würzt.
Das ätherische Öl wird durch Wasserdampfdestillation der oberen Abschnitte des blühenden Krauts gewonnen. Die Rektifikation von rotem Thymian ergibt weißen Thymian.

Wacholder

Juniperus communis, Zypressengewächs

DAS ÄTHERISCHE ÖL GEGEN RHEUMAKRANKHEITEN

Eigenschaften

- Antirheumatisch (fördert die Ausscheidung von Giftstoffen aus der Niere sowie die Ausscheidung von Harnsäure).
- Harntreibend (beseitigt Probleme der Wassersucht, unterstützt das Schlankwerden).
- Antiseptisch für die Verdauung, die Harnwege, das Blut und die Lungen.

Anwendungsgebiete

- Rheumatismus, Arthritis, Arthrose, Gicht ...
- Gewicht, Wassersucht.
- Erkrankungen der Harnwege.
- Zuckerkrankheit (in Verbindung mit Eukalyptus).
- Weißfluß, Hautkrankheiten.

Anwendungsweise

Innerliche Anwendung

- 1 bis 2 Tropfen ätherisches Wacholderöl auf einen Löffel Honig oder in ein Glas mit warmem Wasser, ein- bis dreimal täglich außerhalb der Mahlzeiten.

Äußerliche Anwendung

- Einreibungen des Solarplexus, des Nackens, der Wirbelsäule und der schmerzenden Stellen.
- Bad: 5 Tropfen Wacholder in Milchpulver.

Zusammenwirken mit anderen ätherischen Ölen

- Schlankmachend:
  Zitrone, Wacholder, Geranie, 1 Tropfen von jedem auf einen Löffel Honig oder in ein Glas mit warmem Wasser um 10 Uhr und um 16 Uhr;
  + Kümmel und Muskatnuß, 5 bis 10 Tropfen von jedem zum Einreiben des Unterleibs nach den Mahlzeiten;
  + Majoran, 1 Tropfen abends auf einen Löffel Honig oder in ein Glas mit warmem Wasser;
  + Einreibung von Solarplexus, Nacken und Wirbelsäule mit der Mischung NER (Majoran, Lavendel, Rosenholz, Lemongrass, Petit Grain);
  + Wacholder- oder Salbei-Hydrolat abwechselnd.
- Schlankmachende Einreibung: mit ätherischen Ölen von Wacholder, Birke, Zypresse, Geranie zu gleichen Teilen Beine, Gesäß, Bauch und Arme sanft einreiben. Allzu aggressive Einreibungen mit einem trockenen Luffa-Handschuh sind zu vermeiden. Das reizt nur die Haut. Vorzuziehen sind Einreibungen mit einem trockenen Waschlappen oder mit einem angefeuchteten Luffa-Handschuh.
- Schlankmachendes Bad: Wacholder, Geranie, Zypresse, 5 Tropfen von jedem in 3 Eßlöffel Algenpulver oder auch in 1 Eßlöffel gefriergetrocknetes Meersalz geben und mit 2 Eßlöffeln Milchpulver mischen. Das Ganze ins Badewasser.
- Einreibung gegen Schmerzen: mit ätherischen Ölen von Birke, Wacholder, Kiefer, Rosmarin und Terpentin zu gleichen Teilen ein- bis dreimal die schmerzenden Stellen einreiben.

Fertigprodukte

Einreibung RHU (gegen Schmerzen), Einreibung CEL (Zellulitis).

Verwendung des Wacholder-Hydrolats

Gesundheitsgetränk, das allen Rheumakranken und gegen Übersäuerung empfohlen wird (ein Eßlöffel pro Liter Wasser und pro Tag).

Für Aknehaut in Verbindung mit Zedern- und Lavendel-Hydrolat als Gesichtsdampfband morgens und abends.

Wacholder-Hydrolat-Getränk: zwei Eßlöffel in anderthalb Liter Wasser, abwechselnd mit Eukalyptus-Hydrolat ergänzend zur Diabetes-Behandlung zu trinken; Wacholder-Hydrolat wirkt ausgezeichnet als Ergänzung der Behandlung aller rheumatischen Erkrankungen und Arthosen, bei gleicher Dosierung.

Geschichte der Pflanze

Den Wacholder, einen kleinen Strauch, der wegen seiner aromatischen, frischen und süßen Beeren beliebt ist, findet man in Mittel- und Südeuropa.

In der Antike verwendeten Römer und Griechen die Beeren in der Medizin, in der Küche und bei Räucherungen.

Pfarrer Kneipp verschrieb sie sehr oft zum Reinigen des Blutes und zur Heilung von Hautkrankheiten.

Das ätherische Öl wird durch Wasserdampfdestillation der Beeren gewonnen.

Aus der Camargue

In der Camargue, zwanzig Kilometer vom Meer entfernt, gibt es sieben Wälder von je etwa sieben Kilometern Länge und dreihundert Metern Breite, wo die Sträucher des »phönizischen Wacholders« sich zu Bäumen von fünf bis sechs Metern Höhe entwickelt haben. Ein seltsamer Wachstumsprozeß der episodisch auftretenden Wasserlinsen außerhalb der Saison ermöglicht es den Königen dieser Wüste (keine andere Art gibt es in diesen Wäldern von Rièges), über eine winzig kleine Flora von Salzkräutern (*enguanes* im Provençalischen), Stechwinden, Alfanzereien und Mastixbäumen (ganz besonders salzliebende Pflanzen) zu herrschen. Dieser ehrfurchtgebietende und seltsame *Juniperus phoenicea* wird einmal im Jahr durch eine bezaubernde Blütezeit von wilden Gladiolen und Mittelmeerlilien (Totenblumen bei den Griechen) erhellt. Außerdem ist dies das einzige Gebiet auf der Welt, wo Wacholdersträucher Bäume geworden sind!

Ylang-Ylang

Anona odorantissima, Annonengewächs

Eigenschaften
- Spannkraftfördernd, allgemein und sexuell anregend.
- Antiseptisch.
- Blutdrucksenkend und herzregulierend.
- Zellregenerierend.

Anwendungsgebiete
- Impotenz, Frigidität.
- Darminfektion und Tropenfieber.
- Frequenzbeschleunigung des Herzens, hoher Blutdruck.
- Behandlung von Haar und Haut.

Anwendungsweise

Innerliche Anwendung
- 1 Tropfen Ylang-Ylang von der Hand lecken, auf einen Löffel Honig oder in ein Glas mit warmem Wasser geben, zwei- bis dreimal täglich außerhalb der Mahlzeiten.

Äußerliche Anwendung
- Vor allem wegen seines feinen, warmen orientalischen Geruchs als Parfüm verwendet, gehört das ätherische Ylang-Ylang-Öl zu zahlreichen Parfümmischungen.
- Revitalisierende Anwendung: ein paar Tropfen Ylang-Ylang morgens und abends auf die gereinigte Haut.
- Spannkrafterhöhendes orientalisches Bad: 5 Tropfen Ylang-Ylang in Milch- oder Algenpulver.
- Haarpflege: siehe *Salbei*.

Zusammenwirken mit anderen ätherischen Ölen

Innerliche Anwendung

Ylang-Ylang wird im allgemeinen allein verwendet.

Äußerliche Anwendung

- Orientalisches Behaglichkeitsbad: Ylang-Ylang, Zeder, Geranie, 5 Tropfen von jedem.
- Mischung für die Haare bei Haarausfall: siehe *Salbei.*
- Parfüm: Ylang-Ylang 10 ml, Zeder oder Rosenholz je nach Wahl 5 ml in 100 ml 70prozentigem Alkohol.
- Zum Parfümieren Ihrer Schränke und Ihrer Wäsche geben Sie 30 bis 50 Tropfen Ylang-Ylang und Rosenholz gemischt in Ihre Möbelpolitur.

Fertigprodukte

Einreibung APH (spannkraftfördernd), 106 (Haare).

Zu beachten

Cananga odorata riecht zwar wie Ylang-Ylang, ist aber ein Annonengewächs, das nicht so einen guten Duft und auch nicht solche Eigenschaften wie die *Anona odorantissima* aufweist. Es ist derselbe Unterschied wie zwischen Sandelholz und Amyris.

Geschichte der Pflanze

Ylang-Ylang, ein Baum, der vor allem auf den Philippinen, auf den Komoren, auf Réunion und auf Madagaskar wächst, hat herrliche kleine blaßgelbe Blüten.

Das ätherische Öl wird durch Wasserdampfdestillation der Blüten gewonnen.

Ysop

Hyssopus officinalis, Lippenblütler

DAS ÄTHERISCHE ÖL GEGEN ASTHMA

Eigenschaften
- Wirkt schleimlösend und hustenlindernd bei Katarrhen.
- Blutdrucksteigernd (Caujolle).
- Stellt verletztes Gewebe wieder her.
- Wirkt bei äußerlicher Anwendung wundheilend.

Anwendungsgebiete
- Asthma, chronische Bronchitis, Emphysem, Husten, Grippe, Bronchopneumonie, Lungentuberkulose, Heuschnupfen.
- Niedriger Blutdruck.
- Hautkrankheiten.

Anwendungsweise
Innerliche Anwendung
- 1 Tropfen, und zwar wirklich nur einen, zwei- bis dreimal täglich auf die Hand, auf einen Löffel Honig oder in ein Glas mit warmem Wasser. Auf jeden Fall muß sich Ihr Aromatherapeut dazu äußern.

Äußerliche Anwendung
- Einreibungen: Für Asthmatiker und Bronchitis-Patienten 10 bis 20 Tropfen Gemisch auf Ysop-Grundlage morgens und abends (siehe »Zusammenwirken mit anderen ätherischen Ölen«).
- Zerstäubung und Inhalationen: Ätherisches Ysopöl bringt ins Stocken geratene Schleimabsonderung wieder in Gang und wird durch die Lungen ausgeschieden. Daher ist es in Synergie mit atmungsfördernden Mischungen zu verwenden (siehe »Zusammenwirken mit anderen ätherischen Ölen«).

Zusammenwirken mit anderen ätherischen Ölen

Innerliche Anwendung

Ysop sollte allein und stets außerhalb der Mahlzeiten verwendet werden. Die anderen ätherischen Öle werden zu anderen Zeiten genommen.

Äußerliche Anwendung

- Asthma und tiefliegende Lungenbeschwerden:
  Einreibung: mit Ysop 5 ml, Eukalyptus 5 ml, Cajeput 15 ml, Kamille 5 ml (wahlweise und wenn sie gut vertragen wird) morgens und abends Brust, Rücken, Solarplexus und Fußsohlen einreiben.
  Zerstäubung:
  1. Rezept: Lavendel 15 ml, Eukalyptus 15 ml, Ysop 3 ml.
  2. Rezept: Eukalyptus 10 ml, Cajeput 10 ml, Kiefer 10 ml, Ysop 3 ml, Niaouli 5 ml.

  Inhalation: 2 Tropfen Eukalyptus, 2 Tropfen Zeder, 2 Tropfen Cajeput, 1 Tropfen Ysop, 3 Tropfen Majoran oder Lavendel je nach Wahl in eine Schale mit warmem Wasser oder in einen Inhalationsapparat. Zwei bis fünf Minuten lang inhalieren.
- Weißfluß:
  Auftragen: Ysop und Lavendel zu gleichen Teilen zwei- bis dreimal täglich auf die Geschlechtsteile auftragen.
  Vaginalinfektionen: 2 Tropfen Ysop und 2 Tropfen Lavendel in eine Halb-Liter-Spritze für Vaginalinjektionen.
- Wunden, Quetschungen:
  Auftragen: Ysop, Geranie, Lavendel zu gleichen Teilen zweimal täglich auftragen.

Warnung

Ätherisches Ysopöl kann in hohen Dosen bei dazu Veranlagten epileptische Anfälle hervorrufen! (Caujolle)

Verwendung des Ysop-Hydrolats

In allen genannten Fällen kann zur Behandlung mit ätherischen Ölen Ysop-Hydrolat zugegeben werden, und zwar ein halber Teelöffel auf ein großes Glas Wasser drei- bis fünfmal täglich. Das Ysop-Hydrolat ergänzt die Behandlung mit Einreibungen und innerlicher Anwendung und kann jedesmal dann an die Stelle von ätherischem

Ysopöl treten, wenn kein solches Öl von ausgezeichneter Qualität beschafft werden kann.
Es sei ausdrücklich darauf hingewiesen, daß ätherisches Ysopöl nie bei Kindern, Säuglingen und sensiblen Menschen (außer auf ärztliche Verschreibung) verwendet werden darf; es kann dafür durch Ysop-Hydrolat ersetzt werden.

Geschichte der Pflanze

Ysop ist das heilige Kraut der Hebräer. Es wächst wild auf den kargen Hängen Südfrankreichs, vor allem auf steinigem Boden.
Hippokrates rühmte bereits die Eigenschaften des Ysops bei Brust- und Rippenfellentzündungen. Galen und Dioskurides ebenfalls.
Das ätherische Öl wird durch Wasserdampfdestillation der Pflanze gewonnen, wobei die Ausbeute sehr gering ist.

Zedernholz

Cedrus atlantica, Nadelholzgewächs

Eigenschaften

- Wirkt bei Hautkrankheiten.
- Antiseptisch für Urogenitaltrakt und Lungen.

Anwendungsgebiete

- Trockene Ekzeme, Hautjucken, Geschwüre, Hautkrankheiten, Haut- und Haarpflege.
- Erkrankungen des Rachens, Bronchitis, Gonorrhoe, Harnröhrenentzündung, Scheidenentzündung.

Anwendungsweise

Innerliche Anwendung

- 1 Tropfen Zeder oder Gemisch auf Zedern-Grundlage von der Hand lecken, auf einen Löffel Honig oder in ein Glas mit warmem Wasser geben, dreimal täglich.

Äußerliche Anwendung

- Einreibung: ein- bis viermal täglich die reine Essenz oder ein Gemisch (siehe »Zusammenwirken mit anderen ätherischen Ölen«).

Zusammenwirken mit anderen ätherischen Ölen

Innerliche Anwendung

Angenehme Getränke im Winter: warm getrunken, können sie in vorteilhafter Weise den Five-o'clock-tea ersetzen. Zeder-Zitrone oder Zeder-Geranie: 1 bis 2 Tropfen von jedem auf einen Löffel Honig und in warmes Wasser. Genießen Sie den aromatischen Tee!

Äußerliche Anwendung

- Mischungen für Parfüms: Sandelholz 10 ml, Zeder 10 ml oder Zeder 5 ml, Geranie 5 ml, Rosenholz 10 ml.

- Mischung für Zerstäuber:
  Antitabak: Eisenkraut, Geranie, Kiefer, Zeder, Minze.
  Entspannend für die Atemwege: Eisenkraut, Kiefer, Zeder.
- Mischung für die Haut: Rosenholz 15 ml, Zeder 5 ml. Zweimal täglich ein paar Tropfen auf die gereinigte Haut auftragen. Reinigt und regeneriert. Kann Aknenarben glätten (bei drei- bis sechswöchigen Kuren).

Fertigprodukte

Mischung für den Zerstäuber Ambiance Antitabac, Haut-Einreibung 107.

Verwendung des Zedern-Hydrolats

Das Einreiben strapazierter Haare verleiht den Haaren wieder Spannkraft und fördert das Wachstum (in Verbindung mit dem ätherischen Öl und mit innerlicher Behandlung).
Bereiten Sie eine Mischung mit 600 ml Zedern-Hydrolat, 100 ml Thymian-Hydrolat und 300 ml Lavendel-Hydrolat zu und reiben Sie morgens und abends die Kopfhaut damit ein (fettet nicht).
Für Gesicht und Körper: ein- bis dreimal täglich auf Narben, Hautkrankheiten, Akne, Spuren von Masern und Windpocken Kompressen mit dieser Mischung auflegen oder (Gesichts-)Dampfbäder machen. Bei sehr empfindlicher Haut Zedern- und Lavendel-Hydrolat zu gleichen Teilen verwenden.

Geschichte der Pflanze

Die Zeder, ein Baum von zwanzig bis fünfzig Metern Höhe, liefert ätherisches Öl durch Dampfdestillation des Zedernholzes oder der Blätter. Ich beziehe mich hier auf das ätherische Öl des Zedernholzes, das allgemein aufgrund seiner wichtigen medizinischen Eigenschaften verwendet wird, weniger auf das ätherische Öl des Zedernblattes.
Die Ägypter haben Mumien mit Mischungen einbalsamiert, bei denen Zedernholz eine bedeutende Rolle spielte.
Heutzutage ist die Zeder (Holz und Blätter) Bestandteil zahlreicher Parfüms, Salben und Cremes.

Es gibt kein Rezept eines chinesischen Arztes ohne Zimt. *G. Capus und D. Bois*

Zimt

aus Ceylon: *Cinnamomum zeylanicum,*
aus China: *Cinnamomum aromaticum,*
Lorbeergewächs

DAS ÄTHERISCHE ÖL GEGEN DURCHFALL

Eigenschaften

- Stark antiseptisch (eine der bedeutendsten Essenzen des Aromatogramms).
- Regt Herz, Atmung und Kreislauf an. Wirkt aphrodisisch.
- Fäulnishemmend und krampflösend.

Anwendungsgebiete

- Durchfall, krampfartige Dickdarmentzündung, Verdauungskrämpfe.
- Impotenz, Frigidität.

Anwendungsweise

Innerliche Anwendung

- 1 Tropfen – niemals mehr – von der Hand lecken, auf einen Löffel Honig oder in ein Glas mit warmem Wasser geben, dreimal täglich.

Äußerliche Anwendung

- Einreibung: immer verdünnen in Weizenkeimöl, süßem Mandelöl oder Olivenöl oder noch drei Anteile ätherisches Lavendelöl dazugeben. Zwei Einreibungen pro Tag von Magen und Unterleib nach den Mahlzeiten + 1 Tropfen zur innerlichen Anwendung stoppen Schmerzen und Durchfall!
- Zerstäubungen: immer in sehr geringer Menge und mit anderen süßen ätherischen Ölen gemischt.

Zusammenwirken mit anderen ätherischen Ölen

Äußerliche Anwendung

- Anregende aphrodisische Einreibung: mit Zimt 5 ml, Koriander 10 ml, Rosmarin 15 ml, Nelke 5 ml, Ingwer 5 ml, Majoran 15 ml ein- bis zweimal täglich Nacken, Wirbelsäule und Solarplexus einreiben. Nicht an die Schleimhäute kommen!
- Aphrodisisches Öl: Zimt 7 ml, Rosenholz 15 ml, Sandelholz oder Ylang-Ylang 2 ml in 100 ml Weizenkeimöl. Für die sanfte Massage vor den »Liebesspielen« zu verwenden.
- Präparat für Auswüchse an den Füßen (Hühneraugen, Schwielen): 50 ml Buchsbaum-Hydrolat, 40 ml Mistel-Hydrolat, 3 ml ätherisches Ceylon-Zimtöl, 1 ml ätherisches Gewürznelkenöl, 5 ml ätherisches Muskatellersalbeiöl, 40 Tropfen Sesamöl. Vor Gebrauch schütteln. Die Schwielen damit einreiben und nachts Kompressen auflegen, bis sie verschwunden sind.

Gefahr

Niemals mit reinem ätherischem Zimtöl baden, da Sie sonst mit unzähligen kleinen Brandwunden auf dem gesamten Körper aus der Wanne steigen. Und das sind ernsthafte Verbrennungen!
Niemals mit unverdünntem ätherischem Zimtöl einreiben!

Fertigprodukte

Mischungen Stop-Moustic (gegen Stechmücken) und Hammam für Zerstäuber, Einreibungen RES (für die Atemwege), Stop-Moustic und APH (spannkraftfördernd).

Küchenrezept

Zu allen aufgußartigen warmen Getränken gibt man 1 bis 2 Tropfen ätherisches Ceylon-Zimtöl hinzu. Ebenso 1 Tropfen in den Nachtisch oder in Apfelkompott.
Sumatra-Zimt, der sehr süß schmeckt und riecht, wird für die Küche bevorzugt.

Geschichte der Pflanze

Der immergrüne kleine Zimtbaum wird auf den Inseln Ceylon, Mauritius, auf den Seychellen, auf Réunion, auf Madagaskar, auf den

Antillen, in Indien und in China angebaut. Die beiden genannten Arten sind sehr bekannt und werden als einzige für die Therapie verwendet, wobei der Ceylon-Zimt bedeutendere Eigenschaften aufweist.
Ätherisches Zimtöl wird durch Wasserdampfdestillation der Rinde und der Blätter gewonnen. Hier ist die Rede von der Essenz der Zimtrinde, die viel mehr Cinnam-Aldehyd enthält (65 bis 75%) als die Essenz der Blätter (3%). Die Eugenol-Anteile sind umgekehrt verteilt.

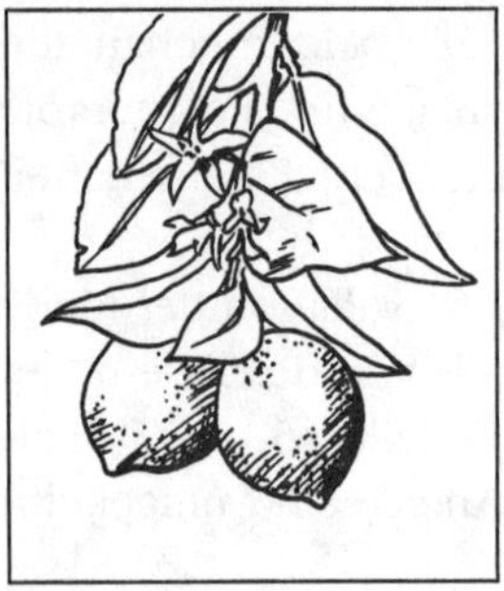

Zitrone

Citrus limonum, Rautengewächs

DAS ÄTHERISCHE ÖL FÜR DIE FRAU

Eigenschaften

- Stärkt das natürliche Immunsystem, aktiviert die Bildung weißer Blutkörperchen und reguliert den Stoffwechsel.
- Stärkt das sympathische Nervensystem.
- Allgemein antiseptisch, bakterienbekämpfend.
- Allgemeines Reinigungsmittel für Blut, Nieren, Leber, Gallenblase und Bauchspeicheldrüse.
- Verflüssigt das Blut (ätherisches Öl + Saft) und ist ein Venentonikum.
- Hält die Gewebe jung und beugt dem Alterungsprozeß vor.

Anwendungsgebiete

- Der Saft wirkt trotz seines sauren Geschmacks remineralisierend und alkalisch (Rancoule).
- Schwächezustände, Blutarmut und allgemeine Erschöpfung, ständige Müdigkeit (ätherisches Öl + Saft).
- Verschiedene Infektionen und Vorbeugung gegen Epidemien.
- Vorzeitiges Altern: hoher Blutdruck, Arteriosklerose, brüchige Haare, Falten.
- Fettleibigkeit, Zellulitis, Krampfadern.
- Hautpflege: Hautausschläge, Furunkel, Mitesser, Flechten, fettige Gesichtshaut, Frostbeulen, Sommersprossen, brüchige Fingernägel.
- Hält Motten und Ameisen fern (frische Zitrone).

Anwendungsweise

Innerliche Anwendung

- 1 Tropfen von der Hand lecken, auf einen Löffel Honig oder in ein Glas mit warmem Wasser geben, drei- bis fünfmal täglich. Ätherisches Zitronenöl wird im allgemeinen allein und außerhalb der Mahlzeiten verwendet.

Äußerliche Anwendung

- Ein paar Tropfen Zitrone auf die zu pflegende Haut bei Anwendungen und bei Einreibungen: Wunden, Schrunden, Warzen, Frostbeulen, Hautausschlag, Furunkel, Flechten, Krätze, Herpes (laut Berlureaux), ein- bis zweimal täglich.

Zusammenwirken mit anderen ätherischen Ölen

Innerliche Anwendung

Ätherisches Zitronenöl wird allein verwendet. Die anderen ätherischen Öle für die Behandlung werden zu unterschiedlichen Zeiten benutzt.

- Schlankmachend: siehe *Wacholder*.
- Frühjahrskur: 1 Tropfen ätherisches Zitronenöl auf nüchternen Magen und außerhalb der Mahlzeiten den Saft von 2 bis 3 Zitronen in 2 Liter Wasser trinken. Drei Wochen lang, drei- bis viermal im Jahr zum Wechsel der Jahreszeiten.

Äußerliche Anwendung

- Regenerierende Maske für alle Hauttypen: 2 Tropfen ätherisches Zitronenöl und grünen, rosafarbenen oder weißen Lehm in Puderform mit Wasser in ausreichender Menge mischen, um eine dickflüssige Paste zu bekommen. Sieben bis zehn Minuten auf dem Gesicht belassen. Mit Wasser abwaschen.
- Zur Zahnpflege: 2 Tropfen ätherisches Zitronenöl + Lehm in Pulverform + Wasser. Erfrischt, desinfiziert und bleicht die Zähne, kräftigt das Zahnfleisch.
- Öl für gebrochene Nägel: 10 Tropfen ätherisches Zitronenöl auf einen Teelöffel Weizenkeimöl. Massieren der Hände und der Nägel ein- bis zweimal wöchentlich. Gleichzeitig Mineralsalze und gefriergetrocknete Hefe verwenden.

- Parfüms:
  Frisch: Zitrone und Eisenkraut.
  Harmonisch: Zitrone + Geranie.
  Orientalisch: Zitrone + Ylang-Ylang.
  Ein Anflug Zimt oder ein starkes ätherisches Öl Ihrer Wahl (Koriander, Nelke, Sandelholz, Rose) verleiht dem Parfüm Ihre persönliche Note.

Zu beachten

- Bindehautentzündung: 1 Tropfen Zitronensaft ein- bis dreimal täglich ins Auge löst jedes Entzündungsproblem in wenigen Stunden. **Aufgepaßt!** Es handelt sich um Zitronensaft und *nicht* um ätherisches Zitronenöl.
- Ohrenentzündung: 2 bis 3 Tropfen Zitronensaft ins Ohr zwei- bis dreimal täglich zwei oder drei Tage lang reichen aus, um auch das Problem der Ohrenentzündung zu lösen.
- Ätherisches Zitronenöl neutralisiert den Typhusbazillus (Eberth), den Staphylococcus aureus, den Diphtheriebazillus (Loeffler) und den Pneumococcus in weniger als drei Stunden (Dr. Valnet). Ein paar Tropfen Zitronensaft zerstören in 15 Minuten 92% der Bakterien einer Auster (Richet).

Küchenrezepte

- Ein paar Rezepte für angenehme Erfrischungsgetränke:
  Zitrone – Geranie.
  Zitrone – Zeder.
  Zitrone – Orange.
  Zitrone – Minze.
  Ein Tropfen von jedem mit Honig in ein Glas mit warmem oder kaltem Wasser, kochend oder warm mit Eisstückchen serviert – das ergibt erstaunliche appetitanregende bzw. 17-Uhr-Getränke …
- Ätherisches Zitronenöl – 1 bis 2 Tropfen – kann Süßspeisen, Gebäck und Pudding zugegeben werden.

Fertigprodukte

Mischung Fresh-Tonic für den Zerstäuber. Mischung MIN (Ausscheidung).

Apropos Zitrusfrüchte

Die Zitrusfamilie, die wohl aus Mittelasien stammt, gehört zur Gattung der Rautengewächse. Die Zitrusfrüchte werden wegen ihrer Blüten, ihrer Blätter und sogar wegen ihrer Zweige verwendet.

Verzeichnis der Zitrusfamilie und der Zitrusessenzen:

Baum	*Baumteil*	*Gewinnung*	*Essenz*
Zitrone *C. limonum medica*	Fruchtschale Blätter und Zweige	Auspressen Destillation	Zitrone Petit Grain vom Zitronenbaum
Bergamottbaum *C. bergamia*	Fruchtschale	Auspressen	Bergamotte
Süßer Orangenbaum *C. aurantium vulgare*	Fruchtschale Blüte	Auspressen Destillation	süße Orange Neroli
Bitterer Orangenbaum *C. aurantia bigaradia*	Fruchtschale Blüte	Auspressen Destillation	bittere Orange Neroli
Mandarinenbaum *C. nobilis*	Fruchtschale Blätter und Zweige	Auspressen Destillation	Mandarine Petit Grain vom Mandarinenbaum
Limettenbaum *C. medica vulgaris*	Fruchtschale	Auspressen	Limette
Zedratbaum *C. medica acida*	Fruchtschale	Auspressen	Zedrat

Geschichte der Pflanze

Die Zitrone stammt aus Indien und wird vor allem in Südeuropa, Afrika und Kalifornien angebaut. Ein Baum liefert etwa 1500 Früchte, und für 1 kg Essenz braucht man 3000 davon. Das ätherische Öl wird durch Auspressen der Fruchtschale gewonnen. Das deterpenierte ätherische Zitronenöl wird oxydiert und ergibt so ein erstklassiges Antimikrobenmittel (genauso wie Kiefernnadeln). Das ätherische Öl enthält zu 95% Terpene, Linalol, Citral und Citronellal.

Nur der Zitronensaft (das frische Fruchtfleisch) enthält Zitronensäure, Mineralsalze und Spurenelemente sowie die Vitamine A, C, PP und vor allem B.

Das Provitamin A befindet sich in der Zitronenschale.

Die Vitamine der Gruppe B: Ernährung, nervliches Gleichgewicht.

Das Vitamin A: Wachstum, Jungerhaltung des Gewebes.

Das Vitamin C: Endokrine Drüsen.

Das Vitamin PP: Schutz der Gefäße.

Ätherisches Zitronenöl ist eines der wichtigsten Öle, die man in der natürlichen Hausapotheke haben sollte. Seine vielfältigen Eigenschaften bringen Linderungen auf vielen Gebieten.

Durch die Feldzüge Alexanders des Großen wurden Zitrusfrüchte auch in Europa bekannt. Die Araber verbreiteten sie zwischen dem 7. und dem 10. Jahrhundert im gesamten Mittelmeerraum. Seit dem Jahre 1000 wurden sie auf Sizilien und in Kalabrien angebaut, von wo sie immer noch hauptsächlich kommen. Im 19. Jahrhundert wurden Zitrusfrüchte in die Vereinigten Staaten eingeführt. Die Kulturen passen sich besonders gut in Florida, Louisiana und Kalifornien an.

Die beste Zitronenessenz ist unbestritten die aus Sizilien. Zweimal im Jahr wird geerntet: im Sommer wegen der Früchte und im Winter – vom November bis Februar – wegen des Saftes und der Essenz.

Zu Beginn des Jahrhunderts haben Frauen und Kinder Zitronen in zwei Teile geschnitten, das Fruchtfleisch mit einem geschliffenen Löffel herausgeschabt und die Schalen eingelagert und feuchtgehalten. Die Männer preßten dann die Schalen mit der Hand auf einen Schwamm aus und drückten die Flüssigkeit des Schwamms in einen Eimer. Man sammelte Wasser, Essenz und Überreste der Schalen, die gefiltert und abgegossen wurden und die Essenz des ersten Auspressens ergaben.

Die Zitronenessenz hat eine Dichte von 0,86. Ihre Brechungskraft ist beachtlich (+ 55° bis + 67°), d. h. ein Strahl polarisierten Lichtes, der die Zitronenessenz auf einer Länge von 100 mm durchdringt, wird in einem Winkel von 55 bis 67 Grad nach rechts abgelenkt. Nur bei der Orange ist die Brechungskraft noch stärker: + 85° bis 102°. Jede Zitronenessenz, die weniger als + 55° bricht, ist gefälscht.

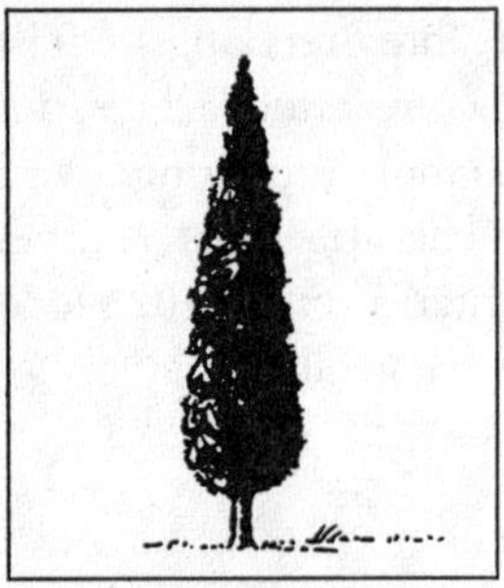

Zypresse

Cupressus sempervirens, Zypressengewächs

DAS ÄTHERISCHE ÖL FÜR DEN KREISLAUF

Eigenschaften

- Wirkt tief auf die Venenzirkulation und verbessert sie.
- Erhöht die Spannkraft der Gefäße.

Anwendungsgebiete

- Beschwerden der Venenzirkulation.
- Bringt allgemein ins Gleichgewicht.
- Hämorrhoiden, Krampfadern (Einreiben), schwere Beine.
- Schweißfüße (siehe »Zusammenwirken mit anderen ätherischen Ölen«) und warme Füße.

Anwendungsweise

Innerliche Anwendung

- 1 Tropfen von der Hand lecken, auf einen Löffel Honig oder in ein Glas mit warmem Wasser geben, dreimal täglich.

Äußerliche Anwendung

- Einreiben der schweren Beine bzw. der warmen Füße ein- bis zweimal täglich. Synergien auf der Grundlage von Zypresse sind wirksamer.

Zusammenwirken mit anderen ätherischen Ölen

Innerliche Anwendung

- Schlechte Venenzirkulation und mangelnde Elastizität der Arterien und Venen. 1 Tropfen Zypresse + 2 Tropfen Zitrone dreimal täglich.

Äußerliche Anwendung
- Schwere Beine: Einreibung mit 10 Tropfen Zypresse, 10 Tropfen Lavendel und 2 Tropfen Minze ein- bis zweimal täglich.
- Warme Füße, schlechte Durchblutung der Füße: Einreibung mit 10 Tropfen Zypresse + 2 Tropfen Minze abends vor dem Schlafengehen und morgens beim Aufstehen.
- Apropos: Ein ausgezeichnetes Gesundheitsgetränk für jeden Tag bei Kreislaufbeschwerden und gynäkologischen Problemen: abwechselnd Salbei- und Beifuß-Hydrolat, jeweils 2 Eßlöffel pro anderthalb Liter Wasser, tagsüber bei einer dreiwöchigen Kur (zwei- bis dreimal pro Jahr) trinken.

Warnung
Ätherisches Zypressenöl nie abends einnehmen. Niemals Beine und warme Füße nur zusammen mit ätherischem Minzenöl einreiben, da Sie sonst ein »Eisberg« werden könnten (siehe *Minze*).

Fertigprodukte
Einreibung CEL: Blutkreislauf, Zellulitis.

Zu beachten
Bettnässen: 1/2 Tropfen um 10 Uhr und um 17 Uhr für Kinder, 1 Tropfen um 10 Uhr und um 17 Uhr für Erwachsene. Einreibung des Solarplexus mit 3 bis 5 Tropfen Zypresse zu denselben Zeiten. Dreiwöchige Kur.

Verwendung des Zypressen-Hydrolats
Es ist Bestandteil von Lotionen für die Haare (Salbei-, Zedern-, Zypressen- und Lavendel-Hydrolat), für brüchige Haare und Kopfhauterkrankungen.

Geschichte der Pflanze
In der Antike weihte man die Zypresse Pluto, dem Gott des Totenreiches. Daher die Sitte, sie auf Friedhöfen zu pflanzen.
Diese immergrünen Bäume ergeben ein ätherisches Öl, das durch Destillation der Zapfen, welche die Früchte des Baumes sind, gewonnen wird. Das ätherische Öl ist reich an d-Pinen und d-Camphen.

Weitere ätherische Öle

Ätherische Öle, die zwar zahlreiche Eigenschaften haben, aber aus verschiedenen Gründen wenig »verwendbar« sind:

Borneol – Kampfer
Borneol war in der Antike als Allheilmittel beliebt. Japanischer Kampfer ist toxisch. Sie werden miteinander verwechselt, da sie sich ähneln, wobei Kampfer wesentlich billiger als Borneol ist! Das blaugrüne Borneol ist ein Alkohol, den der alte Baum absondert.

Feldthymian
Besitzt Eigenschaften wie Thymian.

Karotte
Wird nur zur Gesichtspflege verwendet. Aber man kann dieses ätherische Öl auch einnehmen. Es riecht und schmeckt besonders unangenehm.

Knoblauch – Zwiebel
Schwer zu absorbieren. Müssen stark verdünnt werden. Fragen Sie auf jeden Fall Ihren Aromatherapeuten. Die Zwiebel (als Gemüsepflanze) ist ein ausgezeichnetes Mittel gegen Krebs!

Palmarosa
Wird wenig verwendet. Ihre Eigenschaften betreffen das Lungensystem.

Petersilie
Fördert den Monatsfluß.

Wermut – Grüner Anis – Stern-Anis – Fenchel
Diese ätherischen Öle sind Bestandteile bestimmter alkoholischer Anis-Getränke. Fenchel und Anis haben Eigenschaften wie Kümmel, Koriander und Mutterkümmel.

Es ist so wichtig, ätherische Öle von ausgezeichneter Qualität zu verwenden, daß bestimmte Ärzte, die damit begonnen haben, Aromatherapie zu praktizieren, dies wieder aufgegeben haben, da sie sich nicht der ausgezeichneten Qualität der verschriebenen ätherischen Öle versichern konnten.
Man findet jetzt auf dem Markt (in Spezialläden, in Bioläden und in manchen Apotheken) ätherische Öle von guter Qualität, und zwar in braunen oder blauen Flakons, auf deren Etiketten der Hersteller, die Pflanzenart und ihr genauer botanischer Name angegeben sein müssen. Hinweise auf eine Herkunft aus kontrolliert-biologischem Anbau sind eine weitere Sicherheit hinsichtlich der Qualität des jeweiligen ätherischen Öls.

4. Anhang

Klassifizierung nach ätherischen Ölen

Ätherisches Öl	*Vorrangige Wirkung*	*Zusätzliche Wirkungen*	*Das ätherische Öl für*
Basilikum	Nervenstärkend	Krampflösend	—
Bergamotte	Darminfektionen	Hautkrankheiten	—
Bohnenkraut	Intellektuell und sexuell anregend	Regt den Stoffwechsel an	**sexuelle und körperliche Spannkraft**
Cajeput	Chronische Lungenkrankheiten	Antineuralgisch	—
Citronella	Vertreibt Stechmücken	—	—

Die Angaben in der Rubrik *»Das ätherische Öl für«* sind **fettgedruckt** und entsprechen meinen persönlichen Bezeichnungen. Auf jeden Fall ist festzuhalten, daß das ätherische Öl für das angegebene Anwendungsgebiet ein positives Ergebnis bringt. Ein Beispiel: Kümmel als das ätherische Öl bei Luftschlucken ist auf jeden Fall das beste ätherische Öl für diesen Zweck.

Ätherisches Öl	*Vorrangige Wirkung*	*Zusätzliche Wirkungen*	*Das ätherische Öl für*
Eisenkraut	Fördert die Harmonie	Weckt den schöpferischen Geist	**Glück**
Estragon	Krampflösend, verdauungsfördernd	—	**Schluckauf**
Eukalyptus	Antiseptisch für die Lungenwege	Verflüssigt Lungenschleim	**Atemwege**
Geranie	Wirkt auf die Nebennierenrinde	Wundheilend	**Zuckeresser**
Ingwer	Regt Drüsenfunktionen an	Eierstöcke, Hoden	**aphrodisisch**
Kamille	Krampflösend	Lindernd	**Sinusitis**
Kiefer	Antiseptisch für die Lunge	Für die Brust	**Husten**
Kümmel	Alle Verdauungsstörungen	Sauerstoffzufuhr zum Darm	**Luftschlucken**
Lavendel	Beruhigend, antiseptisch für Lunge und Haut, wundheilend	Reguliert das Nervensystem	**kleine Wehwehchen, Entspannung**
Lemongrass	Tropisches Antiseptikum	—	—
Majoran	Angstzustände, Beklommenheit, Schlaflosigkeit, Depressionen	Beruhigt, regeneriert	**Nahrung für die Nervenzelle**

Ätherisches Öl	*Vorrangige Wirkung*	*Zusätzliche Wirkungen*	*Das ätherische Öl für*
Minze	Allgemein anregend und verdauungsfördernd	Erfrischend	—
Muskatnuß	Allgemein und geistig anregend	Erregt Geist und Sinne, verdauungsfördernd	**spannkrafterhöhend**
Nelke	Betäubt bei Zahnschmerz, regt das Gedächtnis an	Antiseptisch	**Zahnschmerzen, Gedächtnis**
Neroli	Nervenberuhigend	Revitalisiert die Zellen	**Schlaf**
Niaouli	Antiseptisch für die Lunge	—	—
Orange	Nervenberuhigend	Beruhigend für Kinder	**Schlaf**
Origano	Antiseptikum Nr. 1 des Aromatogramms	Allgemein anregend	**Antiseptikum Nr. 1**
Petit Grain	Nervenberuhigend	Beruhigend	**Schlaf**
Rose	Krebsverhütend	Regeneriert die Gewebe	**Antifaltenmittel Nr. 1**
Rosenholz	Regeneriert die Gewebe	Stärkt und desinfiziert	**Haut**
Rosmarin	Stärkungsmittel für Verdauung und Herz	Stärkungsmittel für die Leber	**erhöht die Spannkraft der Sportler**

Ätherisches Öl	*Vorrangige Wirkung*	*Zusätzliche Wirkungen*	*Das ätherische Öl für*
Salbei	Harntreibend, reguliert die Funktion der Eierstöcke	Schweiß-hemmend	**Gynäkologie**
Sandelholz	Antiseptisch für den Urogenitaltrakt	Aphrodisisch, Hautpflege	—
Sassafras	Mittel gegen Nikotin	—	**Antinikotin**
Terpentin	Harntreibend	Antirheumatisch	**schweißtreibend**
Thuja	Antiseptisch für den Urogenitaltrakt	Warzen	**Prostatitis**
Thymian	Stark antiseptisch	Anregend	**Antiseptikum Nr. 2**
Wacholder	Harntreibend, antirheumatisch	Schlankmachend	**Rheumaerkrankungen**
Ylang-Ylang	Sexuell anregend	Antiseptisch	—
Ysop	Chronische Erkrankungen der Atemwege	Wundheilend	**Asthma**
Zedernholz	Hautkrankheiten	Antiseptisch für den Urogenitaltrakt	—

Ätherisches Öl	*Vorrangige Wirkung*	*Zusätzliche Wirkungen*	*Das ätherische Öl für*
Zimt (Ceylon-Zimt)	Spannkrafterhöhend, antiseptisch	Sexuell anregend	**Durchfall**
Zitrone	Allgemeines Blutreinigungsmittel	Verjüngung, stärkt das natürliche Immunsystem	**Frau**
Zypresse	Kreislaufstörungen	Zellulitis, Couperose	**Kreislauf**

Übersicht über die verschiedenen Einsatzmöglichkeiten

Ätherisches Öl	*Benutzte Teile. Warnungen*	*Therapie innerliche Anwendung*	*Therapie äußerliche Anwendung*	*Zerstäubung*
Basilikum	Pflanze	X	X	
Bergamotte	Schale W!	X	X	
Birke	Blätter	X	X	
Bohnenkraut	Pflanze	X	X	
Cajeput	Blätter	X	X	X
Citronella	Pflanze			X
Dill	Samen W!			
Eisenkraut	Pflanze	X	X	X
Estragon	Pflanze	X	X	X
Eukalyptus	Blätter	X		X
Feldthymian	Pflanze	X	X	X
Fenchel	Pflanze, Samen W!	X		
Gajak	Holz			
Galbanum	Harz			
Geranie	Pflanze	X	X	X

Die **fettgedruckten** ätherischen Öle werden in diesem Buch ausführlich behandelt.
Abkürzungen: W! = Warnung, NV = Nicht frei verkäuflich

Ätherisches Öl	*Schönheitspflege innerliche Anwendung*	*Schönheitspflege äußerliche Anwendung*	*In der Küche*	*Parfümherstellung*
Basilikum			X	X
Bergamotte		X	X	X
Birke	X	X		X
Bohnenkraut			X	X
Cajeput		X		X
Citronella				X
Dill			X	X
Eisenkraut	X	X	X	X
Estragon	X	X		X
Eukalyptus	X	X		X
Feldthymian			X	X
Fenchel			X	X
Gajak				X
Galbanum				X
Geranie	X	X	X	X

Ätherisches Öl	*Benutzte Teile. Warnungen*	*Therapie* *innerliche Anwendung*	*äußerliche Anwendung*	*Zerstäubung*
Grüner Anis	Samen			
Ingwer	Wurzel	X	X	
Kamille	Blüten	X	X	X
Karotte	Samen	X	X	
Kiefer	Blätter	X	X	X
Knoblauch	Knolle W!			
Koriander	Samen	X	X	X
Kümmel	Samen	X	X	
Lavendel	Blüten	X	X	X
Lemongrass	Pflanze		X	X
Lorbeer	Blätter	X		
Majoran	Blüten W!	X	X	X
Mandarine	Schale	X		X
Minze	Pflanze W!	X	X	X
Muskatnuß	Samen	X	X	X
Mutterkümmel	Samen	X		
Myrte	Pflanze	X	X	
Nelke	Knospen	X	X	
Neroli	Blüten	X	X	X

Ätherisches Öl	*Schönheitspflege innerliche Anwendung*	*Schönheitspflege äußerliche Anwendung*	*In der Küche*	*Parfümherstellung*
Grüner Anis			X	X
Ingwer			X	X
Kamille		X		X
Karotte	X	X		X
Kiefer	X	X		X
Knoblauch			X	X
Koriander	X	X	X	X
Kümmel	X	X	X	X
Lavendel	X	X	X	X
Lemongrass		X		X
Lorbeer			X	X
Majoran	X	X	X	X
Mandarine	X	X	X	X
Minze		X	X	X
Muskatnuß	X	X	X	X
Mutterkümmel	X	X	X	X
Myrte				X
Nelke	X	X	X	X
Neroli				X

Ätherisches Öl	*Benutzte Teile. Warnungen*	*Therapie* *innerliche Anwendung*	*äußerliche Anwendung*	*Zerstäubung*
Niaouli	Blätter	X	X	X
Olibanum	Harz	X		
Orange	Schale	X	X	X
Origano	Blüten	X	X	X
Palmarosa	Pflanze	X		X
Pampelmuse	Schale	X		X
Patchouli	Pflanze			X
Petersilie	Samen	X	X	
Petit Grain	Blätter	X	X	X
Rose	Blüten	X		X
Rosenholz	Holz	X	X	
Rosmarin	Blüten	X	X	X
Salbei	Blüten, W! Pflanze	X	X	
Sandelholz	Holz	X	X	X
Sellerie	Samen	X	X	
Sternanis NV	Samen	X		
Terpentin	Harz		X	
Thuja NV	Blätter W!	X	X	
Thymian	Pflanze	X	X	X

	Schönheitspflege			
Ätherisches Öl	*innerliche Anwendung*	*äußerliche Anwendung*	*In der Küche*	*Parfümherstellung*
Niaouli		X		X
Olibanum				X
Orange	X	X	X	X
Origano	X	X		X
Palmarosa				X
Pampel-muse	X	X	X	X
Patchouli				X
Petersilie				X
Petit Grain				X
Rose	X	X		X
Rosenholz	X	X		X
Rosmarin	X	X	X	X
Salbei	X	X		X
Sandel-holz	X	X		X
Sellerie			X	X
Sternanis NV			X	X
Terpentin		X		X
Thuja NV				X
Thymian	X	X	X	X

Ätherisches Öl	*Benutzte Teile. Warnungen*	*Therapie* *innerliche Anwendung*	*äußerliche Anwendung*	*Zerstäubung*
Vetiver	Wurzel			X
Wacholder	Beeren	X	X	X
Wermut NV	Pflanze W!			
Winter-grün	Blätter			
Ylang-Ylang	Blüten	X	X	X
Ysop	Blüten W!	X	X	X
Zedern-holz	Holz	X	X	
Zimt	Rinde, W! Blätter	X	X	X
Zitrone	Schale	X	X	X
Zwiebel	Knolle	X		
Zypresse	Blätter W!	X	X	X

	Schönheitspflege			
Ätherisches Öl	*innerliche Anwendung*	*äußerliche Anwendung*	*In der Küche*	*Parfümherstellung*
Vetiver				X
Wacholder	X	X	X	X
Wermut NV			X	X
Wintergrün				X
Ylang-Ylang	X	X		X
Ysop				X
Zedernholz	X	X		X
Zimt		X	X	X
Zitrone	X	X	X	X
Zwiebel				X
Zypresse	X	X		X

Mehrsprachiges Verzeichnis

Deutsch	*Botanische Bezeichnung*
Basilikum	Ocimum basilicum
Bergamotte	Citrus bergamia
Birke	Betula Alba
Bohnenkraut	Satureia hortensis, Satureia montana
Cajeput	Melaleuca leucadendron
Citronella	Cymbopogon nardus
Gewöhnliches Eisenkraut	Verbena officinalis L.
Eisenkraut	Lippia citriodora
Eisenkraut	Andropogon citratus
Exotisches Eisenkraut	Litsea cubeba
Estragon	Artemisia dracunculus
Eukalyptus	Eucalyptus globulus
Geranie (Geranium)	Pelargonium
Ingwer	Zingiber officinale
Römische Kamille	Anthemis nobilis
Kamille	Matricaria chamomilla
Kiefer	Pinus silvestris
Koriander	Coriandrum sativum L.
Kümmel	Carum carvi
Lavendel	Lavendula officinalis L.
Lemongrass	Cymbopogon citratus, Cymbopogon flexuosus
Majoran (Gartenmajoran)	Origanum majorana
Melisse	Melissa officinalis

ıglisch	*Französisch*	*Spanisch*
ısil, Sweet Basil	Basilic	Albahaca
ːrgamot	Bergamotte	Bergamota
rch Tree	Bouleau	Abedul
vory	Sarriette	Jedrea
ıjeput Oil Tee	Cajeput	Cayepute
ıtronnelle	Citronnelle	Citronela
ːrvain	Verveine officinale	Verbena oficinal
ːrvain	Verveine odorante	Verbena odorante
ːmongrass	Verveine des Indes	Verbena de las Indias
otic vervain	Verveine exotique	Verbena exotica
rragon	Estragon	Estragon
ıcalyptus Globulus	Eucalyptus	Eucalipto
ıse Geranium	Géranium	Geranio
ıger	Gingembre	Jengibre
ımomile Common Roman	Camomille romaine	Camomila romana
ımomile German	Camomille matricaire	Camomila matricaria
ıe	Pin	Pino
ıriander	Coriandre	Cilantro
raway	Carvi	Carvi
vender	Lavande	Espliego
ːmongrass	Lemongrass	Verbena de las Indias
ırjoram (Sweet)	Marjolaine	Mejorana
lmmint	Mélisse	Melisa

Deutsch	*Botanische Bezeichnung*
Muskatnuß	Myristica fragrans
Mutterkümmel	Cuminum cyminum L.
Nelke (Gewürznelke)	Eugenia caryophyllus
Neroli	Citrus aurantium L.
Niaouli	Melaleuca viridiflora
Orange	Citrus sinensis L.
Origano	Origanum vulgare L.
Petit Grain	Citrus aurantium L.
Pfefferminze	Mentha piperata
Rose	Rosa damascena, Rosa centifolia
Rosenholz	Aniba rosaeodora
Rosmarin	Rosmarinus officinalis L.
Salbei	Salvia officinalis L.
Muskatellersalbei	Salvia sclarea
Sandelholz	Santalum album
Sassafras	Sassafras officinalis
Terpentin	Pinus pinaster
Thuja	Thuja occidentalis
Thymian	Thymus vulgaris
Wacholder	Juniperus communis L.
Ylang-Ylang	Anona odorantissima
Ysop	Hyssopus officinalis L.
Zedernholz	Cedrus atlantica
Zimt	Cinnamomum zeylanicum
Zimt (Cassia)	Cinnamomum aromaticum
Zitrone	Citrus limonum L.
Zypresse	Cupressus sempervirens

nglisch	*Französisch*	*Spanisch*
ıtmeg	Muscade	Moscada (nuez)
ımin	Cumin	Comino
ove Tree	Girofle	Clavero clavo
eroli	Néroli	Neroli
aouli	Niaouli	Niaouli
veet orange	Orange	Esencia de azahar
ild marjoram	Origan	Mejorana o oregana
tter orange (leaves)	Petit grain	Naranja pequeña
ppermint Brandy mint	Menthe poivrée	Menta piperata
ose	Rose	Rosa
azilian rose wood	Bois de Rose	Torvisco
osemary Dew of the sea	Rosmarin	Romero
ge	Sauge officinale	Salvia oficinal
ary-sage	Sauge sclarée	Salvia
ndalwood	Santal (bois de)	Sandalo (madera de)
ssafras	Sassafras	Sassafras
vamp pine, turpentine	Térébenthine	Trementina o omiera
ıuya	Thuya	Tuya
ıyme	Thym	Tomillo
niper	Genièvre	Ginebra
ang-ylang	Ylang-ylang	Ylang-ylang
yssop	Hysope	Hisopo
ederwood	Cèdre (bois de)	Cedro
namum	Cannelle de Ceylan	Canela de Ceylán
namum	Cannelle de Chine	Cenala de China
emon	Citron	Limón
ypress	Cyprès	Ciprés

Verzeichnis der wichtigsten medizinischen Fachausdrücke

Alkohol: Gärungsprodukt zuckerhaltiger Pflanzen. Verwendet als Anregungsmittel, Wundheilmittel, zuweilen Weingeist, umgangssprachlich auch Lebenswasser genannt.

Allergie: Durch ein Produkt (Medikamente, Staub, Kosmetika, Nahrungsmittel) ausgelöste krankhaft veränderte Reaktion des Organismus.

Alopezie: Krankhafter Haarausfall.

Amenorrhoe: Ausbleiben der Regel außerhalb der Schwangerschaft.

Analgetisch: Schmerzstillend.

Anaphrodisisch: Vermindert das sexuelle Verlangen.

Anorexie: Appetitlosigkeit.

Antibiotikum: Mittel, das Mikroorganismen im Wachstum hemmt bzw. zerstört.

Antigen: Stoff, der die Bildung von Antikörpern hervorruft.

Antikörper: Mikrobenbekämpfende Abwehrmittel des Organismus.

Antiphlogistikum: Entzündungshemmendes Mittel.

Antiseptikum: Vernichtet Mikroben.

Antispasmodisch: Löst Krämpfe.

Aphrodisisch: Erregt sexuelle Wünsche.

Aerophagie: Luftschlucken.

Arteriosklerose: Arterienverkalkung.

Arthritis: Entzündung der Gelenke.

Arthrose: Chronisches, degeneratives Gelenkleiden.

Asthenie: Allgemeine Kraftlosigkeit.

Atonie: Schwächung des normalen Tonus eines Muskels.

Bakterizid: Tötet Bakterien.

Balneotherapie: Behandlung von Krankheiten durch Bäder.

Dermatose: Hautkrankheit.

Dextrogyr: Dreht die Ebene des polarisierten Lichtes nach rechts.

Digestivum: Fördert die Verdauung. (Die meisten ätherischen Öle fördern die Verdauung.)

Diuretisch: Fördert die Harnausscheidung und erhöht die Harnmenge.

Drastikum: Stark wirkendes Abführmittel.

Dysmenorrhoe: Schwierige und schmerzhafte Menstruation.

Dyspepsie: Schwierige, langsame und schmerzhafte Verdauung.

Dystonie: Störung des normalen Spannungszustandes der Muskeln und Gefäße.

Emetikum: Brechmittel.

Emmenagogisch: Bewirkt oder fördert das Eintreten der Menstruation.

Emolliens: Entspannt Gewebe, lindert Entzündungen.

Expektorierend: Fördert den Auswurf von Substanzen in Lungen und Bronchien (Sekret, Wasser, Schleim, Eiter).

Flatulenz: Übermäßige Darm- und Magengasbildung, begleitet von Blähungen.

Fungizid: Pilztötend.

Galaktagogum: Milchtreibendes Mittel.

Gesundheit: Harmonisches physiologisches Gleichgewicht zwischen Aufgenommenem (Nahrungsmittel, Wasser, Luft, Gedanken ...) und auf natürlichem Wege Ausgeschiedenem. Aus der körperlichen Gesundheit ergibt sich die geistige.

Hämatom: Bluterguß unter der Haut.

Hepatitis: Leberentzündung.

Hydrotherapie: Behandlung von Krankheiten mit Wasser (Bäder, Duschen, Waschungen, Güsse mit warmem oder kaltem Wasser).

Hypertonisch: Erhöht den Blutdruck.

Hypotonisch: Senkt den Blutdruck.

Karminativum: Mittel gegen Blähungen.

Katarrh: Entzündung und verstärkte Sekretabsonderung von den Schleimhäuten.

Konjunktivitis: Bindehautentzündung.

Laryngitis: Kehlkopfentzündung.

Lävogyr: Die Ebene des polarisierten Lichtes nach links drehend. (Fruktose ist lävogyr. Ebenso die meisten natürlichen Öle. Nachgemachtes Öl ist dextrogyr).

Leukorrhoe: Weißfluß.

Leukozyten: Weiße Blutkörperchen.

Menopause: Wechseljahre; Aufhören der Menstruation.

Meteorismus: Aufblähung des Unterleibs durch Darmgase.
Mikrobizid: Tötet Mikroben.
Mykose: Durch Pilze hervorgerufene Erkrankung.
Nephritis: Nierenentzündung.
Neuralgie: Heftiger Schmerz im Bereich eines Nervs.
Neuritis: Nervenentzündung.
Odontalgie: Zahnschmerzen.
Ophthalmie: Augenentzündung.
Otalgie: Ohrenschmerzen.
Otitis: Ohrenentzündung.
Parasympathikus: Siehe Sympathikus.
Pathologie: Wissenschaft von den Ursachen und den Symptomen der Krankheiten.
Peristaltik: Kontraktionen, die den Weitertransport des Darminhalts bewirken.
Prostatitis: Entzündung der Prostata.
Pruritus: Heftiger Juckreiz.
Seborrhoe: Krankhaft gesteigerte Absonderung der Talgdrüsen.
Stomachikum: Regt den Appetit und die Verdauung an.
Sympathikus: Stammstrang des sympathischen Teils des autonomen Nervensystems. Die Anregung des Sympathikus beschleunigt das Herz, erhöht den Blutdruck, erweitert die Bronchien und verlangsamt die Kontraktionen bei der Verdauung. Der Parasympathikus wirkt entgegengesetzt. Das Gleichgewicht zwischen beiden Systemen sorgt für das normale Funktionieren der Organe und den einwandfreien Ablauf der physiologischen Funktionen.
Thalassotherapie: Behandlung von Krankheiten durch die Heilfaktoren des Meeres (Klima, Meerwasser, Meeresschlick).
Topisch: Äußerlich angewendetes Heilmittel.
Vagotonikum: Das parasympathische Nervensystem anregendes Mittel.
Zystitis: Blasenentzündung.

Stichworte zur Naturheilkunde

> Die Naturheilkunde ist die älteste Medizin und zugleich diejenige, die wir in Zukunft am meisten brauchen werden.
>
> *Dr. G. Giraud*

Sie ermöglicht es dem Menschen, durch folgende natürliche Methoden seine Gesundheit aufrechtzuerhalten bzw. wiederzufinden:

Ernährung und Fastenkuren: Die Kunst der richtigen Ernährung. Man legt großen Wert auf die angemessene Ernährung von Rennpferden. Warum sich also nicht um die Ernährung bemühen, die für uns am zuträglichsten ist?

Pflanzen: Phytotherapie, Aromatherapie, Hydrolattherapie und Bach-Blüten-Therapie sind einfach wohltuend.

Bäder: Wasser ist für das Leben unerläßlich. Unser Körper besteht bei der Geburt zu etwa 85% aus Wasser. Die Qualität dieses »Zellwassers« bestimmt die Qualität der Körpersäfte (ob sie gut ist oder schlecht). Rolle des Wassers bei der innerlichen und äußerlichen Behandlung, bei Bädern und Thermalkuren.

Übungen in entspannter Atmung: Leben ist Bewegung. Leben ist Ausruhen, denn das ist unerläßlich und regenerierend. Bedeutung der bewußten Atmung. Wohltaten der körperlichen Übungen und der Entspannung. Theorie ist nichts ohne Praxis!

Strahlen, Strömungen, Gestirne: Sie beeinflussen unseren Organismus. Die Gestirne bewirken Ebbe und Flut der Gewässer auf der Erde. Es scheint unmöglich, daß sie keinerlei Wirkung auf unsere »Zellwässer« haben sollten! Wie wirken die Strahlen, der elektrische Strom, die Erdströmungen, die Laserstrahlen?

Magnettherapie, Flüssigkeiten, Energien: Wie soll man Heilungen und Besserungen nach einer magnettherapeutischen Sitzung erklären? Ist nicht alles auch Energie?

Ideen, Gedanken
Erzeugen Sie nicht die Richtung unseres Lebens? Woher kommen sie? Sind sie zerstreut, trübe, klar, strahlend oder präzise? Ihre Rolle in unseren Handlungen. Verhältnis zwischen dem Denken und dem Leben der Zellen und Körpersäfte. Einfluß des positiven Denkens. Kann man auf einem gestörten Fernsehschirm ein klares Bild sehen? Ein guter Empfänger zu sein, heißt, kerngesund zu sein. Achten die Weisen, die ein hohes Niveau des Denkens haben, nicht auf ein gesundes Leben?

Behandlungen
Chiropraktik, Wirbelsäulentherapie, Rolfing, Massagen … Wie wirken diese Behandlungen? Ihre Rückwirkungen auf den Organismus. Ist der Heilpraktiker nicht der »Vater« all unserer praktischen Ärzte? Der gute Naturheilkundige vermag es, diese verschiedenen Techniken mit Vorbedacht zusammen mit der Grundbehandlung – immer die Ernährung! – anzuwenden.

Bibliographie

Diese Bibliographie hat – was die Aromatherapie angeht – nicht vor, erschöpfend sein zu wollen. Sie berücksichtigt die großen Gedankenströmungen und die wichtigsten heutzutage bekannten Arbeiten. Wir hoffen auf Nachsicht der ungenannten modernen Autoren.

Auclair, M.: *Le livre du Bonheur* (Éditions du Seuil).

Bellaiche (Dr.): *Traité de phyto-aromathérapie* (Maloine, 1979).

Bernardet (Dr.): *La Phyto-aromathérapie pratique* (Dangles, 1983).

Binet, Léon (Dr.): *Oligo-éléments et oligothérapie* (Dangles, 1981).

Bois, D.: *Plantes alimentaires chez tous les peuples à travers les âges.*

Bourret, J.-C.: *Les Nouveaux Succès de la médecine par les plantes* (Hachette, 1980).

Bousquet, J.: *Le Monde fantastique de nos cellules* (Documents CNRI, 1984).

Bressy: *La Bio-électronique et les mystères de la vie* (Courrier du Livre, 1979).

Cadeac, C.C. und Meunier, A.: *Traveaux Divers* (Comptes Rendus Sociobiologie, 1889).

Carrel, Alexis (Dr.): *L'Homme, cet inconnu* (Plon).

Carton, P.: *Traité de médecine, d'alimentation et d'hygiène naturiste* (Maloine, 1931).

Caujolle, F.: Toulouse médical (1943). Annales Pharmaceut. Franç. (1944).

Cazin, F.J. (Dr.): *Traité pratique et raisonné des plantes médicinales indigènes et acclimatées* (Asselin, 1876 und 1886).

Chomel: *Abrégé de l'histoire des plantes usuelles* (Nyon et Fils, 1738).

Colin-Clair: *Dictionnaire des herbes et des épices* (Dendel, 1961).

Conseil de l'Europe (Europarat): *Substances aromatisantes et sources naturelles de matières aromatisantes* (Maisonneuse, 1981).

Culpeper, N.: *Color Herbal* (Sterling Publishing, New York, 1983).

Dextreit, R.: *La Cure végétale* (Publikationsreihe Vivre en harmonie, 1974); *L'Argile qui guérit*, und alle Werke.

Dioskurides: *The Greek Herbal* (1934).

Dodoens, R.: *A New Herbal* (übersetzt von Henry Lyte, 1578).

Durville, H.: *Le Bréviaire de la santé ou la Médecine par les simples* (H. Durville, 1923).

Emery (d'): *Pharmacopée universelle* (Édition d'Haury, 1697).
Gardland, S.: *Le Livre des herbes et des épices* (Nathan, 1979).
Gattefossé, R.M.: *Aromathérapie* (Girardot, 1923); *Antiseptiques essentiels* (Librairie Sciences, 1957) sowie alle Werke und Schriften.
Gattefossé, R.M. und Lamothe: *Culture et industrie des plantes aromatiques* (1917–1926).
Grosjean, N.: *Aromathérapie pratique; Aromathérapie esthétique; Les huiles essentielles, influence sur le corps physique et éthérique* (1968, 1982).
Gunther: *Bible des parfumeurs* (Librairie du commerce extérieur, Paris).
Hanisch, Pr.: *L'Art de la respiration* (Aryana, 1957).
Holmes: *Perfums and Essential Oils* (Record, 1912, 1913).
Johnson, T.: *Mercurius Botanicus* (1634).
Joly, R.: *Hippocrate, médecine grecque* (Gallimard, 1984).
Kevran, C.L.: *Transmutations biologiques* (Maloine, 1965).
Kneipp (Pfarrer): Alle Werke.
Kuhne, L.: *La Nouvelle Science de guérir* (Éditions Cevic, 1978).
Lautié, R.: *Parmi les plantes bienfaisantes* (Cevic).
Leclerc, H.: *Les Épices* (Masson, 1929); *Précis de phytothérapie* (Masson, 1954).
Leprince-Ringuet, L.: *Science et bonheur des hommes* (Flammarion, 1973).
Marc, E.: *Le Guide pratique des nouvelles thérapies* (Retz, 1982).
Marchesseau, P. V.: Alle Werke (Paris).
Masin, J.: *Milarepa* (Faryard, 1976).
Maury, A. T.: *Aromates et parfums* (Table Ronde, 1961).
Métadier, J.: *L'Ionisation de l'air et son utilisation* (Maloine, 1978).
Montaigne: *Essais* (1580).
Morel und Rochaix: Bulletin Sc. Pharmacol. et Comptes Rendus Sociobiologie (1922 bis 1928).
Muller-David, M. F.: *Les Réflexothérapies* (Retz, 1982).
Palaiseul, J.: *Tous les espoirs de guérir* (Robert Laffont, 1970) und alle Werke.
Passebecq: Alle Werke (Éditions Ceredor, Vence).
Pellicier, P. R.: *Traité sur la Sarriette* (Doc. Fac. de Montpellier).
Pinel, E.: *Vie et mort.*
Rancoule, L.: Alle Werke (herausgegeben vom Verfasser, 1924–1933).
Ribollet (Dr.): *La Peau, miroir de votre santé.*
Roux, A.: Alle Werke (La Seyne-sur-Mer).
Salmanoff: *Secrets et sagesse du corps* (Table Ronde, 1964).

Seconde, J.-C.: *Le Miracle du Pendule* (1983).

Sévelinge (Dr.): *Travaux d'aromathérapie vétérinaire* (Bourg-de-Thizy).

Shelton, H.: *La Santé par les combinaisons alimentaires* (G. Nizet, 1955); *Le Jeûne* (Courrier du Livre, 1959).

Simoneton, A.: *Radiation des aliments, ondes humaines de santé* (Courrier du Livre, 1971).

Treben, M.: *Heilkräuter aus dem Garten Gottes* (Wilhelm Heyne Verlag, München 1986).

Valnet, Jean (Dr.): *Docteur nature* (Fayard, 1971); *Aromatherapie. Gesundheit und Wohlbefinden durch pflanzliche Essenzen* (Wilhelm Heyne Verlag, München 1986) und alle Werke.

Vincent, L. Cl.: *Eau, bioélectronique, maladies, cancers* (Revue anthroposophique, 1965).

Violet, M.: *Le Secret des Patriarches* (Vie et Action, 1968).

»X« et Godet, G.: *L'Initié* (Éditions de la Baconnière, Neuchâtel, 1947).

21 Aromazettel für jeden Tag zum Ausschneiden

Darstellungen für jeden Tag

Diese Darstellungen sollen die praktische und richtige Nutzung ätherischer Öle zu Hause erleichtern. Die Aromazettel sind zusammenfassende Übersichten über die wichtigsten Anwendungsgebiete und Anwendungsweisen.
Sie können sie im Hause, in der Küche oder im Badezimmer, anbringen. Nachdem Sie sie aus dem Buch ausgeschnitten haben, können Sie sie in einen Plastikumschlag stecken. Hinweis: Maßgeblich sind immer die im Buch enthaltenen, präziser und ausführlicher beschriebenen Anwendungsformen!

Abkürzungen

ä. A.	äußerliche Anwendung
ä. Ö. v.	ätherisches Öl von
a. Ö.	aromatisches Öl
Beh.	Behandlung
EL	Eßlöffel
i. A.	innerliche Anwendung
Ö. v.	Öl von
TL	Teelöffel
Tr	Tropfen
WKÖ	Weizenkeimöl
/Tag	pro Tag
/Woche	pro Woche

Bohnenkraut

DAS ÄTHERISCHE ÖL FÜR KÖRPERLICHE UND SEXUELLE SPANNKRAFT

Aphrodisisch, geistig anregend, antiseptisch.

• Impotenz und Geschlechtskrankheiten, körperliche und sexuelle Erschöpfung, Pilzkrankheiten …

Dosierung

i. A.: 1 Tr 2- bis 3mal/Tag auf die Hand, in Wasser oder Honig.
ä. A.: Einreibungen und Bäder, immer verdünnt.
Kur: 2mal/Tag 3 Wochen lang. *Pflege:* 2mal/Tag 1 Woche lang alle 3 Monate.

Rezepte

• *Aphrodisischer Cocktail:*
1 Tr Bohnenkraut + 1 Ceylon-Zimt + 1 Nelke + 1 Rosmarin + 1 Geranie + Honig + warmes Wasser + Sirup oder Minzen-Hydrolat. Mit Eisstücken servieren.

• *Aphrodisische Einreibung:*
5 ml Bohnenkraut + 10 Rosmarin + 2 Zimt oder 2 Sandelholz + 20 Rosenholz + 3 Eisenkraut. Mit 20 bis 30 Tr 2mal/Tag Brust, Solarplexus, Nacken und Wirbelsäule einreiben (= Einreibung APH).

• *Aphrodisisches Öl:*
Die aphrodisische Einreibung (40 ml) in 100 ml WKÖ mischen. Für Massagen, als Öl für den Körper …

• *Aphrodisisches Bad:*
5 Tr aphrodisische Mischung in 2 EL Pulver von weißen Algen oder von Meersalz. Kurzes Bad (5 Minuten), danach kalt duschen und einreiben.

Eisenkraut

DAS ÄTHERISCHE ÖL FÜR ENTSPANNUNG UND GLÜCK

Reguliert das vegetative Nervensystem, verleiht dem Herzen Spannkraft, macht harmonisch und kreativ.

• Erschöpfungszustände, neurovegetative Dystonie, Gegenmittel gegen Schlangengifte.

Dosierung

i. A.: 1 bis 2 Tr 2- bis 3mal/Tag auf die Hand, in Wasser oder Honig.
ä. A.: 10 bis 20 Tr einer Mischung auf der Grundlage von Eisenkraut.
Weder Einreibungen noch Bäder mit unverdünntem ä. Ö. v. Eisenkraut.
Zerstäubung: Das exotische Eisenkraut ist das ä. Ö., das allen unter allen Umständen gefällt!
Kur: 2mal/Tag 3 Wochen lang. *Pflege:* 1 Woche pro Monat oder alle 3 Monate.

Rezepte

• *Spannkrafterhöhende Einreibung am Morgen:*
5 ml Eisenkraut + 5 Geranie + 5 Zitrone, ein paar Tr am Morgen nach einer kühlen Dusche auf Brust, Solarplexus, Nacken, Rücken und Fußsohlen.

• *Regenerierende Einreibung am Abend:*
5 ml Eisenkraut + 5 Lavendel + 5 Majoran + 5 Lemongrass, ein paar Tr nach dem warmen Bad oder vor dem Schlafengehen.

• *Zerstäubung:*
– Angenehm: Eisenkraut + Lemongrass.
– Gute Laune: exotisches Eisenkraut + Rosenholz.
– Antitabak: exotisches Eisenkraut + Geranie.
– Ideal: Eisenkraut + exotisches Eisenkraut.

Eine Mischung von 3 Eisenkrautarten im Zerstäuber ist mein ätherisches Glücksöl!
Eisenkraut-Aufguß fördert die Muttermilchproduktion und erleichtert die Entbindung. Sollte als Kur am Ende der Schwangerschaft gemacht werden.

Für i. A. und Einreibung: Echtes Eisenkraut.

Eukalyptus

DAS ÄTHERISCHE ÖL FÜR PROBLEME DER ATEMWEGE

Antiseptikum Nr. 1 für die Lunge.

- Verhindert Katarrhe, Grippe, Anginen, Erkältungen, lindert Husten und Bronchitis.

Dosierung

i. A.: 1 bis 3 Tr 3mal/Tag auf die Hand, in Wasser oder Honig.
ä. A.: Einreibung von Brust und Rücken mit 10 bis 20 Tr, 2mal/Tag oder Einreibung RES.
Im Zerstäuber.
Kur: i. A. + ä. A. im akuten Stadium. *Vorbeugung:* Während 3 Wochen vor Beginn des Winters.

Rezepte

- *Inhalation:*

2 Tr Eukalyptus + 2 Kiefer + 1 Thymian + 5 Lavendel. 3 bis 7 Minuten inhalieren, 2- bis 3mal/Tag.

- *Bad:*

5 Tr Eukalyptus + 5 Lavendel auf 2 EL Pulver von grünen Algen, Milchpulver oder Meersalz.

- *Spezifische Synergien für i. A. und Einreibungen:*

– Entzündung der Luftröhrenschleimhaut: Eukalyptus + Kiefer.
– Sinusitis: Eukalyptus + Lavendel + Kamille.
– Asthma: Eukalyptus + Ysop.
– Bronchitis: Eukalyptus + Niaouli + Cajeput.
– Rheumaerkrankungen: Einreibung RES (alle Probleme der Atemwege).

Mein Ratschlag: Sobald Sie spüren, daß Sie sich erkältet haben, schalten Sie Ihren Aromazerstäuber ein, setzen Sie sich 1 Tag auf Diät, trinken Sie einen mild abführenden Kräutertee, machen Sie 1 bis 2 Inhalationen + 2 Einreibungen, trinken Sie 2 »Antigrippe-Grogs« (siehe Zimt) und ruhen Sie sich im Warmen aus. Am anderen Tag ist alles vorbei!

Das ä. Ö. v. Eukalyptus brauchen Sie in Ihrer natürlichen Hausapotheke.

Kamille

DAS ÄTHERISCHE ÖL GEGEN SINUSITIS

Krampflösend.
• Sinusitis, Migräne, Schwindelanfälle, Menstruationsbeschwerden, Reizbarkeit, Allergien.

Dosierung
i. A.: 1 Tr 3mal/Tag in Wasser oder Honig.
ä. A.: Schläfen, Stirn, Nacken, Solarplexus und Wirbelsäule 2mal/Tag mit 10 bis 15 Tr einreiben.
Kur: In Zeiten von Störungen ein paar Tage Behandlung mit i. A. + ä. A. + Zerstäubung. *Vorbeugung:* Zerstäubung.

Rezepte
• *Sinusitis:*
Kamille + Lavendel zu gleichen Teilen. 3 Auftragungen/Tag.

• *Migräne, starke Kopfschmerzen, Schwindelanfälle:*
5 Tr Kamille + 5 Majoran + 5 Minze, 2 Massagen der Schläfen/Tag oder Einreibung HAR.

• *Beruhigendes Bad:*
5 Tr Kamille + 5 Lavendel auf 2 EL Milchpulver oder Pulver von grünen Algen.

• *Zerstäubung:*
– Gegen Allergien.
– Zur Harmonisierung und zur Förderung von Kreativität Kamille + Rosenholz + Zeder zu gleichen Teilen. Die ganze Nacht oder 2 bis 3 Stunden pro Tag einatmen.
– Harmonie ist die ideale Mischung für den Zerstäuber, für Yoga, Meditation und Kreativität. Sie bringt die körperliche, die geistige

und die spirituelle Energie ins Gleichgewicht. Für den Zerstäuber: Harmonie. Zum Einreiben: HAR.

Das ä. Ö. v. Kamille wird wenig allein verwendet.

- *Massageöl für Kinder:*

60 ml WKÖ + 10 Tr ä. Ö. v. Kamille. Für Entspannung und Ausruhen von schwächlichen und allergischen Kindern.

Kiefer

DAS ÄTHERISCHE ÖL GEGEN HUSTEN

Antiseptikum für die Atemwege.
• Erkrankungen der Atemwege (Katarrhe, Luftröhrenentzündung, Lungenentzündung, Asthma, Grippe …).

Dosierung
i. A.: 1 bis 3 Tr 3mal/Tag auf die Hand, in Wasser oder Honig.
ä. A.: Einreibung und 20 bis 30 Tr Kiefer in eine Schale mit warmem Wasser 3 bis 5 Minuten inhalieren.
Kur: 2mal/Tag 3 Wochen lang. *Vorbereitung:* 1 Kur vor dem Winter.

Rezepte
• *Grog gegen Husten:*
1 Tr Kiefer + 1 Eukalyptus + 1 Orange + 1 Zitronensaft + sehr warmes Wasser + Honig 2- bis 3mal/Tag, wenn notwendig.

• *Einreibungen zur Linderung des Hustens:*
– Kiefer + Eukalyptus + Origano + Lavendel, ein paar Tr von jedem.
– Kiefer + Eukalyptus, ein paar Tr von jedem.

• *Schorf:*
15 ml Lavendel + 5 Kiefer + 5 Eukalyptus + 5 Salbei 2mal/Tag auftragen.

• *Gesundheitsgetränk für Kinder:*
Beruhigend: 1 TL Kiefern-Hydrolat in 1 Tasse mit warmem Wasser + Honig oder 1 EL/Liter kaltes Wasser + Honig oder Fruchtzucker.

• *Einreibungen für kleine Kinder (bei Erkältungen):*
– ä. Ö. v. Kiefer verdünnt in WKÖ.
– Kiefern-Hydrolat auf Brust und Rücken, verbunden mit Lavendel-Hydrolat bei den ganz Kleinen.

Koriander

DAS ANREGENDE ÄTHERISCHE ÖL

Spannkrafterhöhend, aphrodisisch, verdauungsfördernd.
- Alle Erschöpfungszustände und alle Verdauungsstörungen.

Dosierung
i. A.: 1 Tr 3mal/Tag auf die Hand, in Wasser oder Honig.
ä. A.: Einreibungen und Zerstäubungen.
Kur: i. A. + ä. A. 3 Wochen lang. *Vorbeugung:* 1 Kur 1- bis 2mal/Jahr.

Rezepte
Siehe Kümmel oder Einreibung DIG für verdauungsfördernde Einreibungen.

- *Spannkrafterhöhende aphrodisische Einreibung:*

10 ml Koriander + 5 Zimt + 15 Rosmarin + 5 Nelke + 5 Ingwer + 15 Majoran: ein paar Tr für Einreibungen von Nacken, Solarplexus und Wirbelsäule 2mal/Tag.

- *Mischungen für den Zerstäuber:*

– Belebend: Koriander + Rosmarin + Wacholder + Kiefer + Eisenkraut + Eukalyptus. Anteile nach Ihrer Wahl.
– Aphrodisisch: Koriander + Ylang-Ylang + Nelke + Wacholder + Zeder + Muskatnuß. Anteile nach Ihrer Wahl.

- *Bäder:*

– Anregend: 2 Tr Koriander + 2 Wacholder + 2 Rosmarin in 2 EL Meersalz oder Pulver von weißen Algen.
– Aphrodisisch: 2 Tr Koriander + 3 Rosenholz + 1 Zimt in 2 EL Meersalz oder Pulver von weißen Algen.

- *Parfüms:*

Das ä. Ö. v. Koriander ist in geringen Anteilen in Herrenparfüms enthalten.

– Koriander + Lavendel + Nelke.
– Koriander + Minze + Origano.

Das ä. Ö. v. Koriander ist ein Anregungsmittel für Sex und … Geist.

Kümmel

DAS ÄTHERISCHE ÖL GEGEN LUFTSCHLUCKEN

Führt dem Darm Sauerstoff zu, ist das beste aller verdauungsfördernden Mittel.

- Luftschlucken, Blähungen und alle Verdauungsstörungen.

Dosierung
i. A.: 1 bis 2 Tr 3mal/Tag nach den Mahlzeiten auf die Hand, in Wasser oder Honig.
ä. A.: 5 bis 10 Tr zum Einreiben von Magen und Unterleib nach den Mahlzeiten.
Kur: 3mal/Tag 3 Wochen lang. *Vorbeugung:* 1 Kur 2- bis 4mal/Jahr.

Rezepte

- i. A. + ä. A.: 1 Tr Kümmel + 1 Muskatnuß 3mal/Tag nach den Mahlzeiten.

- *Verdauungsfördernde Einreibung:*

45 ml Kümmel + 30 Muskatnuß + 20 Koriander + 5 Mutterkümmel: ein paar Tr zum Einreiben nach den Mahlzeiten oder Einreibung DIG.

- *Aromatherapie in der Küche:*

– Kümmel, Mutterkümmel, Koriander, Muskatnuß, Wacholder, Thymian, Estragon, Rosmarin, 1 bis 2 Tr nach Wahl in die gekochten Gerichte zur Vervollständigung ihres Geschmacks (Sauerkraut, Ragout, Kuskus ...).
– Die ä. Ö. in den Speisen fördern die Verdauung schwerverdaulicher Gerichte. 3 bis 6 Tr während des Kochens bzw. 1 Tr pro Gericht für 6 Personen kurz vor dem Servieren.
– Verdauungsfördernder Likör: 20 Tr Kümmel + 5 Mutterkümmel + 5 Geranie + 10 Koriander + 2 Muskatnuß + 1 Lavendel, in 1/2 Liter 80prozentigen Alkohol + 1/2 Liter Zuckersirup in das Gemisch.

- Zubereitung des Sirups mit 370 Gramm Zucker auf 1/2 Liter destilliertes Wasser, bis zur Durchsichtigkeit erhitzen. 15 bis 30 Tage vor dem Verbrauch stehenlassen.

Lavendel

DAS ÄTHERISCHE ÖL GEGEN KLEINE WEHWEHCHEN UND ZUR ENTSPANNUNG

Beruhigend, krampflösend, wundheilend.
• Schlafstörungen, Krämpfe, Angstzustände, nervöse Migräne, alle Wunden, Verbrennungen, Insektenstiche, Brennen nach dem Rasieren, Akne, Hautkrankheiten …

Dosierung
i. A.: 2 bis 3 Tr 2- bis 3mal/Tag auf die Hand, in Wasser oder Honig.
ä. A.: ein paar Tropfen zum Zerstäuben, Einreiben oder Auftragen zur Beruhigung von Kindern auf Rücken und Brust.
Kur: i. A. + ä. A. 1 bis 3 Wochen. *Pflege:* 1 Woche/Monat oder 3 Wochen alle 3 Monate.

Rezepte
• *Schlaflosigkeit:*
i. A.: Lavendel, Majoran, Basilikum: 1 Tr von jedem um 17 Uhr und zum Schlafengehen in Wasser oder auf Honig.

• *Angst- und Beklemmungszustände:*
ä. A.: jeden Abend Einreibung von Brust, Rücken und Füßen mit Lavendel + Majoran. Lavendel-Bad jeden Abend (3 bis 5 Tr).

• *Probleme der Atemwege:*
i. A.: Lavendel + Kiefer + Eukalyptus: 1 Tropfen von jedem 2mal/Tag.
ä. A.: Einreibung mit Lavendel + Kiefer + Eukalyptus 2mal/Tag.

• *Schlafstörungen bei Kindern:*
i. A.: Lavendel + Orange, 1 Tr von jedem 2mal/Tag in Wasser/Honig.

- *Migräne:*

Mit 15 Tr Lavendel und 3 Minze Schläfen, Stirn, Nacken und Rücken 2- bis 3mal/Tag einreiben.

- *Entspannung:*

Einreibung Lavendel + Majoran + Rosenholz + Petit Grain + Lemongrass: ein paar Tr um 17 Uhr und zum Schlafengehen oder Einreibung NER.

Bäder in 2 EL Milchpulver oder Pulver von grünen Algen: Lavendel 10 Tr + Rosenholz 5 Tr oder Majoran 5 Tr oder Orange 10 Tr.

- *Mischungen für die Haut:*

Zum Auftragen 2mal/Tag und/oder Gesichtsdampfbad.

– Trockene Haut: Lavendel + Rosenholz + Rosmarin oder Rose.
– Fettige Haut: Lavendel + Salbei + Sassafras.
– Gereizte Haut: Lavendel + Geranie und Lavendel-Hydrolat.
– Wundheilend: Lavendel + Geranie + Rosmarin.

- *Wunden aller Art, Verbrennungen, Brennen nach dem Rasieren, Akne, Hautausschläge, Herpes, Flechten, Aphthen:*

Ein paar Tr auf die Wunde.

- *Eau de toilette:*

30 ml Lavendel in 250 ml 70prozentigen Alkohol.

Mein Ratschlag: Lavendel ist fast ein Allheilmittel! Er tritt an die Stelle von Alkohol, beruhigt, desinfiziert und heilt Wunden. Er ist das erste ä. Ö. der natürlichen Apotheke! Für Säuglinge: Lavendel-Hydrolat nehmen.

Majoran

DAS ÄTHERISCHE ÖL ZUR ERNÄHRUNG DER NERVENZELLE

Stellt das Gleichgewicht im vegetativen Nervensystem her und entspannt.
- Angst- und Beklemmungszustände, depressive Zustände, Schlafstörungen.

Dosierung
i. A.: 1 bis 2 Tr 2mal/Tag auf die Hand, in Wasser oder Honig.
ä. A.: mit 10 bis 20 Tr um 17 Uhr und abends Brust und Rücken einreiben. Bad: 1 Tr in 2 EL Milchpulver oder Pulver von grünen Algen.
Kur: i. A./ä. A., 3 Wochen. *Pflege:* 1 bis 2 Kuren/Jahr.

Rezepte
- *Einreibung:*

Majoran + Lavendel + Rosenholz + Petit Grain + Lemongrass oder Einreibung NER: 2mal/Tag.

- *Entspannungsbad:*

5 Tr Majoran + 5 Lavendel in 2 EL Milchpulver oder Pulver von grünen Algen.

- *Mischungen für den Zerstäuber (Entspannender Schlaf):*

– Majoran + Lavendel + Kiefer + Rosenholz + Eisenkraut.
– Majoran + Lavendel + Petit Grain + Neroli.
– Majoran + Lavendel + Kiefer + Eisenkraut + Rosenholz + Minze.

- *Einreibung Migräne-Krämpfe:*

Ein paar Tr Majoran auf die schmerzende Stelle und den Solarplexus.

• *Entspannungsgetränk:*
Um 17 Uhr und zum Schlafengehen: 2 Tr Majoran in warmes Wasser + Honig.

Mein Ratschlag: Noch ergiebiger ist Majoran + Basilikum in Synergie. Innerliche und äußerliche Behandlung in allen Fällen von Erschöpfung des Nervensystems.

Minze

DAS ÄTHERISCHE ÖL FÜR DIE ERFRISCHUNG

Spannkraft- und verdauungsfördernd sowie bakterizid.
• Allgemeine Erschöpfung, Impotenz, schlechter Mundgeruch und Darmparasiten.

Dosierung
i. A.: 1 Tr 1- bis 3mal/Tag nach den Mahlzeiten als verdauungsförderndes Mittel oder morgens als spannkrafterhöhendes Mittel in Wasser oder Honig.
Kur: keine lange Kur: 3 bis 7 Tage als i. A. *Pflege:* 1 Woche alle 3 Monate.

Rezepte
• *Mischung für warme Füße:*
15 ml Lavendel + 3 Minze, ein paar Tr zum Einreiben der Füße morgens und abends oder vor dem Tanzengehen.

• *Schlankmachende Mischung:*
Rosmarin, Birke, Zypresse, Wacholder, Lavendel, Kiefer, Minze. 2mal/Tag Beine, Bauch und Gesäß einreiben.

• *Bad:*
Niemals ein Bad à la Minze!

• *Gesundheitsgetränk:*
Minzen-Hydrolat (2 EL in 1/2 l Wasser) ist das Erfrischungsgetränk für Kinder und Erwachsene.

• *Einreibung der Füße:*
Minzen-Hydrolat morgens und abends und vor langem Stehen: entlastet, erfrischt.

Warnung

- Niemals ä. Ö. v. Minze allein zum Einreiben oder ins Badewasser, da Sie sonst ein »Eisberg« werden!

- Abends ist ä. Ö. v. Minze leicht aphrodisisch und hindert am Einschlafen.

Muskatnuß

DAS SPANNKRAFTERHÖHENDE ÄTHERISCHE ÖL

Allgemein und für das Gehirn anregend, verdauungsfördernd und aphrodisisch.

- Geistige Erschöpfung und Impotenz, Luftschlucken …

Dosierung

i. A.: 1 bis 2 Tr nach den Mahlzeiten (lieber Kümmel + Muskatnuß nehmen).

Kur: 10 Tage als i. A. *Pflege:* 1- bis 2mal/Jahr.

Rezepte

- *Anregende und aphrodisische Einreibung:*

Mit ein paar Tropfen Muskatnuß + Rosmarin + Bohnenkraut + Geranie + Lavendel + Koriander + Kiefer morgens und abends Brust, Rücken und Fußsohlen einreiben oder mit Einreibung VIT.

- *Verdauungsfördernde Einreibung:*

Kümmel 10 Tr + Muskatnuß 10: zum Einreiben des Unterleibs nach den Mahlzeiten.

- *Die Spannkraft des Nervensystems erhöhendes Bad:*

5 Tr Muskatnuß + 5 Lavendel + 5 Majoran in 2 EL Meersalz.

- *Parfüm:*

In einem Trägeröl gibt das ä. Ö. v. Muskatnuß einem blumigen, milden Parfüm eine kräftige, männliche Note.

- *Küche:*

1 bis 3 Tr kurz vor dem Servieren schwerverdaulicher Gerichte …

Das ä. Ö. von Muskatnuß und das ä. Ö. von Koriander sind »Schwestern« und verleihen körperliche, sexuelle sowie geistige Spannkraft.

Orange, Neroli, Petit Grain

DIE ÄTHERISCHEN ÖLE FÜR DEN SCHLAF

Nervenberuhigungsmittel Nr. 1.
• Beruhigen Kinder, wirken leicht hypnotisierend, sind herzstärkend und bekämpfen Bakterien.

Dosierung
i. A. *Orange:* 3 bis 5 Tr um 17 Uhr und zum Schlafengehen auf die Hand, in Wasser oder Honig.
i. A. *Petit Grain:* 1 bis 2 Tr um 17 Uhr und zum Schlafengehen.
i. A. *Neroli:* 1/2 bis 1 Tr um 17 Uhr und zum Schlafengehen.
ä. A.: Mit 15 bis 20 Tr Orange Brust und Rücken vor dem Schlafengehen einreiben.
Kur: 2mal/Tag 1 bis 3 Wochen lang. *Pflege:* nach Bedarf.

Rezepte
• *Beruhigende Einreibungen:*
– 15 ml Orange + 2 Petit Grain + 1 Neroli für Erwachsene.
– Lavendel, Majoran, Rosenholz, Petit Grain, Lemongrass, 20 bis 30 Tr Gemisch oder Einreibung NER.

• *Beruhigendes Bad:*
5 Tr Orange + 2 Petit Grain + 5 Lavendel auf 2 EL Milchpulver oder Pulver von grünen Algen.

• *Stark beruhigendes Bad:*
1 Tr Neroli + 2 Petit Grain + 5 Majoran auf 2 EL Milchpulver oder Pulver von grünen Algen.

• *Mischungen für den Zerstäuber:*
– Lavendel + Petit Grain + Kiefer.
– Lavendel + Petit Grain + Neroli + Majoran.

- *Parfüm:*

100 ml 70prozentigen Alkohol + 15 ml Petit Grain + 1 Neroli.

- *Küche:*

3 bis 5 Tr Orange in Sahnetorten, Süßspeisen oder Backwaren.

Origano

DAS ANTISEPTISCHE ÄTHERISCHE ÖL NR. 1

Antiseptisch, stärkt das Nervensystem.

- Alle Probleme mit Infektionen und Erschöpfungszuständen.

Dosierung

i. A.: 1 Tr 3mal/Tag auf die Hand, in Wasser oder Honig.
ä. A.: Einreibungen, immer mit anderen Ölen verdünnt.
Kur: 3mal/Tag 3 Wochen lang. *Vorbeugung:* 1 Woche alle 3 Monate.

Rezepte

- *Aufbauender Grog »Antigrippe«:*

1 Tr Origano + 1 Thymian + 1 Zimt + 1 Nelke + 1 Geranie + 1 Ingwer (wahlweise) in 1 Zitronensaft + Honig + warmes Wasser.

- *Getränk gegen Verdauungsstörungen:*

1 Tr Origano + 1 Nelke + 1 Ingwer + Honig + warmes Wasser, nach den Mahlzeiten.

- *Spannkrafterhöhende Einreibung bei Grippe, Erkältungen, Erschöpfungszuständen:*

5 ml Origano + 5 Majoran + 5 Eisenkraut + 5 Basilikum + 5 Lavendel, mit ein paar Tropfen 2mal/Tag Brust, Rücken und Fußsohlen einreiben.

- *Einreibung »Anti-Zellulitis«:*

Ein paar Tr Origano + Birke + Rosmarin + Zypresse + Geranie + Lavendel + Kiefer + Minze. Morgens und abends auf Beine, Gesäß und Bauch, oder Einreibungen CEL + 108.

- *Desinfizierende Mischung für den Zerstäuber:*

15 ml Origano + 30 ml Lavendel + 30 ml Eukalyptus + 20 ml Eisenkraut + 5 ml Neroli oder Zimt oder Sandelholz.

- *Mischung für Verbrennungen und infizierte Wunden:*

6 ml Origano + 8 Lavendel + 6 Geranie. Ein paar Tr auf die Haut alle 3 Stunden oder Kompressen.

Das ä. Ö. v. Origano ist die Nr. 1 des Aromatogramms.
Das Origano-Hydrolat wirkt spannkrafterhöhend und gegen Erschöpfungszustände. Jeden Tag trinken.

Rosenholz

DAS ÄTHERISCHE ÖL FÜR DIE HAUT

Regeneriert wirksam das Gewebe, kräftigt, beruhigt.
• Alle Hauttypen, denen Spannkraft zu verleihen ist, Falten, Narben, Hautflecken …

Dosierung
Auftragen: 4 bis 5 Tr ä. Ö. v. Rosenholz, 1- bis 2mal/Tag auf die gereinigte Haut, bei 3- bis 6wöchigen Kuren.
Bäder: 10 Tr in 2 EL Milchpulver oder Pulver von grünen Algen ins Badewasser.
Kur: 6 Wochen. *Vorbeugung:* 3- bis 4mal jährlich 3 Wochen lang.

Rezepte
• *Spezialöl Körper »Antifalten«:*
100 ml WKÖ + 15 Rosenholz + 1 Rose.

• *Spezialöl Gesicht:*
80 ml WKÖ + 20 Johanniskrautöl + 15 Rosenholz + 1 Rose.

• *Kräftigungsöl:*
100 ml WKÖ + 10 Rosenholz + 10 Rosmarin.

• *Beruhigende Bäder (siehe Dosierung):*
– 5 Tr Rosenholz + 5 Lavendel.
– 5 Tr Rosenholz + 5 Zeder.

• *Gesichtsdampfbäder nach Masken:*
– Trockene Haut: Lavendel + Rosenholz + Geranie.
– Fettige Haut: Lavendel + Rosenholz + Zitrone.
– Faltige Haut: Rosenholz + Rosmarin + Sandelholz.
– Gereizte Haut: Rosenholz + Lavendel + Kamille.

- *Parfümierte Körpermilch nach Bädern, nach der Sonne:*
- À la Geranie: 250 ml neutrale Körpermilch + 5 Rosenholz + 10 Geranie.
- À la Rose: 250 ml neutrale Körpermilch + 10 Rosenholz + 5 Tr Rose.

- *Eau de toilette:*

250 ml 70prozentiger Alkohol + 15 Rosenholz + 1 Rose.

- *Parfum de toilette:*

100 ml 70prozentiger Alkohol + 10 Rosenholz + 10 Tr Rose.

Rosmarin

DAS ÄTHERISCHE ÖL ZUR SPANNKRAFTERHÖHUNG FÜR SPORTLER

Spannkrafterhöhend, allgemein anregend, aphrodisisch, verdauungsfördernd, wundheilend, infektionshemmend und stark faltenverhindernd.
• Körperliche und geistige Überlastung, Leberprobleme, Muskelschmerzen.

Dosierung
i. A.: 1 bis 2 Tr 2- bis 3mal/Tag auf die Hand, in Wasser oder Honig.
ä. A.: 20 bis 30 Tr morgens oder 2mal/Tag zum Einreiben.
Kur: 2- bis 3mal/Tag 3 Wochen lang. *Vorbeugung:* 1 Woche/Monat.

Rezepte
• *Cocktail »Gedächtnis«:*
1 Tr Rosmarin + 2 Nelke + 1 Koriander + 1 TL Minzen-Hydrolat + 1 großes Glas Wasser.

• *Antischmerz-Einreibung:*
15 ml Rosmarin + 15 Lavendel + 15 Terpentin + 15 Kiefer. 2- bis 3mal/Tag im akuten Stadium die schmerzenden Stellen einreiben; danach zur Pflege 2mal/Tag.

• *Spannkrafterhöhende Einreibung für Sportler und für alle, die »gut drauf« sein wollen:*
5 ml Rosmarin + 5 Kiefer + 5 Geranie. 30 bis 40 Tr 1- bis 3mal/Tag morgens + vor körperlichen Anstrengungen und danach.

• *Aphrodisische Einreibung:*
siehe Bohnenkraut.

- *Antiseptische Inhalation:*

5 Tr Rosmarin + 5 Eukalyptus + 10 Lavendel in eine Schale mit warmem Wasser oder in den Inhalationsapparat. 3 bis 5 Minuten lang inhalieren.

- *Zerstäubung »Tonic«:*

Zu gleichen Teilen Rosmarin + Wacholder + Kiefer + Eisenkraut + Eukalyptus + Koriander.

- *Antifalten-Mischung »Gesicht«:*

5 ml Rosmarin + 10 Rosenholz + 5 Tr Rose. 2mal/Tag während 3wöchiger Kur auftragen.

- *Spannkrafterhöhendes Bad:*

5 Tr Rosmarin + 5 Sandelholz oder 5 Rosenholz oder 5 Geranie + 1 Muskatnuß auf 2 EL Meersalz oder Algenpulver.

- *Regenerierendes Bad nach körperlicher Anstrengung:*

3 Tr Rosmarin + 5 Terpentin + 5 Lavendel.

- *Antifalten-Maske:*

3 Tr Rosmarin + 3 Rosenholz auf 2 EL nicht erwärmten Honig. 5 Minuten stehenlassen. Mit lauwarmem, danach kaltem Wasser abspülen.

Salbei

DAS ÄTHERISCHE ÖL FÜR GYNÄKOLOGISCHE PROBLEME

Menstruationsfördernd, schweißhemmend, blutdrucksenkend, bringt die Muttermilchproduktion zum Stillstand.
• Erspart Frauen die allgemeine Erschöpfung während der Menopause und die Hitzewallungen, regelt den Menstruationszyklus, bringt die Muttermilchproduktion zum Stillstand und pflegt die Haare.

Dosierung
i. A.: 1 Tr 1- bis 3mal/Tag außerhalb der Mahlzeiten auf die Hand, in Wasser oder Honig.
ä. A.: Einreibung der Füße 2mal/Tag.
Kur: 1 Tr 2mal/Tag 1 Woche lang. *Pflege:* 1 Kur alle 3 Monate.

Rezepte
• *Einreibungen, Massagen:*
– Füße: mit 15 ml Salbei + 10 Lavendel 2mal/Tag Füße einreiben.
– Warme Füße: 15 ml Salbei + 10 Zypresse + 10 Lavendel + 1 Minze 2mal/Tag.

• *Haarpflege:*
10 ml Salbei + 15 Lavendel + 5 Thymian. 100 Tr auf die Kopfhaut 1mal/Woche am Tag vor der Kopfwäsche 6 Wochen lang. Beseitigt Seborrhoe (Talgfluß), Juckreiz ..., fördert den Haarwuchs, wirkt aufhellend.

• *Rezept »Super-Revitalisierend«:*
15 ml Salbei + 15 Zeder + 15 Lavendel + 5 Thymian + 1 Ylang-Ylang. 100 Tr 1mal/Woche oder 50 Tr 2mal/Woche, danach 1mal/Monat. Massage der Kopfhaut am Vortag der Haarwäsche. Die ganze Nacht drauflassen.

- *Mischung für schwere und gestaute Beine:*

15 ml Salbei + 15 Zypresse + 3 Minze. 30 bis 40 Tr 2mal/Tag vom Knöchel bis zum Knie + die Füße kreisen lassen + Hochlegen der Beine (10 bis 15 cm zum Einschlafen).

- *Lauwarmes Gesichtsdampfbad nach der Pflege:*

5 Tr Salbei + 5 Wacholder + 5 Lavendel. Desinfiziert und beruhigt.

- *Bäder:*

– Antirheumatisch: 3 Tr Salbei + 3 Lavendel + 3 Majoran, auf 2 EL Meersalz.
– Schwere Beine: 5 Tr Salbei + 5 Zypresse + 10 Lavendel auf 2 EL Pulver von grünen Algen.

- *Parfüms:*

Bei allen Mischungen ein paar Tr ä. Ö. v. Muskatellersalbei als Fixator für Parfüms zugeben.

Sassafras

DAS ÄTHERISCHE ÖL GEGEN NIKOTINSUCHT

Schweißtreibend, schmerzstillend, die Haut desinfizierend, harntreibend.

• Mittel gegen die Auswirkungen von Tabakgenuß, Pflege von Aknehaut, gegen Stiche und Gifte …

Dosierung

i. A.: 1 bis 3 Tr 3mal/Tag in Wasser oder Honig.

ä. A.: ein paar Tr morgens und abends zum Regenerieren oder zum Desinfizieren auf die Haut auftragen. 8 bis 10 Tr alle 2 Stunden auf Stiche und Schlangenbisse.

Rezepte

• *Cocktail »Antinikotin«:*

1 Tr Sassafras + 1 Salbei + 1 Geranie + 1 Majoran + 1 Lavendel + warmes Wasser + Honig + Minzen-Hydrolat oder -sirup. Mit Eisstücken servieren.

• *Kur »Antinikotin«:*

Sehr wirksam: 2 bis 4 Cocktails »Antinikotin«/Tag.

- Mit demselben Gemisch 2mal/Tag Solarplexus, Rücken, Nacken, Wirbelsäule und Fußsohle einreiben.
- Zerstäubung des Gemischs Eisenkraut + Geranie + Kiefer + Zeder + Minze zu gleichen Teilen, die ganze Nacht oder mindestens 3 Stunden/Tag einatmen.

• *Gesichtsdampfbad:*

2 bis 3 Tr Sassafras + Wacholder + Terpentin, 1mal/Tag und vor jeder Pflege von strapazierter Haut.

- *Maske:*

3 Tr Sassafras + 6 Lavendel auf 2 EL nicht erwärmten Honig. 5 bis 8 Minuten drauflassen. Mit lauwarmem Wasser abnehmen.

- *Desinfizierende Mischung für die Haut:*

15 ml Sassafras + 15 Karotte + 15 Lavendel morgens und abends auftragen. 5 bis 7 Tr abwechselnd mit 15 ml Rosenholz und 10 Tr Rose für Hauttypen, die zu regenerieren sind … + Gesichtsdampfbad auf der Grundlage von Zedern-Hydrolat.

Wacholder

DAS ÄTHERISCHE ÖL GEGEN RHEUMAKRANKHEITEN

Antirheumatisch und harntreibend.

- Alle Rheuma- und Wassersuchtprobleme. Unterstützt das Schlankwerden.

Dosierung

i. A.: 1 bis 2 Tr 3mal/Tag in Wasser oder Honig.

ä. A.: Einreibung 2mal/Tag. Bad 1mal/Tag.

Kur: i. A. + ä. A. 3 Wochen. *Vorbeugung und Pflege:* je 1 Kur im Frühjahr und im Herbst.

Rezepte

- *Zum Schlankwerden:*

i. A.: 1 Tr Wacholder + Geranie + 1 Tr Zitrone 2mal/Tag in Wasser oder Honig (siehe Zitrone).

- *Einreibung »Antischmerz«:*

Ein paar Tr Wacholder + Kiefer + Rosmarin + Terpentin oder Einreibung RHU: 1- bis 3mal/Tag.

- *Schlankmachende Einreibung:*

Mit ein paar Tr Wacholder + Birke + Zypresse + Geranie Beine, Gesäß, Bauch und Arme 2mal/Tag einreiben.

- *Schlankmachendes Bad:*

5 Tr Wacholder + 5 Geranie + 5 Zypresse auf 2 EL Pulver von grünen Algen + 1 EL Meersalz.

- *Einreibung zur Muskelerwärmung:*

Ein paar Tr Wacholder + Kiefer + Rosmarin + Terpentin. Wird verwendet vor und nach körperlicher Anstrengung. Ebenso Einreibung VIT.

Mein Ratschlag: Wacholder löst Harnsteine und fördert die Ausscheidung von Nierengries ... und das Schlankwerden ... natürlich.

Wacholder-Hydrolat kann ein ergänzendes schlankmachendes Gesundheitsgetränk sein.

Zimt

DAS ÄTHERISCHE ÖL GEGEN DURCHFALL

Wirkt stark antiseptisch, anregend, aphrodisisch und krampflösend.

- Durchfall, Dickdarmentzündung, Impotenz und Frigidität.

Dosierung

i. A.: 1 Tr 3mal/Tag auf die Hand, in Wasser oder Honig.
ä. A.: Einreibungen und Bäder.
Immer verdünnt in ä. Ö. v. Lavendel oder WKÖ.
Kur: 3- bis 4mal/Tag im akuten Stadium. *Vorbeugung:* 1mal/Tag 3 Wochen lang.

Rezepte

- *Aphrodisische Einreibung:*

5 ml Zimt + 10 Koriander + 15 Rosmarin + 5 Nelke + 5 Ingwer + Majoran oder Einreibung APH 2mal/Tag auf Solarplexus, Nacken und Wirbelsäule.

- *Aphrodisisches Öl:*

7 ml Zimt + 15 Rosenholz + 2 Sandelholz oder 2 Ylang-Ylang in 100 ml WKÖ.

- *Zerstäubung zur »Exotisierung« der Umgebung:*

10 ml Zimt + 30 Zeder + 60 Lavendel.

- *Parfüm:*

100 ml 70prozentigen Alkohol + 10 Zimt + 1 Muskatellersalbei.

- *Antigrippe-Grog:*

1 Tr Zimt + 1 Origano + 1 Thymian + 1 Nelke + 1 Geranie + 1 Ingwer (wahlweise) in 1 Löffel Honig + sehr warmes Wasser + 1 Zitronen-

saft. Abschmecken. Sie können ohne weiteres 2- oder 3mal/Tag davon trinken.

- *Aphrodisischer Cocktail und ein herrliches geistiges Anregungsmittel:*
1 Tr Ceylon-Zimt + 1 Bohnenkraut + 1 Nelke + 1 Rosmarin + 1 Geranie in 1 großes Glas mit warmem Wasser. Mit Eisstücken als Longdrink servieren. Ein Schluck Minzensirup oder 1 TL Minzen-Hydrolat kann diesen Cocktail vervollständigen.

1 Tr Zimt alle 2 Stunden stoppt Durchfall.

Warnung
Niemals ä. Ö. v. Zimt unverdünnt in Bad oder Einreibung, da Sie sonst »verbrennen« können! Zimt verbrennt die Haut!

Zitrone

DAS ÄTHERISCHE ÖL FÜR DIE FRAU

Stärkt das natürliche Immunsystem, wirkt spannkrafterhöhend, ist ein allgemeines Reinigungsmittel, verflüssigt das Blut und unterstützt das Schlankwerden.

- Allgemeine Erschöpfung, Fettleibigkeit, Arteriosklerose, Wunden, Herpes, Akne, Flechten, Aphthen ...

Dosierung

i. A.: 1 bis 2 Tr 3- bis 5mal/Tag auf die Hand, in Wasser oder Honig.
ä. A.: 3 bis 5 Tr auf die Haut 1- bis 2mal/Tag (alle Wunden, Akne).
Kur: i. A. 2mal/Tag 3 Wochen lang. *Vorbeugung:* 1 Kur zu jedem Jahreszeitenwechsel.

Rezepte

- *Zum Schlankwerden:*

– i. A.: Zitrone + Wacholder + Geranie, 1 Tr von jedem 2mal/Tag in Wasser oder Honig.
  + ä. A.: Kümmel + Muskatnuß, 5 Tr von jedem zum Einreiben des Unterleibs nach der Mahlzeit.
– i. A.: 1 Tr Majoran vor dem Schlafengehen in Wasser oder Honig.
– ä. A.: Einreibung mit Mischung NER = Lavendel + Majoran + Rosenholz + Lemongrass + Petit Grain auf Brust, Nacken und Wirbelsäule abends und Einreibung MIN auf die »Rundungen«.

- *Frühjahrskur:*

i. A.: 2 Tr ä. Ö. v. Zitrone 3mal/Tag + Einnahme des Saftes von 3 Zitronen in 2 Liter Wasser/Tag 3 Wochen lang.

- *Hautpflege:*

– Bei Seborrhoe (Talgfluß), fettiger Haut: 2 Tr Zitrone + 2 Sassafras + 5 Lavendel 2mal/Tag auftragen.

- Maske zum Regenerieren aller Hauttypen: 2 Tr ä. Ö. v. Zitrone + Wasser auf 2 EL grünen Lehm.
- Zahnpflegemittel: 2 Tr ä. Ö. v. Zitrone + Wasser + Lehm. Zähne bürsten und Zahnfleisch massieren.
- Öl für brüchige Nägel: 10 Tr ä. Ö. v. Zitrone auf 1 TL WKÖ. 2mal/Woche massieren.

- *Parfüms:*

Zitrone + Eisenkraut oder Zitrone + Geranie oder Zitrone + Ylang-Ylang. 15 ml je nach Wahl in 100 ml 70prozentigem Alkohol + 1 ml Muskatellersalbei als Fixator.

- *Erfrischungsgetränke:*

Zitrone + Geranie oder Zitrone + Zeder oder Zitrone + Orange oder Zitrone + Minze oder Zitrone + Rosmarin.

- 1 Tr von jedem + Honig + Wasser + Eisstücke. Als Longdrink servieren.
- 1 Tr von jedem + Honig + warmes Wasser. Als Tee servieren.

- *Für die Küche:*

1 bis 4 Tr ä. Ö. v. Zitrone in Sorbets, Puddings, Sahnetorten, Süßspeisen.

Mein Ratschlag: Das ist das ä. Ö. Nr. 1 für die Frau. Jede müßte zur Vorbeugung oder zur Pflege mindestens 1mal im Jahr eine Zitronenkur (ä. Ö. + Saft) machen und sich angewöhnen, das ä. Ö. v. Zitrone anstelle von Sirup in Trinkwasser zu verwenden.

Zypresse

DAS ÄTHERISCHE ÖL FÜR DEN KREISLAUF

Beschleunigt die Venenzirkulation.
• Schwere Beine, Hämorrhoiden, Krampfadern, Kreislaufstörungen, warme Füße.

Dosierung
i. A.: 1 Tr 3mal/Tag auf die Hand, in Wasser oder Honig. Abends nicht.
ä. A.: Morgens und um 17 Uhr Beine und Füße einreiben.
Kur: i. A. + ä. A. 3 Wochen. *Vorbeugung:* 1 Kur 3- bis 4mal/Jahr.

Rezepte
• *Venenzirkulation und Arterienschwäche:*
i. A.: 1 Tr Zypresse + 2 Tr Zitrone 3mal/Tag. Morgens, um 10 Uhr und um 14 Uhr.

• *Mischung für warme Füße:*
10 ml Zypresse + 15 Salbei + 15 Lavendel + 1 Minze. Zum Einreiben morgens und abends.

• *Mischung für schwere Beine:*
10 ml Zypresse + 10 Lavendel + 2 Minze. 2 Einreibungen/Tag oder Einreibung CEL.

• *Bettnässen:*
1 Tr Zypresse um 10 Uhr und um 17 Uhr + Einreibung des Solarplexus.

• *Zellulitis:*
– Einreibungen CEL + 108 morgens und abends auf Füße, Beine und Gesäß.

+ i. A.: 1 Tr CEL 3mal/Tag 1 Woche lang. Abwechseln mit 1 Tr 108 3mal/Tag 6 Wochen lang.

Mein Ratschlag: Eine Kur mit ä. Ö. v. Zypresse 1- bis 2mal/Jahr ist sehr angeraten, um eventuellen Kreislaufproblemen vorzubeugen. Außerdem noch eine Kur mit Salbei-Hydrolat.

Knaur

ALTERNATIV HEILEN

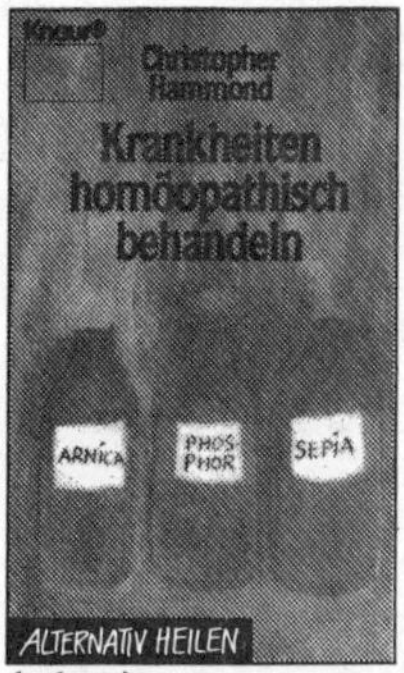

(76013)

(76011)

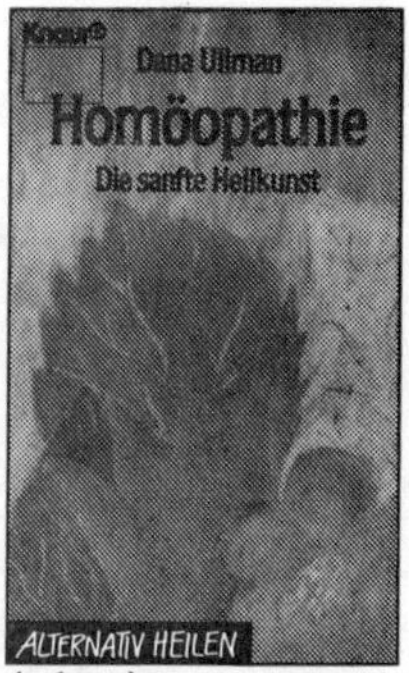

(76001)

(76012)

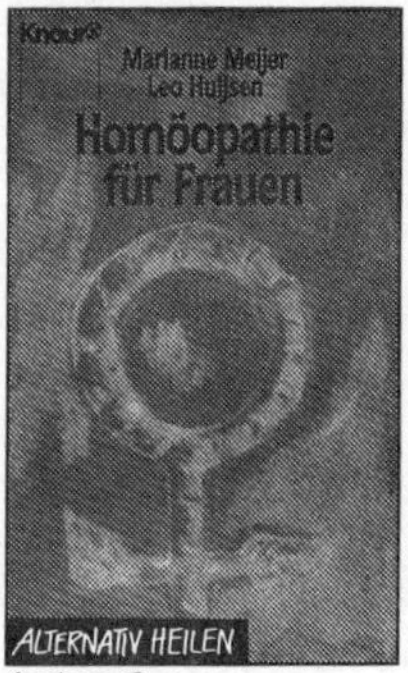

(76006)

(76014)